赵 超 ◎ 著

近代山西煤炭产业研究

中国社会科学出版社

图书在版编目（CIP）数据

近代山西煤炭产业研究 / 赵超著 . —北京：中国社会科学出版社，2018.7

ISBN 978 - 7 - 5203 - 3585 - 0

Ⅰ.①近… Ⅱ.①赵… Ⅲ.①煤炭工业—工业史—山西—近代 Ⅳ.①F426.21

中国版本图书馆 CIP 数据核字（2018）第 260871 号

出 版 人	赵剑英
责任编辑	张　林　刘健煊
责任校对	朱妍洁
责任印制	戴　宽

出　　版	中国社会科学出版社
社　　址	北京鼓楼西大街甲 158 号
邮　　编	100720
网　　址	http://www.csspw.cn
发 行 部	010 - 84083685
门 市 部	010 - 84029450
经　　销	新华书店及其他书店

印刷装订　北京君升印刷有限公司
版　　次　2018 年 7 月第 1 版
印　　次　2018 年 7 月第 1 次印刷

开　　本　710×1000　1/16
印　　张　18.75
插　　页　2
字　　数　290 千字
定　　价　86.00 元

凡购买中国社会科学出版社图书，如有质量问题请与本社营销中心联系调换
电话：010 - 84083683
版权所有　侵权必究

序　言

近代以来，"晋商"声名显赫，后人从经济史、票号与金融史、晋商文化与商业伦理、中国商业文明流变、商帮史等方面的研究成果，可谓汗牛充栋。从近代化的角度，对明清尤其是民国时期的山西煤炭产业系统研究，阐述三晋大地实体经济的发展史，不啻为山西籍博士后赵超的一种使命。

作为合作导师，我与山西也有些缘分。

其一，1974年高中毕业，到石家庄市井陉矿区南寨大队下乡：一个村里有煤窑，毗邻山西阳泉的地方。直到现在我听得懂山西话。

其二，1982年春天，作为77级大学毕业生，分配到河北师范学院政教系。因"河北省古代思想家研究"课题研究，被历史系教授张恒寿先生（字越如，1902—1991）相中成为其学术助手，1984年年底，在学校副校长和科研处长陪同下，登门拜师进入先生门下。后来为张老作传，得知其"祖籍山西阳泉，祖上经商"——第一次得知了"晋商"概念。

其三，1998年从中国社会科学院经济所博士毕业，进入清华园任教，在我的博士导师经君健先生点拨下，拜访了山西阳泉的"银圆山庄"。①

---

① 被行内专家誉为"山西的布达拉宫"的"银圆山庄"张家大院：地面建筑24000平方米，其中地下建筑8000平方米。有院落11套，窑洞125眼，瓦房185间。山庄坐西向东，整个院落沿莱山下30米高、75度斜坡的石崖上卧山而筑，上下落差50米，10层建筑整齐划一，随形生变，错落有致。入庄斜坡长133.8米，是张家八世祖张士林（越如老之父）于民国九年（公元1920年）以工代赈修建而成。院落分上巷、下巷两级通道。上巷有三级式四合院，下巷有六级式四合院，层层成楼，层层有院，在上下院落之间有地道相通。主要建筑的布局相仿，有倒座、垂花门、拱券窑洞和上房，在每个院落都有大量的砖雕、木雕、石雕以及题名牌匾。2005年公布为阳泉市重点文物保护单位。到张士林时期，官沟张姓得到最后一次振兴，期间办私塾、兴学校、赈灾民、争矿权。

身临其境，为晋商的家国情怀深深震撼。想起张老传略："父亲张士林为山西保矿事业中的一员。民国成立后，由平定省议员呈请山西省政府，奖给"急公好义"匾额（1919 年），直到父亲 70 寿诞时（1925 年）才正式悬挂。这说明父亲不仅是一个乡党自好之人"。曾以"史学春秋·晋商遗风——清华校友张恒寿先生学术思想"为题作演讲。巧的是，本书中作者对张士林护矿亦有笔墨。

其四，2018 年，又赴山西，在运城职业技术学院①考察捐资助学智力扶贫，竟然在校园内体验到了一座现代化的教学矿井。②——在这里，领略到的是当代晋商的风采。

古往今来，晋商群体鲜活地折射出了生生不息的中国人、中国经济发展的恢宏画卷。

本书作者赵超，长治人，生长于煤炭之乡，对山西煤炭经济产业研究情有独钟。需要指出的是，探讨近代山西煤炭产业的发展，不可回避其在中国近代化进程中的作用问题。

近代化研究是经济史学界的核心问题之一，20 世纪中期以来，随着研究视野的拓展和认识的深入，中国传统社会劳动生产率、亩产量、GDP、城市化等渐为学界所关注。如基于古典增长模型框架，围绕人口危机与资源稀缺展开的研究，以伊懋可（Mark Elvin）"高度均衡陷阱"的停滞论、黄宗智（Philip C. Huang）"没有发展的增长"的调和论，以及李伯重的发展论为，无论从视角上还是方法上，对于经济史研究来说都具有突破意义。

美国学者彭慕兰曾提出过一个很有趣的命题：从一个国家煤炭储量

---

① 运城职业技术学院是一所国家正式批准，具有高等教育资格的全日制统招高等院校，由山西省蒲县宏源煤业集团公司在运城设立的山西长江源实业有限公司投资建设，是目前山西省民间资本投资高职教育的最大项目。学院投资近 2 亿元，按照现代化矿井要求和我国当前煤矿中等水平、以 1∶1 的煤矿质量标准化比例，在校园内建设了一座占地面积 46426.8 平方米，井巷长度 1895.6 米，"具备年生产能力 300 万吨"的教学矿井。被上海大世界基尼斯世界总部认定为"中国规模最大的教学矿井"。

② "一方面可以让即将投身煤炭事业的热血青年多一重保障少一分危险，另一方面可以培养涉煤专业学生的技能素养、职业素养、人文素养"。《山西运城一高校投资近 2 亿元建煤炭教学矿井》，新华社 http://www.xinhuanet.com/2016-06/27/c_1119121062.htm，2016 年 6 月 27 日。

及其与经济核心区的距离思考产业革命出现的可能性。他以引发欧洲产业革命的主要能源——煤炭作为研究对象，探讨煤炭在工业中的广泛运用造成何种影响，从而将其视作导致产业革命发生的充分条件。

近代产业革命带来了欧洲经济增长速度提高的同时，引发全球范围资源配置速度的加快，世界市场逐步形成。在这个过程中，能源使用方式的革命性变化，蒸汽机的发明及其推广环节中商业化运作手段，无疑在社会变革中发挥了巨大的作用。

众所周知，由于资源赋存的特点，决定了煤炭在我国一次性能源结构中处于绝对的位置。时至今日，煤炭仍然是山西、内蒙古等省区的支柱产业。以煤炭著称的内陆省份山西，其商业史也几乎与世界商业发展相同步，曾是整个中国商业发展最为活跃的地区之一。然而，我国煤炭资源发展进程如何？我国煤炭行业的开采与经营模式如何演化？在动荡不安的近代社会又是如何发展的？更重要的是，几乎具备了所有工业化的充分条件——资源、资本和手工工场的山西，为什么没有实现类似西方的工业化变革？《近代山西煤炭产业研究》这本书对此展开了较为系统而扎实的分析，或许也能为当前山西实现转型发展提供些许历史参考。

纵览全书，以近代化为视角研究山西煤炭产业发展，以时间变化为线索，用上、中、下三编的篇幅，从晚清前后传统采炭业向煤炭产业的过渡，到民国时期的商业化与山西煤炭工业化的互动过程，再到股权和资本结构、人力资源管理模式以及记账方式变迁等经营管理特点，探讨了企业管理的近代化程度与企业绩效的关系，并用实证分析的方法研究了经营管理对企业经济的影响；政府干预经济的程度对山西煤炭经济发展造成影响及变化等，为世人展现了一幅山西煤炭产业史的全景图。

特别需要指出的是，本书的一个特色在于侧重于山西煤炭产业勘探技术、产供销及管理等方面研究，而且将着眼点放到了近代化进程的问题上。由于煤炭作为产业革命的基础能源，具有一般企业不具备的双重性和特殊性，一方面能够反映出当时整个国家乃至周边国家地区工业化发展的深度和广度；另一方面其内部的大机器生产程度、治理结构、经营方式、运输能力等，也是近代化的重要组成部分。综合目前的研究成果，产业近代化是指某一产业在生产、流通、交换、分配等环节所体现出的有别于传统经营方式的更为新式的运作方式和管理模式。具体到山西煤炭产业的近代化，主要是指生产力与生产关系这两者的近代化，包括煤炭生产技术、运输工具、行销方式、资本构成、管理制度和经营策略等多方面的近代化。作者从当时煤炭的使用、开采、运输、经营等方面的具体分析，以及企业资本结构、股权结构入手，论述经营结构的变化等方面，探讨了煤炭使用对手工业逐步规模经营所产生的影响以及制约因素，尝试从实现工业革命的内生动力的角度做出理论阐释。

源于史料却不囿于史料所限，在吸收和借鉴前人研究成果的基础上，进行了多学科、深层次、多视角、全方位的立体探讨，尤其是在史论结合方面做了尝试，是为难得。

期盼赵超在未来的学术研究中更进一步。

高淑娟

2018 年 5 月于清华园

目　录

引言 ··· (1)
　第一节　缘起 ·· (1)
　第二节　文献回顾 ·· (5)
　　一　综合研究 ··· (5)
　　二　近代山西煤炭开发方面的研究 ·· (8)
　　三　近代山西道路交通方面的研究 ·· (10)
　　四　近代山西煤炭经营管理方面的研究 ·· (12)
　　五　相关史料与研究 ·· (15)
　第三节　理论支撑 ·· (18)
　　一　概念界定 ··· (18)
　　二　理论框架 ··· (19)
　　三　创新与不足 ··· (21)

上编　传统采炭业向煤炭产业的过渡

第一章　晚清前后煤炭需求的变化 ·· (27)
　第一节　晚清前后传统家庭生活和手工业煤炭需求 ··························· (27)
　第二节　晚清前后节庆、祭祀和社会救济方面的煤炭需求 ················· (34)
　第三节　晚清前后冶炼工业煤炭需求 ·· (40)

第二章　开采与运输方式制约下的山西煤炭产业 ································· (47)
　第一节　明清时期山西煤炭的分布和种类 ······································· (50)
　　一　明清时期煤炭的分布 ··· (50)

二　明清时期煤炭的分类 ………………………………………… (55)
　第二节　明清时期山西煤炭的开采 ………………………………… (56)
　　一　煤炭的开采技术 ……………………………………………… (56)
　　二　煤炭的开采方式 ……………………………………………… (58)
　　三　煤炭的开采特点 ……………………………………………… (59)
　第三节　明清时期煤炭的运输和销售 ……………………………… (60)
　　一　明清时期煤炭的运输 ………………………………………… (61)
　　二　明清时期煤炭的销售 ………………………………………… (67)
　第四节　明清时期山西煤炭产业发展的制约因素 ………………… (70)
　　一　生产技术和工具落后 ………………………………………… (70)
　　二　运输障碍 ……………………………………………………… (72)
　　三　生产经营方式落后 …………………………………………… (73)
　　四　封建守旧的社会风气 ………………………………………… (74)
　　五　矿工待遇不高 ………………………………………………… (75)

第三章　清代后期煤炭开发的管理及运营 ……………………………… (78)
　第一节　清代后期政府对于煤炭产业的政策和管理 ……………… (79)
　　一　煤炭开发的相关政策 ………………………………………… (79)
　　二　政府对煤炭产业的管理 ……………………………………… (81)
　第二节　清代后期煤炭企业的发展和经营 ………………………… (85)
　　一　清代后期煤炭企业的发展特点 ……………………………… (85)
　　二　清代后期煤窑的投资经营与分配 …………………………… (89)

中编　民国时期的商业化与山西
煤炭产业工业化的互动

第四章　煤炭需求的进一步变化 ………………………………………… (97)
　第一节　民国时期煤炭的省内需求分析 …………………………… (97)
　　一　传统家庭生活与农村手工业煤炭需求变化 ………………… (98)
　　二　山西工商业与交通运输业煤炭需求的变化 ……………… (103)
　第二节　民国时期煤炭的省外需求分析 ………………………… (106)

一　省外行业需求结构分析 ……………………………………… (107)
　　二　省外地域需求差异分析 ……………………………………… (112)
　　三　山西煤炭产业对省外煤炭需求的实际支持
　　　　力度分析 ………………………………………………………… (120)
　第三节　民国时期煤炭的出口需求分析与山西
　　　　　煤炭出口概况 …………………………………………………… (125)

第五章　运输方式的变迁 ……………………………………………… (133)
　第一节　民国时期山西道路交通的发展与布局 …………………… (134)
　　一　民国时期政府发展山西道路交通的规划方案 ……………… (134)
　　二　民国时期山西铁路的发展与布局 …………………………… (136)
　　三　民国时期山西公路的发展与布局 …………………………… (138)
　第二节　近代化交通方式影响下的山西煤炭运输量
　　　　　增长及其桎梏 …………………………………………………… (140)
　　一　近代化运输方式的发展与煤炭运输量的增长 ……………… (140)
　　二　运输成本高昂及其影响因素 ………………………………… (146)
　　三　运输成本对山西煤炭产业近代化的制约 …………………… (153)
　第三节　近代交通方式影响下的山西煤炭销售网络与
　　　　　新型销售方式 …………………………………………………… (158)

第六章　山西煤炭产业的工业化 ……………………………………… (165)
　第一节　大型煤炭企业机械化采掘技术的发轫——以
　　　　　保晋公司为例 …………………………………………………… (165)
　　一　保晋公司各矿区煤炭资源分布、储量与质量 ……………… (166)
　　二　保晋公司各矿区机械化采掘技术发展概况 ………………… (168)
　　三　保晋公司煤炭采掘耗材、机器与相关成本 ………………… (172)
　第二节　中小型煤炭企业土法采煤生产的延续 …………………… (181)
　　一　临汾地区 ……………………………………………………… (183)
　　二　大同地区 ……………………………………………………… (184)
　　三　晋东南地区 …………………………………………………… (186)
　　四　晋西北地区 …………………………………………………… (187)

第三节 山西煤炭产业的二元结构及其影响 …………………… (189)
  一 山西煤炭产业二元结构的定义与特征 …………………… (189)
  二 山西煤炭产业二元性的影响因素
    ——以收益和成本分析为视角 ………………………… (191)
  三 结论 ……………………………………………………… (197)

下编 民国时期山西煤炭产业的现代化管理研究

第七章 山西煤炭企业资本运作与经营绩效 ………………… (201)
第一节 民国以前山西煤炭开发的资本构成及股权结构 ……… (201)
第二节 民国时期山西煤炭企业的资本构成及股权结构 ……… (205)
第三节 民国时期山西煤炭企业的经营运作 …………………… (214)
  一 民国时期山西煤炭企业资本运作的变化分析 …………… (215)
  二 民国时期山西煤炭企业经营绩效分析 …………………… (220)
  三 运费及煤税对企业经营的影响 …………………………… (226)

第八章 人力资源管理模式的变迁 ……………………………… (232)
第一节 民国以前山西煤炭企业的管理方式 …………………… (233)
  一 民国以前山西煤窑的经营管理绩效分析 ………………… (233)
  二 晚清时期山西煤炭产业近代化管理方式的初步产生 …… (235)
第二节 民国时期山西煤窑经营管理方式的嬗变 ……………… (238)
  一 民国时期山西煤窑经营管理方式变化概况 ……………… (239)
  二 民国时期山西煤窑经营管理方式变化的
    一个例子——晋东南地区 ………………………………… (245)
第三节 民国时期山西煤炭近代化企业的经营管理特征与
    绩效分析——以保晋公司为例 ………………………… (249)

结语 近代山西煤炭产业对中国近代化的支撑 ………………… (261)

参考文献 ………………………………………………………… (278)

引　言

中国拥有较为丰富的煤炭资源。至少从新石器时代以来，煤炭就已经在山西、江西、北京等产煤区融入了人们的日常生活当中，广泛地用于炊爨及取暖，并为冶铁业、铸造业、陶瓷业等行业提供了大量的燃料。时至今日，煤炭仍然是山西、内蒙古等省区的支柱产业。与煤炭在山西经济生活中的重要地位相比，目前，关于山西煤炭史尤其是对民国时期山西煤炭产业的研究还有明显的欠缺。因此，加强对山西煤炭产业，尤其是对其近代化进程的研究，具有较强的现实意义与学术价值，对中国煤炭产业发展史也是有益的补充。

本书以近代以来山西煤炭产业的近代化进程为研究对象，较为系统地梳理其历史变迁，探讨煤炭产业的近代化对区域经济、社会和环境等方面的影响，以期引起学术界对近代煤炭产业研究的关注，进而推动学者们对中国近代化研究的重新审视，同时也希望能为当前山西实现转型发展提供些许历史参考。

第一节　缘起

人类对能源的利用大致可以分为三个时期：柴、炭和石油。煤炭作为推动第一次产业革命的根本性能源，是世界经济近代化过程中不可或缺的重要推动力。中国由于能源结构和地质勘探技术方面的原因，长期以来都是依靠煤炭作为主要能源。明清时期中国关于煤炭开采的相关生产技术和管理制度逐步完善，但整体发展却没有产生根本性变化。晚清、民国是我国古代煤炭业发展的巅峰时期，既是传统煤炭生产技术继承了之前历朝历代的丰厚积淀之后的成熟期，又是引进近代化大机器生产方式以开启中国近代化进程的起点。

随着"福特制"生产经营方式在欧美的推广,汽车及其所使用的动力燃料——汽油逐渐在西方世界得到普及,但当时中国却由于缺少石油,而被西方称为"贫油国"。1949年之前,中国石油勘探技术落后,仅仅凭借天然现象寻找石油。当时只发现甘肃玉门、陕北延长、新疆独山子、青海柴达木四处有原油。这四处油田产量有限,远远不能满足国内的需求,以致在抗日战争时期,有报刊评论当时汽油贵重到"一滴汽油一滴血"的地步。由此可见,汽油在民国时期对于中国的稀缺程度。而当时中国的动力燃料以及工厂所需的燃料,95%以上都是依靠煤炭来提供的。直到1959年大庆油田的发现,中国才摘掉了"贫油国"的帽子,但煤炭依然在中国的能源结构中占据绝对的主导地位。

随着胜利油田、长庆油田等油田的发现,以及天然气、沼气、核能、氢能源等新型能源的出现,煤炭能源虽然仍在中国能源结构中占据主导地位,但其相对占比却呈现出逐渐下滑的态势。尤其是改革开放以来,随着现代化进程的加速,中国对能源的消耗量节节攀升。中国加入世界贸易组织以来,每年对天然气和石油的进口量逐渐增高,煤炭能源的消费占比虽然能够维持在70%上下,但消费量却相对降低。林伯强建立了协整的计量模型,分析了1980年至2002年中国国内煤炭市场需求所存在的长期均衡关系。他的研究表明:"中国高速经济增长是煤炭需求增长的主要原因。GDP是引导煤炭需求的原因,但煤炭需求不是引导GDP增长的原因。"[①] 截至2013年,煤炭在中国经济中所占的比重仍然在2/3以上。其中,1/4以上的煤炭是由山西省提供的。"晋省山脉绵亘,矿产丰富,就煤矿言之,其储量之广大,质料之优良,尤为各省所不及。"[②] 山西是我国最早发现并利用煤炭的地区。自德国地质学家李希霍芬起,不少国内外学者都曾对山西省境内的煤炭储量进行过宏观层面的估计。虽然这些估算相当粗略,但也引起了大批人士对山西煤炭资源的重视,掀起了办矿热潮,甚至为此进行激烈的争夺战,而这些行为都对当时山西

---

① 林伯强:《结构变化、效率改进与能源需求预测——以中国电力行业为例》,《经济研究》2003年第5期。

② 曹慧明主编:《保晋档案》,山西人民出版社2008年版,第24页。

地区乃至全国范围的区域经济发展和社会发展产生了深远的影响。因此，深入了解山西省煤炭产业在民国时期的近代化进程，具有很强的理论意义和现实意义。

由于手工开采产量低、需求少，到了近代，中国大大落后于一些经历过工业革命的国家。自受到西方冲击起，即19世纪后期，中国开始了由传统农业文明向近代工业文明转型的近代化进程，这一过程随着经济上的工业化和市场化、政治上的民主化和法制化。中国近代化进程以鸦片战争为起点，期间大批先进知识分子和爱国人士受西方思想启蒙，引进外国资本主义，将西方社会第一次工业革命的成果运用到国内生产中。煤炭作为山西地区主要的能源禀赋，晚清前后受西方思潮冲击，在中国近代化进程开始之初，近代生产方式就已经开始普及，开始了近代意义上的矿业开发。

在晚清洋务运动之前，山西乃至全中国境内煤炭产业的近代化程度较低，开采出的煤炭主要用于日常燃料，用作冶炼能源的消费比例较小，因而煤矿规模不大，在煤炭的开采、运输和煤炭企业的经营管理方面，均比较落后。晚清洋务运动时期，中国的煤炭业获得了较快的发展。洋务运动的顺利开展使大量西方资本主义的军事技术和军事装备被引入本土内陆，第一批采用大机器生产方式和蒸汽生产动力的近代工业企业开始出现，这是中国大规模近代化运动的起步。山西成立的一系列新式煤炭企业在此时就已经涌现，洋务运动时期中国出现的以保晋公司、直隶的开平煤矿、台湾的基隆煤矿、东北的本溪煤矿为代表的新式煤炭企业无论是在煤炭的开采、运输，还是在煤炭企业的资金募集、经营管理等方面，其近代化的程度均已大幅度提高。自此山西省煤炭开采进入现代新式技术逐步取代传统老旧技术、传统与现代并存的阶段，但由于交通不便等原因，在晚清洋务运动时期，山西包括煤炭在内的众多行业的近代化程度并没有明显的提高。

至民国时期，山西煤炭产业近代化进程大大加速，煤炭开始逐渐采用机器开采，煤炭产量不断增加。很多地区出现能够使用机器生产和蒸汽动力的近代工业企业，电力新能源以及各类现代机床的广泛普及极大地促进了山西省煤炭产业的发展，特别是在煤炭运销等方面。山西的煤炭业在民国以前，受制于开采技术和运输条件，虽然取得了一定的发展，但是产量较为有限,并且有较多储煤较丰的煤矿由于不能解决排水问题,白白的"货弃于地"。民国时期,山西地区的煤炭开始逐渐采用机器开采,煤炭产量不断增加。日本人占领山西后,对当地的煤炭进行掠夺式开采,煤炭产量急剧上升,但却严重地浪费了宝贵的煤炭资源,对环境造成了严重的破坏。据估计,在日军侵占山西期间,劫运山西煤炭高达2000多万吨。

在煤炭运输的商业组织方面,明清时期山西就已经出现了专门靠运输煤炭为生的骡马车行。明清至民国时期,煤炭运输由过去的人挑肩扛、骡马运输,发展到使用独轮车、人力小平车,同时水路运输也在山西煤炭的外销中扮演着重要的角色。通过水路运输,山西的煤炭能够被贩运至河南、陕西等地,腹地市场相当广阔。1936年,同蒲铁路建成通车之后,铁路在煤炭长途运销中取代了水运,成为新兴的运输工具,并一直延续至今。

山西煤炭产业的近代化对山西省乃至全中国都产生了较强的正外部性。首先,一批使用新式机器的煤炭企业开采出了数以万吨计的煤炭,为中国的近代化和工业化贡献了一分力量。其次,山西一批具有近代化性质的煤炭企业的规模较大,解决了山西、河北、河南等地部分民众的就业问题。最后,山西一批具有近代化性质的煤炭企业培育了山西近代第一批的产业工人。煤炭的机械开采和铁路在煤炭运输中的应用,对山西人民乃至中国北方人民接受近代的新鲜事物,起到了革新社会风气的作用。

山西省煤炭能源的开发是全国煤炭能源开发的关键环节,对我国工、矿业布局有重要影响,而民国时期山西省煤炭产业的近代化也是中国煤炭产业近代化进程的重要组成部分,中国煤炭产业近代化是中国近代化研究的重要内容。因此,本书无论是在理论意义方面,还是在现实意义方面,都具有很大的价值。然而,现阶段对山西煤炭产业近代化进程的研究仍有许多不足之处,特别是在研究山西煤炭产业近代化方面的研究较为薄弱。本书希望通过对山西煤矿业的近代化进程进行分析,来加深山西人民爱惜煤炭资源的意识,并对这一时期近代化程度较高的煤炭企业——保晋公司的经营数据进行量化分析和客观实际的绩效评价,以期对现代公司有所启示。

第二节　文献回顾

山西煤炭储藏量之丰，闻名全球，全省多达78.99%的县（市、区）拥有煤炭资源，丰富的山西煤炭资源在全国经济社会发展中具有极其重要的战略地位，并一直吸引着中外官商学各界人士的广泛兴趣。近代，特别是民国时期，是山西煤炭产业由传统向近代转变的主要时期，学界关于此时山西煤炭行业的研究，主要是对山西煤炭业发展资料的收集和整理，并且已经取得极为丰硕的成果。本节按照"近代山西煤炭开发方面的研究""综合研究""近代山西道路交通方面的研究""近代山西煤炭经营管理方面的研究"以及"相关史料与研究"五个方面，对前人的研究成果进行梳理。

一　综合研究

作为煤炭资源大省，学界关于近代山西煤炭产业的综合研究成果颇丰，各类统计类著作对山西煤炭业的发展情况均有论述。民国八年（1919），耿步蟾作为山西省实业厅厅长，专门组织专家编写了《山西矿务志略》[①]一书。该书以县为单位，详细地介绍了山西境内煤炭资源的分布、开采、销售、运输以及捐税等情况。中国地质学家侯德封所著《中国矿业纪要》第三次[②]（1929）、《中国矿业纪要》第四次[③]（1932）、《中国矿业纪要》第五次[④]（1935），概述了中国各矿储量、中国已设矿厂之矿区面积、各矿产量、各类矿产品出入口概况，主要分为全国矿业统计、各省矿业近况两部分，其中不乏关于山西矿业的史料；民国二十四年（1935），胡荣铨的《中国煤矿》[⑤]一书出版，该书总共十四章，第一章对我国煤矿的储量、分布、产量、运费与税捐等进行了综述，其余各章分述了全国各省煤矿概况，其中也涉及了山西省的煤炭开采及其近

---

① 耿步蟾编辑，赵炳麟核定：《山西矿务志略》，山西实业厅1920年版。
② 侯德封：《中国矿业纪要》第三次，国立北平研究院地质学研究所出版社1929年版。
③ 侯德封：《中国矿业纪要》第四次，国立北平研究院地质学研究所出版社1932年版。
④ 侯德封：《中国矿业纪要》第五次，国立北平研究院地质学研究所出版社1935年版。
⑤ 胡荣铨：《中国煤矿》，商务印书馆1935年版。

代化的表现。民国二十六年（1937），南京国民政府实业部国际贸易局编撰的《中国实业志——山西省》①，该书囊括了大量关于山西煤矿的资料。

1949年以后，关于此方面的研究成果有：曹焕文主编的《太原工业史料》②和山西省委调研室编著的《山西省经济资料》③对山西煤炭地理、地质分布及煤炭工业做了较为详尽的概述；山西省地方志编纂委员会办公室编著的《山西地方史志资料丛书之八》④中有一些涉及山西煤炭工业建设的相关资料；山西省煤炭志编纂办公室所编著的《山西煤炭史志资料汇编：建国前部分》⑤对山西煤炭资源的开发利用、煤炭工业的发展沿革做出了较为详尽的论述；山西省地方志编纂委员会所编纂的《山西通志：煤炭工业志》⑥和《中国煤炭志：山西卷》⑦清晰地描绘了山西煤炭工业从远古至当代的发展沿革的历程，包含了较为丰富的各类资料，也有很好的借鉴、参考价值。中国近代煤矿史编写组编著的《中国近代煤矿史》⑧、阳泉矿务局矿史编写组编写的《阳泉煤矿史》⑨详尽记述了阳泉煤炭资源分布状况以及煤炭资源开采和煤炭产业发展沿革，包含大量山西煤炭的相关史料。

也有学者直接关注山西煤炭业在民国时期的发展。张正明编著的《山西工商业史拾掇》⑩中对煤炭行业给予了相当多的笔墨。他对山西煤炭业的发展做了系统性的分析论述，囊括了山西煤炭业的开发、生产、销售、利用和保护等内容。杨纯渊编著的《晋煤开发史》⑪、贾忠贵编著的《山西煤炭工业简史》⑫，概略地介绍了山西煤炭开采业的发展过程，

---

① 实业部国际贸易局编：《中国实业志——山西省》，国际贸易局1937年版。
② 曹焕文：《太原工业史料》，山西人民出版社1955年版。
③ 山西省委调研室编：《山西省经济资料》，山西人民出版社1959年版。
④ 山西省地方志编纂委员会办公室：《山西地方史志资料丛书之八——山西工业基本建设简况》，山西省地方志编纂委员会办公室1987年版。
⑤ 张秉权：《山西煤炭史志资料汇编：建国前部分》，山西省地方志编纂委员会，1987年。
⑥ 山西省地方志编纂委员会：《山西通志：煤炭工业志》，中华书局1993年版。
⑦ 《中国煤炭志》编纂委员会：《中国煤炭志：山西卷》，煤炭工业出版社1995年版。
⑧ 中国近代煤矿史编写组：《中国近代煤矿史》，煤炭工业出版社1990年版。
⑨ 阳泉矿务局矿史编写组编：《阳泉煤矿史》，山西人民出版社1985年版。
⑩ 张正明：《山西工商业史拾掇》，山西人民出版社1987年版。
⑪ 杨纯渊：《晋煤开发史》，山西高校联合出版社1996年版。
⑫ 胡忠贵：《山西煤炭工业简史》，山西科学教育出版社1988年版。

并对山西煤矿工人参加革命和生产斗争的事迹进行了大略的描述。

从当前的研究成果来看，系统介绍近代，特别是民国时期山西煤炭产业近代化的成果较少。石涛、魏晋①以清末民初晋东南地区为关注重点，较为深刻地分析了煤炭产业近代化转型的历史进程。石涛指出，晋东南地区的十六个县属于沁水煤田，该煤田是山西省内最大的煤田，不仅煤炭存储量十分丰富，而且煤炭种类齐全，为山西乃至中国的近代化提供了大量的能源。正是由于晋东南丰富的煤炭资源，保晋公司成立之后，在晋城设立了分公司。保晋公司晋城分公司的资本较为雄厚，生产技术较为先进，它的成立标志着晋东南地区的煤炭行业开始了由传统向近代化的转型。在生产技术方面，民国时期，晋东南地区的煤炭业仍然是以传统的土窑占据统治地位，传统土窑的生产工具简陋，生产效率较低，安全隐患很大。一改传统的土窑完全不使用机器的旧制，保晋公司晋城分公司将机器生产引入煤炭行业，有力地推动了新式机器在晋东南地区的推广和传播。机器的推广和集资方式的改进使晋东南地区的煤炭产量成倍地增长，出现了数十家具有近代工业性质的煤炭企业。但由于受多方面因素的制约，传统性质的土窑在煤炭行业始终占有较大的比重，晋东南地区煤炭行业的二元结构较为明显。而且，新式的煤炭企业在前期投入上需要较多的资金去购买各种机械设备，还需要耗费巨资修整道路，以便将生产出来的煤炭向外运销，晋东南地区煤炭产业的近代化困难重重。晋东南地区煤炭业发展缓慢的原因有两点：一是山西近代的工业起步较晚，当地的工业遭受其他先进省份及国外物美价廉的工业制成品的冲击，加上战争等外部因素，制约了山西近代化的进程；二是山西的地理环境使晋东南煤炭的运费过于高昂，高昂的运费抬高了煤炭的出售价格，导致晋东南地区的煤炭失去市场竞争力。尽管此时省内交通业已经取得了一定发展，但仍然远不能满足山西省煤炭业及山西省经济发展的需要。

---

① 石涛、魏晋：《清末民初晋东南煤炭业的近代化转型》，《山西大学学报》2009年第6期。

二 近代山西煤炭开发方面的研究

虽然山西对煤炭资源的开发利用历史悠久，但近代以前，特别是洋务运动之后，对山西煤炭资源大规模开发的研究才大量涌现。此前一些方志虽然略有记载，但仅限于对某地是否产煤以及产煤情况的粗略描述，有关山西煤炭业的资料更是十分零碎分散。

1912年民国建立之前，山西乃至全中国的煤炭产业受到开采技术落后、交通运输不便的诸多因素制约，煤炭开采并没有形成规模，依然停留在简单的手工操作层面，外商在对煤炭资源的竞争中处于有利地位。出于对机器大工业生产的能源性需求，外国学者开始尝试对中国煤炭资源的储量和开采进行勘探。其中最著名的是德国地质学家李希霍芬（Richthofen）在同治九年（1870）和同治十一年（1872）先后两次来到山西进行煤炭资源的勘探工作，其著作《旅华日记》①《中国旅行报告书》②中对山西煤矿资源丰富储量的研究轰动一时。李希霍芬指出，山西的煤炭资源储量比美国宾夕法尼亚州的煤炭资源还要丰富，可供世界使用千年，而且品质优良，价格较为低廉。③为此，英国国会在清同治十二年（1873）就对山西煤炭的开采问题进行了专题讨论。

在李希霍芬之后，其他外籍学者也开始关注山西的煤炭资源，纷纷到山西进行煤炭资源调查，并发表了相关的报告和专著。其中，较早的地质学家当推瑞典地质学家新常富［1879.7.5—1963.3.4，原名托尔斯滕·埃里克·尼斯特勒姆（Torsten Erik Nyström）］。清宣统三年（1911），新常富到山西平定进行学术考察，他对平定铁炉沟的煤炭进行了化验分析，化验结果显示，平定铁炉沟的煤炭是无烟煤，毫不染手，质坚而滑，纯黑色，有光芒，断口呈扁形，容易脆裂，可以大块销售。新常富在其关于山西煤炭的专著《晋矿》（赵奇英译）一书中这样称赞平定煤炭的质

---

① ［德］费迪南德·冯·李希霍芬：《旅华日记》，1907年。
② ［德］费迪南德·冯·李希霍芬：《中国旅行报告书》，1907年。
③ 彭泽益在《中国近代手工业史资料》第二卷，中华书局1962年版，第161页中提到："李希霍芬在谈到阳泉、平定一带的手工业状况时说，当地煤矿到处都有，铁冶业发达，用煤甚多。还说，当地煤价甚低，每担不过十几文钱，运到河北的井陉赵陵铺后，售价便增为每斤十一钱。"

量之佳:"平定之煤质,诚属无一不佳。锐氏谓平定之煤,可与片司非捏极善之煤并驾齐驱,良有以也!更可贵者,其煤层有二十至三十尺之厚,利源广大,为富庶之渊薮!有断言者。"① 民国七年(1918),日本矿师门仓三能到山西大同考察煤炭资源的分布状况,之后撰写并发表了《山西省大同煤田调查报告》。② 门仓三能在报告中对大同地区的煤层作了一个概略的划分。日本帝国主义在全面侵华时期,还大量派遣情报人员及地质勘探专家到山西各地进行地质勘探活动,收集与煤炭分布及开采相关的资料,并撰写了专著和调查报告,有《宁武炭田轩岗镇近旁地址调查报告》③《山西省汾河流域及沁河流域煤田调查报告》④《蒙疆浑源炭田采矿条件调查报告》⑤ 等。日本在占领山西之后,在其占领区内推行"以人换煤"的政策,从山西境内掠夺了一千多万吨煤炭,并在大同、阳泉等产矿区留下了几十个埋葬矿工的"万人坑"。

随着近代煤矿的兴办,有关矿产开发利用的地质学研究逐渐受到我国学者重视,相关地质调查和研究成果也逐渐增多。民国九年(1920),中国地质学家王烈编著了《山西煤田总论》⑥,该书对山西煤田的分布做了大略的划分,并对山西省内烟煤及无烟煤的地理分布作了详细的研究。民国十四年(1925),王竹泉根据他多年在山西野外进行实地考察的结果,绘制出了中国第一张由中国人绘制的山西省地质构造纲要图,并公开发表《山西地质构造纲要》⑦ 一文。这是第一篇被中国地质学界视为构造地质方面专门论著的文章,引起了国内外地质工作者对构造地质展开研究的热情。民国十五年(1926),王竹泉在报刊上发表了《中国地质图(太原—榆林幅)说明书》(1∶100万)。⑧ 民国十七年(1928),王竹泉

---

① 转引自《晋商史料全览·阳泉卷》,山西人民出版社2006年版,第329页。
② [日]门仓三能:《山西省大同煤田调查报告》,《海外矿物调查报告》第12号,1918年10月。
③ [日]北支那开发株式会社调查局:《宁武炭田轩岗镇近旁地址调查报告》,1942年。
④ [日]北支那开发株式会社调查局:《山西省汾河流域及沁河流域煤田调查报告》,全国地质资料馆1949年版。
⑤ [日]森田行雄:《蒙疆浑源炭田采矿条件调查报告》,全国地质资料馆,1941年12月。
⑥ 王烈:《山西煤田总论》,全国地质资料馆,档号411,1920年1月。
⑦ 王竹泉:《山西地质构造纲要》,中国地质学会会志1925年版。
⑧ 王竹泉:《中国地质图(太原—榆林幅)说明书》,商务印书馆1926年版。

撰写了《山西煤矿志》。① 在该书中，王竹泉按煤田分布将山西全省划分为七大煤区和三十二个煤田，每个煤田都按照其分布范围、含煤地层、煤层、煤质并按照煤种进行了储量的估算，这对了解山西煤炭地质分布与勘探开发来说均是难得的综合性资料，对当今山西煤田的勘探工作仍然具有重要的参考价值。②

但山西的煤炭开采和利用率却不甚理想，全汉昇先生③曾就中国煤炭开采提出：清末民国时期受制于历朝历代的长期开采，境内所蕴藏的丰富煤矿中位于地表及距地表较近的煤层几近被全部开采，而位于地下的煤层由于排水困难无法挖掘，易致生产停顿，这也是洋务运动时期煤炭内供不足，需要仰仗海外进口的重要原因。山西煤矿储量极为巨大，占全国煤炭总储藏量大约 2/3，但清代后期没有大规模的开采，这也是造成中国的近代化进程濒临失败的原因之一。山西省地处内陆，煤炭运输无法借助水路，又缺少通过铁路大量运输的条件，因而无法实现煤炭能源的大机器式开采，也对中国工业的近代化没有很大贡献。1935 年，日本人的调查④也指出：山西省的煤矿分布非常广泛，并且储量极其丰富，只是由于大部分采用旧式土法进行煤炭开采，所以产量比较低。产量较为理想的阳曲西山、太原西山等煤矿也是依赖于西北实业公司的经营以及新式设备的采用和附近铁路的修建。

三　近代山西道路交通方面的研究

交通运输的发展与区域经济的发展息息相关，交通条件的优劣能够相应地促进或是制约当地经济的发展。山西省地处内陆，山地、丘陵面积广大，占据全省面积的七成以上，因而虽然矿产资源丰富，但交通条件确是制约经济发展最关键的因素之一。尽管全国路网已于清末基本建立（山西省共有七条驿道以及正太铁路可供通往外省），但考虑到自然条件以及社会发展，山西省的交通条件仍处于落后的水平。

---

① 王竹泉：《山西煤矿志》，《农矿公报》1928 年第 9 期。
② 资料来源：http://www.gerenjianli.com/Mingren/03/op4o3t21867bpel.html。
③ 全汉昇：《清季西法输入中国前的煤矿水患问题》，中央研究院院刊第一辑，1954 年 6 月，收入全汉昇：《中国经济史论丛》（二），中华书局 2012 年版，第 791—799 页。
④ ［日］《北支那矿业纪要》，《北支经济资料》第 21 辑，第 162 页。

直至民国阎锡山掌权后，聚集全省之力修路，山西省的交通状况才得到一系列的改善，这在一定程度上也促进了当时的经济政治发展。关于这一问题，学界多次对此进行过深入的探讨，大部分研究专注于抗战前山西整体交通条件的考证，涉及当时自然条件、大宗物资的调度、农业发展、资本结构等内容，为研究当时的社会政治、经济发展奠定了良好基础。

另一个重要的时间节点是"七七事变"。学界对此前山西交通业的研究着重公路和铁路的修筑，涉及交通网络、道路类型、资金来源、修筑方式等，但是缺乏对交通与经济发展相关性的关注，也没有探究交通与自然环境、政治环境以及资本环境的关联，对陆路、水路、邮政等路网整体的研究还未形成独立体系。在这一点上，石凌虚先生编写的《山西航运史》[①]、山西省交通厅公路交通史志编审委员会所编撰的《山西公路交通史》[②]以及北京中华书局出版的《山西通志·铁路志》[③]、《山西通志·交通志·公路水运篇》[④]和《山西通志·邮电志》[⑤]中都有详尽的叙述。

近年来学界也不乏探究交通条件与经济社会发展方面的成果，其中比较具有代表性的当属孙文盛先生的《山西交通经济》[⑥]、师国梁主编的《山西公路交通史》[⑦]、杨洪年先生的《交通经济》[⑧]以及张风波的《中国交通经济分析》[⑨]等著作。其中前两位先生的研究主要着眼于山西地区，而其他论著则侧重东部地区。此外，值得一提的是剡建华先生所著《山西交通史话》[⑩]，这本书详细刻画了山西古代驿道的走向及其对区域经济

[①] 吕荣民主编，石凌虚编著：《山西航运史》，人民交通出版社1998年版。
[②] 山西省交通厅公路交通史志编审委员会编：《山西公路交通史》，人民交通出版社1988年版。
[③] （清）王轩等纂修，刘克文总点校：《山西通志》，中华书局1990年版。
[④] 同上。
[⑤] 同上。
[⑥] 孙文盛主编：《山西交通经济》，山西经济出版社1998年版。
[⑦] 师国梁主编：《山西公路交通史》，山西人民出版社2012年版。
[⑧] 杨洪年：《交通经济》，人民出版社1994年版。
[⑨] 张风波：《中国交通经济分析》，人民出版社1987年版。
[⑩] 剡建华编著：《山西交通史话》，山西人民出版社2003年版。

发展的影响，但却鲜少涉及民国时期。

就学术论文而言，主要集中研究两个问题：一是民国时期山西省交通路网的发展沿革，其中代表性的有刘建生的《试析同蒲窄轨铁路修筑成因》①、阎爱武的《山西近代公路建设探略》②、梁四宝和张宏的《阎锡山与山西公路建设》③、陈旭清的《民国时期山西公路建设述论》④、李丽娜的《铁路与山西近代交通体系的形成（1907—1037）》⑤以及曾谦的《近代山西的道路修筑与交通网络》⑥；二是煤炭外销与交通业发展的关系，代表性研究有张正明的《略论晚清和民国时期的晋煤外销》⑦、张健民的《阎锡山与同蒲路的资源配置》⑧和曾谦的《近代山西煤炭的开发与运销》⑨。

四　近代山西煤炭经营管理方面的研究

目前学界对近代，特别是民国时期山西煤炭经营管理方面的研究集中在近代煤矿企业的投资构成，以及个别煤窑和公司的经营管理情况上面。中国台湾的陈慈玉先生⑩主要研究了1918—1936年期间日本对山西煤炭业的投资，并对抗战期间日本对山西煤炭的统制做了精彩的论述。陈氏指出，1935年，由南满洲铁道株式会社出资组建了兴中公司，该公司成立的目的是开发和掠夺华北的煤炭等资源。1937年"七七事变"之后，中国华北各沦陷区的煤矿逐渐被兴中公司所接管。1938年11月，日本帝国主义为了更有效地掠夺

---

① 刘建生：《试析同蒲窄轨铁路修筑成因》，《中国经济史研究》1996年第1期。
② 阎爱武：《山西近代公路建设探略》，《运城高等专科学校学报》2001年第6期。
③ 梁四宝、张宏：《阎锡山与山西公路建设》，《山西大学学报》（哲学社会科学版）2004年第2期。
④ 陈旭清：《民国时期山西公路建设述论》，《晋阳学刊》2004年第6期。
⑤ 李丽娜：《铁路与山西近代交通体系的形成（1907—1937）》，《太原师范学院学报》（社会科学版）2008年第5期。
⑥ 曾谦：《近代山西的道路修筑与交通网络》，《山西农业大学学报》（社会科学版）2009年第2期。
⑦ 张正明：《略论晚清和民国时期的晋煤外销》，《经济问题》1984年第4期。
⑧ 张健民：《阎锡山与同蒲路的资源配置》，《沧桑》2002年第4期。
⑨ 曾谦：《近代山西煤炭的开发与运销》，《沧桑》2009年第3期。
⑩ 陈慈玉：《日本在华煤业投资四十年》，台北：稻乡出版社2004年版。

华北地区的煤炭资源，日本官方和民间商社共同出资组建了北支那开发株式会社（又被称为"华北开发公司"），该公司陆续接收经营之前兴中公司受委托经营的煤矿。1939年年初，为了加快掠夺山西乃至华北的煤炭资源，华北日军制订了积极开发华北各大煤矿的详细计划，将华北的煤矿全部置于华北开发公司的管辖之下，山西太原集团就是这种管辖之下的产物。太原集团是典型的军管理委托经营模式，其实际的控制者是日本军方。日本军方委托大仓财阀投入资金和人力去经营太原集团。日本军方为了加强对占领区的控制和对作为军需物质的煤炭调节，经常无视大仓财阀是否能够获利，企业财务收支是否能够保持平衡，即便有时候有些许利润，也经常被日本军方拿走。故此，大仓财阀被迫接受军方的要求提供开采煤炭所需的资金、人力和机器，却不能对以保晋公司阳泉煤矿为主的太原集团进行有效的管理。太原集团所生产的煤炭则委托华北开发公司、华北政务委员会和其他民间矿业公司共同组织的华北石炭贩卖有限公司销售。其中1/3的煤炭销往日本本土及中国东北，成为日本和中国东北重工业的重要动力，还有一大部分是为日本在中国的军需产业和交通工具提供燃料。通过太原集团，日本成功地实现了统制山西煤炭产销的目的。在日本庞大的国家机器的操作之下，日本的银行和财阀被迫出资，与日本政府和日本军方共同开发山西煤矿，以达成为战争提供燃料的目的。在日本战时的统制经济体制之下，日本财阀已经不复扮演"七七事变"之前日本对华矿业投资时的急先锋的角色，也不是日本的国家资本输出的中介者，只不过是一群任由日本军方摆布的棋子而已。

梁晋春编著的《山西的近代工业》[①] 和景占魁的专著《阎锡山与西北实业公司》[②] 则叙述了阎锡山在山西省创办西北实业公司的全过程，研究了阎锡山官僚资本的特点及旧中国官僚资本发展的一般规律，从侧面反映了当时中国社会各种错综复杂的矛盾和斗争。蒂姆·赖特（Tim

---

① 梁晋春：《山西的近代工业》，载《近代的山西》，山西人民出版社1988年版。
② 景占魁：《阎锡山与西北实业公司》，山西经济出版社2002年版。

Wright)的《中国经济和社会中的煤矿业(1895—1937)》①揭示了1895—1937年中国煤炭生产增长的基本情况,集中分析了旧中国煤矿业在地域分布和各个历史阶段发展不平衡的状况和原因,着重研究中外资本、政府与企业、资本家与工人的相互关系等。蒂姆·赖特认为,中国的煤炭储量位居世界前列。在中国近代化的过程中,中国的煤炭产业得到了迅猛的发展。中国每年的煤炭总产量从1896年的不到50万吨上升至1936年的约400万吨。

民国十五年(1926),中国博物学家、地质学家虞和寅在实地调查的基础上,撰写了《平定阳泉附近保晋煤矿报告》②,该书详细地介绍了保晋公司平定分公司的生产与经营状况。晋北矿务局在留日学生梁上椿担任总经理期间,从1929年5月至1934年12月,先后发布《晋北矿务局第一次报告书》③(民国十八年五月起至十九年十二月止)、《晋北矿务局第二次报告书》④(民国二十年一月起至二十一年十二月止)、《晋北矿务局第三次报告书》⑤(民国二十二年一月起至二十三年十二月底)。这三次报告书主要介绍了晋北矿务局的生产经营情况,包括凿井、采煤、土木、铁路等多个项目和会计报告,还涵盖了平津沽办事处、矿工医院、矿警管理处等情况,职员表、工人简况统计以及各项规章制度等。

胡忠贵先生撰写的《山西煤炭工业简史》⑥,通过联系对比、鸦片战争之后山西煤炭开采业的历史,包括民国前期小煤窑的厄运、阎锡山掌权时期的煤矿管理以及矿工日常生活及其反抗等,着重探讨明清时期小型煤窑的生产方式和生产关系。丁钟晓先生的《山西煤炭简史》⑦则以时

---

① [澳]蒂姆·赖特:《中国经济和社会中的煤矿业(1895—1937)》,丁长清译,东方出版社1991年版。
② 虞和寅:《平定阳泉附近保晋煤矿报告》,农商部矿政司1926年版。
③ 梁上椿:《晋北矿务局第一次报告书》,晋北矿务局出版,民国十八年五月起至十九年十二月。
④ 梁上椿:《晋北矿务局第二次报告书》,晋北矿务局出版,民国二十年一月起至二十一年十二月。
⑤ 梁上椿:《晋北矿务局第三次报告书》,晋北矿务局出版,民国二十二年一月起至二十三年十二月。
⑥ 胡忠贵:《山西煤炭工业简史》,山西科学教育出版社1988年版。
⑦ 丁钟晓:《山西煤炭简史》,煤炭工业出版社2011年版。

间为主线，叙述了从唐代起至新中国成立前山西省煤炭开采业的发展，重点关注近代省内大型煤矿公司和战争时期煤炭产业的相关情况。阳泉矿务局矿史编辑委员会主编的《阳泉煤矿简史》①将关注点局限于阳泉地区，介绍该地区自煤窑源起直至新中国成立前煤炭业的发展史，主要对其煤窑的生产技术、管理结构和存在价值进行介绍。而阳泉矿务局矿史编写组编制的《阳泉煤矿史》②则从阳泉地区煤矿的起源入手，着眼于地区性煤炭开采业和大煤矿，以近代争矿运动收尾，并且详细分析讨论了保晋公司的发展状况及其影响因素。中共石圪节煤矿委员会出版的《石圪节煤矿史》③以石圪节为研究对象，介绍了当地煤窑到煤矿的转变过程，对工人运动也有提及。西山矿务局矿史编写小组于1961年编著完成的《西山煤矿史》④以太原西山地区为例，主要讲述煤窑类型、管理结构以及工人待遇方面的问题，其中收录的老煤窑工人的采访谈话独具价值。此外，刘建生、刘鹏生的著作《山西近代经济史》⑤中也对山西的近代煤矿企业和煤窑的详细信息有所涉猎，讨论了民国晋煤外销的难点。

五 相关史料与研究

清末山西的"保矿运动"长期以来一直受到学界的关注。进入新世纪后，随着由"保矿运动"的领导人之一张士林撰写的记录山西"保矿运动"的原始文献《石艾乙巳御英保矿纪闻》⑥的发掘，"保矿运动"更为广泛地引起了学术界的关注。刘建生等学者通过对《石艾乙巳御英保矿纪闻》的剖析，证实了晚清山西时任巡抚胡聘之自始至终都没有故意出卖矿权，并在山西"保矿运动"中起到了举足轻重的作用，为维护国家利益做出了积极的贡献。胡聘之是"保矿运动"的幕后策划者和组织者，他充分利用其在官场的关系网以及在山西士绅中的号召力，在"保

---

① 阳泉矿务局矿史编辑委员会、山西师范学院历史系专科二年级：《阳泉煤矿简史》，山西人民出版社1960年版。
② 阳泉矿务局矿史编写组：《阳泉煤矿史》，山西人民出版社1985年版。
③ 中共石圪节煤矿委员会：《石圪节煤矿史》，中共石圪节委员会1985年版。
④ 西山矿务局矿史编写小组：《西山煤矿史》，西山矿务局矿史编写小组1961年版。
⑤ 刘建生、刘鹏生：《山西近代经济史》，山西经济出版社1997年版。
⑥ 张士林：《石艾乙巳御英保矿纪闻》，清宣统二年（1910），武铭勋手抄本。

矿运动"中起到了统领全局、运筹帷幄的作用。① 另外，刘建生先生在《山西近代经济史》② 一书中也对1840—1948年山西煤炭产业的发展变迁做了较为详细的阐述。张研的《1908年帝国往事》③ 一书，则阐释了山西矿权丢失及夺回的相关内容。大同、汾西、阳泉等矿务局编写的山西省内各大煤炭产地的煤炭史，《阳泉市志》④、《平定县志》⑤ 等方志中也含有大量翔实的关于"保矿运动"和保晋公司的史料。此外，还有山西省政协文史资料委员会出版的《山西文史资料》⑥，阳泉矿务局矿史编写组的《阳泉煤矿史》⑦，大同矿务局矿史、党史征编办公室编写的《大同煤矿史（一）》⑧ 和阳泉、大同、平定等各县政协的文史资料。汪敬虞、孙毓棠先生编纂的《中国近代工业经济史资料》⑨，彭泽益先生编纂的《中国近代手工业史资料》⑩，陈真先生编纂的《中国近代工业史资料》⑪，李浩先生的《晋矿魂——李培仁与山西争矿运动》⑫ 等著作中有关"保矿运动"和保晋公司的资料内容也相当丰富。

关于山西"保矿运动"的研究主要是围绕"保矿运动"的发源地、组织者和发起者等方面进行论述的。就发源地而言，从"太原说"到"阳泉说"，学界很长时间莫衷一是，说法不能统一。乔志强主编的《山西通史》⑬ 认为，山西争矿运动首先发生在太原，是由太原知识界发起的，其后才由太原波及全省各个州、县。之后的很长时间学者延续这个

---

① 雷承锋、刘建生：《重评胡聘之与晚清山西"保矿运动"》，《甘肃社会科学》2013年第6期。
② 刘建生、刘鹏生：《山西近代经济史》，山西经济出版社1997年版。
③ 张研：《1908年帝国往事》，重庆出版社2007年版。
④ 阳泉市地方志编纂委员会：《阳泉市志》，当代中国出版社1998年版。
⑤ 平定县志编纂委员会编：《平定县志》，社会科学文献出版社1992年版。
⑥ 中国人民政治协商会议山西省委员会文史资料研究委员会编：《山西文史资料》1982年。
⑦ 阳泉矿务局矿史编写组：《阳泉煤矿史》，山西人民出版社1985年版。
⑧ 大同矿务局矿史、党史征编办公室：《大同煤矿史（一）》，人民出版社1989年版。
⑨ 汪敬虞、孙毓棠：《中国近代工业经济史资料》，科学出版社1957年版。
⑩ 彭泽益：《中国近代手工业史资料》，生活·读书·新知三联书店1957年版。
⑪ 陈真：《中国近代工业史资料》，生活·读书·新知三联书店1958年版。
⑫ 李浩：《晋矿魂——李培仁与山西争矿运动》，山西人民出版社2001年版。
⑬ 山西省史志研究院编，乔志强主编：《山西通史》，中华书局1997年版。

观点，李韶琳《"保矿运动"述略》① 一文就认为，山西"保矿运动"发端于山西学界的罢课、游行。2005 年阳泉市召开了"纪念山西争矿运动 100 周年理论研讨会"，会上"太原说"遭到质疑。会议认为，山西争矿运动首先发生在平定，其主要论据是新发现的两则史料，一是《墨卿墓志铭》，二是《先君墨卿公行述》。此外，魏德卿、苏高文、史英豪编写的《山西"保矿运动"历史研究》② 一书以张士林的《石艾乙巳御英保矿纪闻》为基础，通过挖掘大量史料得出平定的"官学黄家"是"保矿运动"的发源地，1905 年上巳节（农历三月初三），由黄守渊组织、胡聘之参与的黄府聚会，就是"保矿运动"的发起会，完全可以将之看作"保矿运动"的起点。李存华、王智庆在《山西争矿运动的首发地与发起人》③ 一文中表明山西"保矿运动"首发于平定州，其发起人为平定乡绅张士林。姚丽芳《仁人义绅与1905—1908年的平定州"保矿运动"》一文④也赞同了"阳泉说"的观点，从仁人义绅的角度出发，论述了地方士绅为"保矿运动"做出的努力。

学界对"保矿运动"中的关键人物胡聘之的评价也褒贬不一，张敬、高生记的《胡聘之与近代山西》⑤ 和崔锁龙的《胡聘之与山西近代工业的兴起》⑥ 对胡聘之进行了客观评价，认为其对山西省近代工业和教育事业的发展有促进作用，但其借款筑路的方案确是导致山西矿权丢失的主要原因。而刘建生、任强、郭娟娟所撰的《〈石艾乙巳御英保矿纪闻〉中"崇儒公"的史料辨析》⑦ 则通过史料挖掘证明了胡聘之在"保矿运动"中的积极作用。

---

① 李韶琳：《"保矿运动"述略》，《科教文汇（下旬刊）》2009 年第 1 期。
② 魏德卿、苏高文、史英豪主编：《山西"保矿运动"历史研究》，中国时代经济出版社 2010 年版。
③ 李存华、王智庆：《山西争矿运动的首发地与发起人》，《山西高等学校社会科学学报》2008 年第 4 期。
④ 姚丽芳：《仁人义绅与1905—1908年的平定州"保矿运动"》，《沧桑》2010 年第 8 期。
⑤ 张敬、高生记：《胡聘之与近代山西》，《沧桑》1994 年第 3 期。
⑥ 崔锁龙：《胡聘之与山西近代工业的兴起》，《太原大学学报》2006 年第 2 期。
⑦ 刘建生、任强、郭娟娟：《〈石艾乙巳御英保矿纪闻〉中"崇儒公"的史料辨析》，《山西大学学报》（哲学社会科学版）2011 年第 1 期。

第三节 理论支撑

全书围绕晚清至民国时期山西煤炭的近代化过程进行研究，分为上、中、下三编。上编和中编分别从不同时期山西煤炭产业在需求和供给两方面的变迁展开论述，上编讲述晚清前后传统采炭业向煤炭产业的过渡，中编为民国时期的商业化与山西煤炭工业化的互动过程。下编则侧重民国时期山西煤炭产业在经营管理方面的重大革新，包括股权和资本结构、人力资源管理模式以及记账方式的变迁。

一 概念界定

本书所研究的近代时期，具体是指从1840年鸦片战争爆发至1949年新中国成立的这一历史阶段。书中出于研究时间轴完整的需要，对明清时期山西煤炭的存储和开发状况也有所涉及。

本书所研究的民国时期，具体是指从1911年辛亥革命爆发至1949年新中国成立的这一历史阶段。虽然国民党败退台湾之后，依然自称"中华民国"，但无论在学术界，还是在国际社会，都普遍认为"中华民国"是指辛亥革命爆发的1911年10月10日至中华人民共和国成立的1949年10月1日。题目中所指山西省的地域范围，是指当今山西省的地域范围。虽然在民国时期，阎锡山曾经控制过绥远、内蒙古的一部分，但为了增强研究的现实意义，本书所研究的山西是指现在山西省的行政区划范围。

目前学界关于近代化的含义有很多种观点。一种观点用"资本主义化"来定义"近代化"，将认识与接受欧美资本主义的程度视为中国近代化过程的历史特点与划分阶段的依据；另一种观点则指出中国的近代化应具有其自身特殊的蕴意，必须与反帝和反封建相结合；还有一种观点不同意运用"近代化"的视角来囊括整个中国近代的历史道路，他们认为，"近代化"这个概念不够科学，主张使用"国体改造运动"来描述中国近代的历史变迁。本书所研究的近代化（Modernization），是指用近代新式生产方式代替传统的生产方式，用近代新式制度代替传统落后的旧制度的过程，以及这一过程中所体现出的人的意识形态发生的相关变化。

综合目前对于近代化的研究成果，我们给产业近代化下了一个定义：

因为产业包括产供销及其相关行业近代化生产方式和经营管理方式，因此，我们认为产业近代化是指某一产业在生产、流通、交换、分配等环节所体现出的有别于传统经营方式的、更为新式的运作方式和管理模式。具体到山西煤炭产业的近代化是指煤炭开采技术、运输工具、销售方式、资本运作以及管理制度等方面的近代化过程。①

二　理论框架

晚清前后是山西煤炭业近代化转变的关键时期，本书上编从煤炭需求、开采与运输方式以及对煤炭资源的开发与勘探三个方面研究山西煤炭行业由传统采炭业向煤炭产业的过渡。

至民国时期，道路交通的改善促使山西煤炭产业的近代化进程加快，尤其是在煤炭的勘探开采和运输销售方面发生了巨大变革，与此同时，近代煤炭企业在资本筹集、经营管理、工人招聘、员工培训、安全生产等方面也发生了一系列的制度变迁。中编以"民国时期的商业化与山西煤炭产业工业化的互动"为题，研究煤炭需求的进一步变化以及运输方式变迁和山西煤炭产业的近代化和工业化进程。

山西煤炭业近代化的一项标志性成果就是近代煤炭企业的形成。近代企业的产生不仅仅伴随近代西方先进生产技术的引进，在企业的经营和管理方式上也有重大突破。下编从股权结构与资本运作方式、人力资源管理模式的变革以及复式记账法的推广等方面论述民国时期煤炭产业经营管理的改革与创新。

本书利用大量一手资料，对近代山西煤炭产业的形成、发展，煤炭开采技术的变迁，煤矿企业经营管理，煤炭产业与自然环境，区域社会经济的关系，煤炭产业历史状况等进行调查、梳理与总结，以丰富的史料再现山西煤炭产业的发展与兴衰，以科学严谨的方法加以分析论证，创新性地提出了煤炭产业近代化的概念界定，较为全面准确地总结了山西煤炭产业近代化的基本特征及其与中国近代化进程之间的联系。

与山西传统采矿业相比，近代以来，特别是在民国时期的山西煤炭

---

① 赵超、周溯源：《民国时期煤炭产业近代化特征及其绩效分析——以煤炭资源大省山西为例的考察》，《贵州社会科学》2016年第11期。

业在资源勘探、坑道开采、通风排水、照明电力、运煤坑道、开采方式和安保等方面都有不小的进步。在近代化过程中逐步引进现代新式生产技术和生产方式，特别是电力新能源和各类机床的引进和普及，提高了煤炭资源开采效率，促进了山西煤炭业的发展。与此同时，随着近代化程度的提高，近代煤炭企业在资源勘探和开采的过程中有意识地培育出一批高级技术工人，通过示范效应的正外部性，进一步伸进了山西省工业的近代化进程。

在煤炭开采的近代化方面，山西新式的煤炭企业如保晋公司、建昌公司、广懋公司、晋北矿务局、西北实业公司在煤炭开采之前，一般会聘用矿师进行地质勘探，在条件允许时也会使用钻机进行钻探。而在煤炭开采过程中，山西新式的煤炭企业投入巨资于煤矿的打井、购置水泵排水、坑内轻便铁道的铺设、卷扬机的安装等方面，这极大地提高了山西煤矿的生产效率。

民国时期山西省的煤炭运输摆脱了以往以人力、畜力为主的运输方式，新型交通设施的建成使这一时期的运销方式主要依托完备的铁路、公路交通网，"晋煤外运"效率获得极大提升。这在客观上促进了山西省煤炭的开采数量，"晋煤外运"从此真正开始。因受制于政治、经济和社会的种种因素，现代化运输工具带来的运输成本起伏较大，这在很大程度上制约了煤炭运输业的近代化水平。

交通业的近代化间接带动了山西省煤炭销售方式的近代化转变，由主要用以解决本地民用和部分工、矿业的消费格局和销售范围逐渐扩展至省外市场。国内主要集中在蒙、京、津、冀、鲁、豫等地，最南到达香港，而国际市场则以天津塘沽港为跳板，远销日韩、美洲，并且在这一时期，晋煤还开发出了新式销售手段，不少近代煤炭企业在全国范围内设立了多个城市销售点，依托签订供货合同、博览会展销等方式，提升晋煤的知名度。

在煤炭业的融资运作方面，受西方思潮和股份制传播的影响，山西省内近代煤炭企业纷纷效仿、采纳股份制融资方式。这种新式的集资手段完全迎合了近代煤炭企业在煤炭勘探、开采、运输、经营和管理方面对资金的大量需求，并且能够很好地降低经营和投资风险，因而受到普遍推崇。此外，股份制也使公司的投资者由以商人独资为主转向以政府、官吏、商人和地主混合投资为主体，社会各界均积极参与煤炭企业的创办和投资。

民国时期，山西煤炭企业的近代化进程大大加快。山西省近代煤炭企业在经营管理方面也受西方资本主义影响，大胆改制，初设董事会、股东大会以及监事会等现代企业运作机构，以便辅助企业更好地运转。对企业员工的招聘实现了从传统荐举制到近代考试制的重大创新，大大提高了员工整体的素质和专业水准，提升了管理效率。煤矿工人的管理制度也相应由传统把头制变为近代工人制度，降低了工人的额外负担，有助于生产效率的增加。这一时期，山西省煤炭业培养了一大批煤炭产业工人和技术工人以及经营管理人才，在1949年之后，这些人成为新中国经济建设的中坚力量，为社会主义的现代化做出了不可磨灭的贡献。

民国时期山西省的煤炭资源开发是中国近代化进程的重要组成部分，特别是其在生产力和生产关系方面所进行的改革和产生的转变，对山西省经济发展产生了深远的影响。煤炭作为中国能源结构中的重要组成部分，是中国经济近代化的强进动力，补足了能源短缺的问题，是其他产业近代化发展的基石，为近代能源革命、动力革命的产生奠定了基础。

三 创新与不足

本书的创新主要体现在理论创新、观点创新、选题和研究视角创新等方面。

第一，理论创新。本书主要针对近代山西煤炭产业的近代化进程进行研究，因此对"产业近代化"以及"煤炭产业近代化"两个概念的界定十分必要。书中对煤炭产业近代化的概念进行了界定，这是一个理论上的创新尝试。笔者在查阅大量学术资料后发现，关于近代化的含义有很多种观点，这里我们认为"产业近代化"是指某一产业在生产、流通、交换、分配等环节所体现出的有别于传统经营方式的、更为新式的运作方式和管理模式；具体到山西煤炭产业的近代化是指煤炭开采技术、运输工具、销售方式、资本运作以及管理制度等方面的近代化过程。① 本书也将根据以上概念界定从山西煤炭产业这些方面的近代化进程逐一进行具体的分析。

第二，观点创新。本书通过对近代山西煤炭业在煤炭开采、运销和企业运营变化的分析，比较全面地总结出了近代煤炭产业近代化在产、运、销、管各个环节的基本特征。煤炭产业的近代化主要是指生产力与生产关系这两者的近代化，包括煤炭生产技术、运输工具、行销方式、资本构成、管理制度和经营策略等多方面的近代化。从生产力来说，民国时期山西省很多地区首次引进大机器生产方式进行煤炭开采，并且在打井、排水和通风等方面引入近代化新设备。民国时期，山西政府也认识到了煤炭的运输和销售是发展经济的主要"瓶颈"，因此大力整修交通设施，扩展了山西煤炭的销售地区，促进了民众思想观念的近代化。从生产关系来说，许多近代煤炭企业首次采用公司制的组织形式，出现了股东大会、董事会、监事会等现代企业所具有的治理结构，并且已经在企业的经营、融资和监管等方面取得了不错的效果。民国时期，一批新式的矿业人才在各大煤矿公司担任要职，山西很多煤炭企业在招聘员工时，由过去的荐举制改为考试制，有力地促进了员工队伍的专业化与职业化，培育出一大批能够从事煤炭开采机械化操作的高级技术工人。在煤矿的工人管理方面，很多煤炭企业废除了传统的把头制，还直接招聘煤炭工人，这一方面降低了企业的成本，另一方面也有效地提高了煤炭工人的收入，改善了他们的生活。

第三，选题及研究视角的创新。从选题上来说，以近代化为视角研究山西煤炭产业发展的相关成果很少，已有研究成果又大多囿于史料所限，没有进行系统性的分析。本书主要侧重于近代，特别是民国时期山西煤炭产业勘探技术、产供销及管理等方面的近代化研究，这是一个较新颖的切入点，同时也是对该领域相关研究的一个补充。在研究方法上，本书主要使用文献研究法与定性和定量相结合的方法。其中，在文献研究法方面，笔者通过查阅山西省档案馆、阳泉市档案馆、大同市档案馆等地的馆藏档案，对民国时期山西的煤炭产业及煤炭企业的资金来源、

---

① 赵超、周溯源：《民国时期煤炭产业近代化特征及其绩效分析——以煤炭资源大省山西为例的考察》，《贵州社会科学》2016 年第 11 期。

开采技术、生产设备、工人来源及组织方式、煤炭的运输与销售等进行梳理与归纳；在定性和定量相结合的方法方面，本书在收集大量档案资料的基础上，对能够定量的资料予以量化，诸如对民国时期山西各大煤矿历年的煤炭产量、运费、资本额等进行量化，并分析其资本利润率。为了使研究更加直观，书中对能够用图表分析的资料，尽量用图表进行阐释。

总之，根据目前的研究状况来看，从经济史的角度对晚清山西的"保矿运动"和保晋公司的研究虽然成果较多，但从近代化的角度研究山西煤炭产业在民国时期的发展成果仍然相对匮乏，现有的研究也值得进一步细化的空间。基于这一研究现状，本书将在吸收和借鉴前人研究成果的基础上，从经济学、历史学、统计学、社会学、管理学等多学科研究方法出发，以期能够对民国时期山西煤炭产业的近代化进程进行多视角、全方位的系统性研究，尽可能地进行深层次的立体探讨，把握其历史沿革脉络，期望得出其政治、经济运作诸方面的相互关系和客观规律，力求将理论与史实相结合，将具体案例和综合研究相结合，以史为鉴，吸取有益的经验和教训。

上　编

传统采炭业向煤炭产业的过渡

煤炭作为近代工业化的基础能源，在国民经济和社会生活中占有重要地位。而山西自古以来就以煤炭储量之丰而闻名于世，山西煤炭产业的发展历史也极为悠久。山西民众对煤炭的利用最早可以追溯到新石器时代，自汉代以后，煤炭的开采量、开采技术、运销方式以及使用范围日益广泛，从满足日常生活的基本能源到冶铁铸造等重型工业的主要燃料，煤炭在山西民众的日常生活中逐渐普及，并且逐渐形成一个独立的产业——采炭业。明清时期，采炭业在前代的基础上继续发展。清末洋务运动兴起之后，随着西风东渐，山西煤炭需求的变化引起煤炭开采技术、运输方式、运销范围及用途等方面的明显进步，山西境内的传统采炭业完成了向煤炭产业的转化。

第一章

晚清前后煤炭需求的变化

煤炭在中国古代传统社会始终是进行社会生产的主要能源。对晚清前后的山西而言，煤炭需求主要来自家庭、工业和出口。虽然山西地处内陆，河山之固，造成山西近代化的开端相对晚于沿海、沿江地区，但是鸦片战争之后，晚清政府开始通过洋务运动求变，"开地利，惠工商，培学校，纾饷李，练主兵，遏盗萌，修边政"①，以"自强、求富"为目标在各地区兴办各类近代军事工业和民用工业，因而这一时期，无论煤炭资源是进行日常取暖、节庆祭祀还是进行冶炼生产，其需求都会产生巨大变化。

第一节 晚清前后传统家庭生活和手工业煤炭需求

山西地区的煤炭利用历史十分悠久，至迟至西汉时期，山西地区就已经开始进行手工挖煤用以生产、冶炼的经济活动。到有唐一代，煤业大兴，或官自卖，或税于官，与盐、铁并重。② 至迟到宋元时期，山西省已经出现专门的煤炭生产与运销产业，煤炭被更加广泛地应用于冶铁、铸钱、烧瓷等手工业生产活动中。经历后世诸代的不断演变发展，晚清前后，鸦片战争以前，山西地区虽仍基本处于自给自足的小农经济，但当地居民对煤炭资源的利用，除作为传统冶炼行业的燃料之外，也开始

---

① 李细珠：《张之洞与清末新政研究》，上海书店出版社2003年版，第45页。
② 谢家荣：《煤》，商务印书馆1947年版，第1页。

逐渐取代柴薪，成为当时人们日常生活的必需品。

彼时，山西省境内的原始森林资源因气象、战争、人为破坏等因素已经大量减少。雁门关、偏关地区树木"十去其六七"①；浑、蔚等州县，虽然以往林木茂密，但由于长期用于制作柴炭等日常燃料，数目日益减少②；忻州地带更是沦落到"郡山多石，薪木绝少"③的境遇。在这种情况下，煤炭开始作为主要的日常生活能源被山西人民开采、使用，民用和手工业用煤大增。

康熙年间，汾阳地区已经成功用煤炭取代柴薪，方便百姓生活日用，而在煤炭的集中产地孝义地区，煤炭已经成为巩固当地民生的关键必需品之一。④在平定地区，百姓对煤炭开采和利用的范围更大，整个地区烧火做饭的燃料都是石炭，特别是酿家。煤炭大量燃烧所剩的石灰被倒入河中，加上雨水稀少，导致了大规模的河道淤塞⑤，河床增高。乾隆二十七年（1762）就曾因百姓用煤过后剩余煤渣过多，淤塞河道，甚至堆积成山，连年引发大规模水患。至道光二十七年（1847），时任知州锡麟下令严禁向河道倾倒煤渣，又寻人疏浚，这才暂时缓解，可见传统家庭生活对煤炭的需求之大。

由于对煤炭的普遍使用，山西地区的百姓在清代就已经对煤炭有了一定的认识，并且依据其气味、出烟情况、形状等方面予以区分。古称煤炭为石炭、黑炭、乌众石、石墨等，李时珍给出了一个煤炭的系统性定义："石炭即乌金石，上古以此书字，谓之石墨，今呼为煤炭，块大而坚者为炭，细碎如沙者为煤。"⑥一般而言，依据煤炭燃烧时产生的气味

---

① （明）马文升：《马端肃公奏议》卷11，《禁伐边山林以资保障事》，广陵书社2009年版，第1850页。
② （明）邱浚：《大学衍义补》卷150，《治国平天下之要·驭夷狄·守边固圉之略上》，台北：丘文庄公丛书辑印委员会1972年版，第1439页。
③ （清）顾炎武撰，黄珅、严佐之、刘永翔主编：《顾炎武全集·天下郡国利病书·山西備録》，上海古籍出版社2011年版，第1879页。
④ 吴晓煜编纂：《中国煤炭史志资料钩沉》，煤炭工业出版社2002年版，第308页。
⑤ （清）金明源等：光绪《平定州志》卷3，《山川》，清光绪八年刻本，第13页。
⑥ （明）李时珍著，陈贵廷等点校：《本草纲目》，中医古籍出版社1994年版，第248页。

香臭可以将煤炭分为两类，白色的煤气味较香，青色的炭气味较臭。① 据记载，清代阳城县出产的煤炭品质较好，易燃、耐燃，燃烧时没有火焰却会挥发出一种有臭味的气体，当地人将其称作"干炭"②，这种炭就属于臭炭的一种。从燃烧时有无出烟可将煤炭分为三类③：一是夯炭，燃烧时有少量烟雾挥发；二是肥炭，燃烧时会有大量烟尘，平定州出产的品质最好；三是煨炭，在三者中品质最佳，出烟较少，可燃烧较长时间。依照煤炭的形状也可将其分类，带有颜色的煤炭往往品质较差，被当地百姓用来日常取暖。明清繁峙出产一种柴皮炭，其实就是木质初变为煤时的样子，产地在繁峙县东北部的石梯山，形状类似木材但却潮湿，棕色没有光泽，将其晒干燃烧火焰较小，但出烟较多。④ 还有一种产自大营东滩的煤炭，颜色略黑，与泥类似，用手挤压还会出水，当地人称它为活牛粪，晾干水分后可以燃烧，但是火焰很小。⑤ 明清山西地区还流行以煤球作为燃料，因为单纯的煤末不耐燃烧，故而百姓将其与一定比例的黄土掺水搅拌制成球形，晾干水分储藏，以备冬日取暖。以这种方式制成的煤球不仅方便储存和运输，而且较一般煤炭耐燃，因而得以被广泛传播和普及，多被用于家庭日常生活和民间手工业的燃料。清代诗人李光庭的《煤球》："石炭名多软硬兼，元霜为屑合规难。二分尘土胶投漆，一入烘炉雪点丹。"⑥ 中记录了煤球的详细制法。

山西百姓过冬保暖往往就是利用煤炭的这种耐燃性强、可燃性好的

---

① （清）杨念先：《阳城县乡土志》，《物产》，民国二十四年铅印本，第33页中称："山之石白其炭香；山之石青其炭臭"。

② （清）李炳彦修，梁棣鸾纂：道光《太平县志》卷1，《物产》，清道光五年刻本，第37页中称："石炭，性燃起焰，一种气臭无焰，俗曰'干炭'"。

③ （清）觉罗石麟修，储大文纂：雍正《山西通志》卷47，《物产》，清光绪八年刻本，第57页中称："石炭，俗称煤炭，有夯炭，微烟；有肥炭，有烟，出平定者佳；有煨炭，无烟，出广昌、广灵者佳，精腻而细碎，埋炉中可日夜不灭。"

④ （清）何才价修，杨笃纂：光绪《繁峙县志》卷1，《物产》，清光绪七年刻本，第140页中称："出县东北石梯山，形类木而湿，棕色无光，枝干肤理了了可辩，暴（曝）干则纹裂质顿轻矣，焚之焰弱而多烟。"

⑤ （清）何才价修，杨笃纂：光绪《繁峙县志》卷1，《物产》，清光绪七年刻本，第140页中称："色黑，作泥层，挤之有水，土人名为活牛粪，干亦可燃，而皆不甚发火。"

⑥ （清）李光庭纂：《乡言解颐》卷4，《物部上·消寒十二事》，中华书局1982年版，第63页。

特点，火炕的普遍搭建就是一种体现。通常在晋西北等贫寒地区，百姓会选择搭起三尺高的火炕以躲避地气侵袭。如定襄县居民依山建房，在屋中搭建火炕和地炉，将炭置于其中点燃取暖，烟自烟洞中排出与炉灶相通，方便日常使用①；保德县居民也为了保持自己家中火炕终年不断，用作燃料的煤炭都依靠其自行在山中采掘。②清代方朔曾作《暖炕》："三出三入热已遍，美哉衾枕皆温如。乍探曲躬既可免，再眠肌栗尤能除。美满饱得欢乍，一梦不知游华胥。"③用以表达火炕的这种保暖奇效。

除用作保暖之外，煤炭在不燃烧的条件下还被开发出许多其他用途。其一是炭灰可做干燥剂，山西百姓常于二月二当天将炭灰沿围墙撒一圈，趋避蛇虫，并且在正月二十二到二十五又将炭灰沿粮仓外围洒落，将其做成窑的形状，称为"添仓"，关于这一习俗在后文也会详细提及。其二是煤炭还具有一定的药用价值。李时珍的《本草纲目》记载：煤"气味：甘、辛、温、有毒"④，"主治：妇人血气痛。及诸疮毒，金疮出血、小儿痰痫"⑤。倪朱谟在《本草汇言》中记载了医治小儿痰痫病可以用的方剂，主要利用的是煤末能够消炎止血的作用。其三是用于提取煤精。在古代煤精又被称为乌石、黑玉，清代方志载煤精产地在潞安府和泽州府的山中，一般黑色致密，韧性大，可以被雕刻制作成装饰品或砚台、刻章等小型物件。⑥其四是晚清以前晋煤还被广泛应用于各类手工业的制造能源，诸如制药、酿酒、制瓷、烧砖、制石灰、铸钱等。煤炭在这些领域的广泛应用，足以证明中国传统社会已经能对煤炭这种能源进行一定

---

① （清）王时炯修，牛翰垣、王会隆纂：雍正《定襄县志》卷2，《风俗》，清雍正五年据清康熙五十一年刻版增刻本，第20页中载："河邑乡村，依山而处，穴土为窑，亦有石砌成者……窑居者，夏不畏暑，冬不畏寒。凡窑，屋有火坑地炉，爇炭炉中，火气穿土炕而过，有烟洞引之达于户外之妙，不扇而风，不呼而吸。灶则前后二炉相通，前炉爇而后炉炊，便于日用，然宜用炭火，若柴火则其势立烬，不能炊矣"。

② （清）梅延谟修，俎夏鼎纂：雍正《续静乐志》卷7，《艺文·五家庄风土记》，民国三十四年抄本，第3页中称："家居冬夏皆不断火炕，炕及炊皆山煤，即铲自山中"。

③ 吴晓煜：《中国古代咏煤集》，中国戏剧出版社2005年版，第101页。

④ （明）李时珍：《本草纲目》卷9，《金石部》，北京燕山出版社2009年版，第135页。

⑤ 同上书，第135页。

⑥ 章鸿钊：《古矿录》卷8，地质出版社1954年版，第362页中称煤精"出潞、泽山中，纯黑如漆，细润如玉，性坚，刀刮不动。可作佩带，亦最难得"。

的观察、利用，对生产发展和生活水平产生重要影响。

晋煤在民间手工业中的用途首先是炼制金属矿物，如锌、铅等。锌，又称"倭铅"，方志载其盛产于山西地区太行山脉一带，荆州和衡州亦有出产。① 人们往往将十斤炉甘石装进泥制的罐子，用泥封住罐口并且压干磨光，使它在火中不会开裂，然后用煤炭制成的煤饼一层层将它垫高，底部装满木柴，点燃烧红，罐子中的炉甘石就会渐渐融化变成一团。等到火灭冷却之后，将罐子砸毁，里面取出来的东西就是铅块。② 铅是军事上的一种重要金属矿物，用以制作铅刀等兵器，也可以入药炼丹，在晚清常常被政府强行派征。铅矿的产地据载主要在翼城县的东白驹村和西白驹村，在当地的煤窑中常常会发现这种与煤炭类似的矿脉，燃烧时能融化成黄色的液体，遇冷又会重新凝结。③

其次，煤炭在山西地区还被广泛用于烧砖和制石灰以便当作百姓房屋耗材使用，石灰的制法在县志中就有记载④，砖则通常在六壁头境内诸村的煤窑中出产，当地居民因为煤价便宜故而房屋建材能够支持这种相对奢侈性的消费。⑤

另外，煤炭也可用于烧炼具有地方特色的砂器和瓷器，一度远销国外。最负盛名的瓷器是黑瓷："黑瓷，土范各器，炭火煅成，名繁，利用炼药贵，阳城罐者即此，远人挑贩，络绎不绝。"⑥ 而砂器则以潞安府所产最具特色，在明朝就充当政府坐派的物品，乾隆年间《潞安府志》载嘉靖三十九年（1560）政府坐派潞安府出产的砂器五千个，四十年

---

① （明）宋应星：《天工开物》卷下，《五金》，商务印书馆1933年版，第232页。
② 同上书，第232页中载："用炉甘石十斤，装裹入泥罐内，封裹泥固以渐压干磨光，勿令见火拆裂，然后逐层用煤炭饼垫盛，其底铺薪，发火锻红，罐中炉甘石熔化成团。冷定，毁罐取出。每十耗其二……无铜收伏，入火即成烟飞去。以其似铅而性猛，故名楼铅"。
③ （民国）吉延彦编纂：《翼城县志》卷8，《物产·煤矿》，民国十八年铅印本，第322页。
④ （清）崔允昭修，李培谦纂：道光《直隶霍州志》卷10，《物产》，清道光六年刻本，第271页中载："山谷有青碎石，骨可用，土人砌窑，下为炉，以炭与青石相间实之，泥土上封，如炼甄瓦状，纵火焚之，炭灼而石自灰矣"。
⑤ （清）邓必安修，邓常纂：乾隆《孝义县志》卷1，《风俗》，清乾隆三十五年刻本，第301页。
⑥ （清）赖昌期修，潭溁纂：同治《阳城县志》卷5，《物产》，清同治十三年刻本，第196页。

(1561）达到一万五千个，而到了万历十八年（1590）更是达到了一万五千个之多。①

最后，晚清时期晋煤广泛用于提取诸如硫黄、窑矾等有益物质。硫黄的提炼方法为：在产出铜的矿脉中采矿，将它贮藏在瓮中，用土把瓮口封严，在中央留下一个小洞连接瓮口，在其下方放置一个空瓮，用石炭将其围住点燃，以火焰煅烧蒸馏一整晚。硫黄就会流入下边的瓮中。②由于山西阳城、阳曲二县硫黄产量颇丰，几乎每个煤窑都会出产，特别是占道村出产的硫黄品质最佳，能够杀灭田内害虫，农民争相抢购③，乾隆二十二年（1757）下令户部酌议各省军需者赴晋采办。

而晚清前后省内居民自主获取煤炭的方式有两种：一是通过城镇内煤店购买其从煤窑批购转卖的煤炭；二是通过本地小贩购买其从煤窑专门运送的煤炭。前一种虽然更为正规，但往往需要一定资本的积累，因此在较为贫困的区域后者才是主流，还可为一部分贫苦农户解决生计。比如阳曲地区"东西北傍山各村，地土瘠薄，居民农事之暇，多策蹇贩炭以生"④；大同县"西乡一带农人，冬日多贩煤"⑤；乡宁"近煤场者，则以人畜负贩，日有取资"。⑥

明清时期，基于煤炭的不可或缺性，政府有时也会将其作为赏罚对象，以对煤户进行封赏或是剥除"煤户"身份的手段治理国家。《明英宗实录》载衡阳王的亲戚想要被授予"菜户"和"煤户"的身份，而英宗

---

① （清）张淑渠修，姚学甲纂：乾隆《潞安府志》卷31，《艺文·请停止砂锅路紬疏》，清乾隆三十五年刻本，第2167页载："查嘉靖三十九年坐派潞安府砂器五千个，四十年坐派一万五千个，万历十八年坐派一万五千个"。

② （清）朱樟修，田嘉穀纂：雍正《泽州府志》卷51，《杂志》，清雍正十三年刻本，第2810页中称："阳城山峒取矿，外暗而中明，土人谓之铜，疑即矿音之讹。得矿后，贮于阳城瓮中，瓮口既满，以土封固，中逗小穴，下承瓮口，实者居上，虚者居下，以石炭围锻火蒸，黄（磺）流入下瓮，以一昼夜为度。土人谓瓮曰串口，形可二尺，径一尺，唯阳城造者土坚，它瓮则蠆裂。再凤台之沁河、土河、追山等村亦产黄（磺），与豫之河内、济源接壤。深山大泽，犯者时有，必得阳城串口乃可烧锻，其产陵川者，皆于臭煤石液中取出"。

③ （民国）张敬颢修，常麟书纂：《榆次县志》卷6，《物产》，民国三十一年铅印本，第16页。

④ （清）李培谦、华典修，阎士骧、郑起昌纂：道光《阳曲县志》卷2，《舆地图下》，清道光二十三年刻本，第45页。

⑤ （清）黎中辅纂修：道光《大同县志》卷8，《风土》，清道光十年刻本，第151页。

⑥ （清）葛清纂修：乾隆《乡宁县志》，清乾隆四十九年刻本，第165页。

以湖广地区不是煤炭产地的理由只授予其"菜户"的身份①，之后又赐予辽山王和怀仁王"煤户"②，与此同时也因昌化王等对煤户的剥削深重革除了其下辖的一部分煤户。③

煤炭课税也是政府宏观调控的手段之一。政府有时会通过赈济的方式将煤炭钱用于接济贫苦或是没有经济来源的百姓取暖过冬，康熙年间规定民间举凡年事过高但德行良好的贫苦百姓都可以前往官府领取生活所需的粮食、肉类、布匹和柴炭。④并且还在城中开设四个"留养局"，于冬季收容几十名流浪贫民，按日分发米八合和五文煤炭钱⑤；也出现了现代育婴堂性质的"普济堂"，在立冬至立春期间为贫苦百姓每名发放两文煤炭钱。⑥

与此同时，煤炭税也会被政府用以救助灾荒。嘉靖年间就曾因大同地区全境遭受自然灾害，将粮仓中储备的军粮以及当地政府征收的盐税和煤税用于赈济饥民。⑦据一些方志记载，地方财政收缴的煤税也有一部分会被用于解决地方官吏日用、祭祀等事务的需要，"旧规石炭每年纳税银一两八钱，仍供祭贺庭燎、佳节、门火及州官、学官日用，甚至门皂亦得侵用，殊无爱惜"。⑧值得一提的是，囚犯也属于政府抚恤的对象，比如乾隆二年（1737）赐予囚犯购置囚衣的花销六两银，以及过冬煤炭

---

① "中央研究院"历史语言研究所校印：《明英宗实录》卷285，《天顺元年十二月乙未》，第20册，上海书店出版社1984年版，第6100页。

② 同上书，第6152页。

③ 同上书，第6280页。

④ （清）郑立功等纂修：《文水县志》卷5，《财赋志》，清康熙十二年刻本，第242页。

⑤ （清）杨笃纂修：《长治县志》卷3，《建置公署》，清光绪二十年刻本，第491页中载："留养局四处：一在城三峻庙，一在漳泽村，一在韩店镇，一在西火镇。吴志知县田樟奉宪设立，每年隆冬收养老幼无依、贫病流民五十或七八十名不等，每名按日给发仓米八合，煤炭钱五文"。

⑥ （清）杨笃纂修：《长治县志》卷3，《建置公署》，清光绪二十年刻本，第491页中称："普济堂即育婴堂，旧址在县署西，吴志乾隆十八年，知县丁琰捐建大门一间，房屋二十间……自立冬日起至立春日止，每名给煤炭钱二文"。

⑦ （明）李东阳等敕撰，申时行等重修：《大明会典》卷17，《灾伤》，广陵书社2007年版，第118页。

⑧ （清）王克昌修，段梦高、王秉韬纂：乾隆《保德州志》卷3，《土产》，清乾隆五十年据清康熙四十九年刻本增刻本，第47页。

的购置费二厘①，并且在典史署专门给囚犯每人一升米。②

政府也可能选择直接开挖煤窑，以煤窑的收入供僧人布粥施茶，照顾往来的贫苦百姓，如康熙年间就曾"复开煤窑一座，悉给募僧清演以为馈粥炭茗之需，由是而行道之人归之如市，被霜雪者如阳和之转缇室，病暑喝者如清沁之在冰壶，饥者可以得所餐，渴者可以得所饮，马瘠仆痈劳苦疲惫者可以得所偃息"。③ 不可否认的是，以上种种对煤炭资源的开发利用都对维持当时社会稳定起到了一定的积极作用。

第二节 晚清前后节庆、祭祀和社会救济方面的煤炭需求

随着煤炭逐渐深入山西百姓的日常生活，煤炭需求也逐步延伸至其他领域。其一为节日耗用。山西地区民间留有节假日点燃炭火的风俗，在正月十五傍晚，百姓会在家中院内放置一个高五六尺的火炉，将石炭放入其中，燃烧整晚，由于家家户户都会将火点旺，远望去天空都会被染红，百姓将这成为"补天"。④ 省内各地均有类似习俗，只不过名称各有不同，大致可分为两种：一种是据其外形类似宝塔或棒槌，称为"塔火""棒槌火"。譬如寿阳地区会在正月十五的前后三天左右，在大街小巷的建筑物门口摆放弥勒佛、判官、狮子或是棒槌形状的泥塑，将其用石炭围起来点燃，称为"塔火"⑤；平定地区会在正月十五前后几天祭祀三官，张灯结彩，吹奏鼓乐，百姓还会自发进行一些杂剧表演。傍晚则

---

① （清）徐品山修，陆元鏸纂：嘉庆《介休县志》卷3，《田赋》《杂产》，清嘉庆二十四年刻本，第232页。
② （清）马家鼎修，张嘉言纂：光绪《寿阳县志》卷2，《建置》，清光绪八年刻本，第5页。
③ （清）曹宪修，周桐轩纂：光绪《汾西县志》卷8，《艺文·记》，清光绪八年刻本，第16页。
④ 吴晓煜编纂：《中国煤炭史志资料钩沉》，煤炭工业出版社2002年版，第269页中称："岁上元之夕，无论大小，家家置一炉，当户高五、六尺许，实以杂石，附以石炭，至夜之炼达旦，火焰焰然，光气上属，天为之赤……是谓之补天。"
⑤ 吴晓煜编纂：《中国煤炭史志资料钩沉》，煤炭工业出版社2002年版，第235页中称："上元前后三日，坊肆里巷，俱于门首塑泥弥勒、判官、狮子及棒槌等样，围石炭焚之，谓之塔火"。

在各家门前点燃一堆石炭，称为"塔火"或是"棒槌火"。① 另一种则根据百姓点燃炭火，乞求兴旺的美好愿景，称为"兴旺火""旺火"。如赵城地区正月十五会在自家院子里将炭烧热，称为"兴旺火"②；霍州地区时间稍早，往往于元旦一早将炭在院中点燃用以祭祀神明，也称为"兴旺火"③；大同则是元旦当天将自家柴薪堆积成山或者宝塔的形状点燃，称为"旺火"。④ 在各类古籍文献中也不乏此类记载：

表1—1　　　　　　　　清代山西地区塔火习俗记载

时间	地点	名称	具体记载
康熙年间	长子县	塔火	"上元，张灯放烟火，市肆之闹多以土坯垒塔，实煤其中而然（燃）之。"[（清）康熙《长子县志》卷4，《风俗》]
	阳城县	炭火	"上元……市巷萧鼓喧闻，门各张灯，旁烘炭火、光焰如昼，游人往来观赏，至夜分不绝。"[（清）康熙《阳城县志》卷1，《风俗》]
雍正年间	辽州	塔火	"元旦凤，兴爆竹，磷煤火，设香烛……。"[（清）雍正《辽州志》卷5，《风俗》]
乾隆年间	翼城县	狮子火	"上元……，塑泥为人兽形，空其中，以煤炭实之，燃则眼鼻腾焰，谓之狮子火，又曰烧奏桧。"[（清）乾隆《翼城县志》卷21，《风俗》]
	广灵县	不详	"正月元旦，男女凤兴，庭院燃煤一堆，谓之□□。"[（清）乾隆《广灵县志》卷4，《风土》]
	榆次县	塔火	"元夕，各家堃土于门，爇（意'燃'）煤炭其间，使焰通明，名曰'塔火'。"[（清）乾隆《榆次县志》卷8，《杂志》]

---

① 平定县志编纂委员会编：《平定县志》卷20，《民情风俗》，社会科学文献出版社1992年版，第564页中称："上元前后，三日祀三官，灯火辉煌，鼓乐喧阗，里人扮演杂剧相戏。坊肆里巷，士庶之家，于门前围石炭焚之，名曰塔火，一曰棒槌火"。
② 丁世良、赵放主编：《中国地方志民俗资料汇编》，第1册，国家图书馆出版社2014年版，第671页中称："上元炽炭于庭中，曰兴旺火"。
③ 同上书，第673页中称："元旦凤兴，炽炭庭中，曰兴旺火，祀神"。
④ 同上书，第548页中称："元旦家家凿炭为薪，磊磊高起，状若小浮图，及时发之，名曰旺火"。

续表

时间	地点	名称	具体记载
乾隆年间	陵川县	滚火	"元夕,各筑炉火于门前,暄暖如春,谓之'滚火……。除夕,换桃符,贴宜春,易门神……,是夜炽炭燔炭,谓之守岁'……。"[(清)乾隆《陵川具志》卷5,《岁时记》]
	武乡县	旺火	"正月元旦五鼓,男、妇各盛服……,炽石炭,谓'迎旺气'。"[(清)乾隆《武乡县志》卷2,《风俗》]
	沁州	旺火	"元旦五鼓,设香烛、牲礼,祀神祭先,肃拜尊长.热丹药以辟瘟,炽石炭以迎旺气,亲友交贺,具酒招饮,旬日乃止,州县同。"[(清)乾隆《沁州志》卷8,《物产》《风俗》]
	赵城县	旺火	"上元,炽炭于庭中,曰兴旺火。"[(清)道光《赵城县志》卷18,《风俗》]
	大同县	旺火	"元旦,家家凿炭伐薪,磊磊高起状若小浮图,及时发火,名曰旺火,即省城燧燧火也……。"[(清)道光《大同县志》卷8,《节序》]
同治年间	河曲县	火笼	"上元前后三日,街巷燃灯,爇石炭于门首,谓之火笼。元旦,人家庭院亦各爇炭者,取其明也。"[(清)同治《河曲县志》卷5,《民俗》]
光绪年间	寿阳县	塔火	"上元前后三日,祀三官。灯火辉煌,鼓乐喧闹,并扮演杂剧相戏,谓之闹元宵。坊肆里巷,俱于门首塑泥弥勒、判官、狮子及棒槌等样,围石炭焚之,谓之塔火。"[(清)光绪《寿阳县志》卷10,《风土志》]
民国时期	昔阳县	棒槌火	"上元起至后三日,祀三官……,坊律里巷士庶之家于门前围石炭火焚之,名曰棒槌火。"[(民国)《昔阳县志》卷1,《风俗》]

资料来源:李扬:《明清山西煤炭业研究》,陕西师范大学出版社2011年版,第45—46页。

在山西境内许多地区,人们将每年正月二十称为"小添仓",正月二十五称为"大添仓",表达的是人们对来年丰收的向往之情。在这几日中,百姓需要为家里购置米、面和柴炭,并且将炭灰洒在地面上做出窑,将五谷杂粮埋进去，人们称为"添仓"或者说是"添食"。① 与"添仓"同时的还有一些其他的风俗，比如灵石地区还会用黄米面制作糕灯来祭祀仓神。② "添仓"之后的传统节日就是"二月二龙抬头"，因自这一天起蛇虫鼠蚁出蛰而得名，山西百姓通常会将炭灰洒在围墙脚下用以趋避蛇虫。这些传统节庆风俗至今仍在传承，已经成为当地的特色民俗。

其二是用于祭祀煤神。中国传统社会由于落后的生产力和科学技术使百姓对自然的认知能力受限，每逢重大自然灾害或是社会动荡时期，人们往往会通过一种自然崇拜的情感寄托方式来寻求庇佑，故而人们往往会将自然资源看作一种神明的恩赐，并且经常会通过祭祀的方式，表达自己内心中对美好生活的愿景。相较而言，生存条件恶劣的行业更容易通过这种形式来寻找安全感，比如煤矿行业，从这个意义上讲，煤神的诞生就很自然了。

根据各类古籍、方志中的记载，山西地区煤炭行业祭祀的神明主要有四位：女娲娘娘、窑神、太上老君以及各类山神。因地区不同，祭祀的风俗也有所不同。对女娲娘娘的祭祀在平定州相当盛行，明人陆深在其《河汾燕闲录》中记载："史称女娲氏炼五色石以补天，今其遗灶在平定之东浮山，予谓此即后世烧煤之始。"③ 当地百姓认为她是用煤的起始④，在距县城以东五十里的东浮山上为其建造了娲皇庙，在庙中供奉女娲神像虔诚叩拜，还会在正月十五当天在院子中央摆一个五尺多高的火炉，在其中填入石头和煤炭，烧炼一整晚，这一风俗流传至今。⑤

---

① （清）李长华修，姜利仁纂：光绪《怀仁县新志》卷4，《风俗》，清光绪三十一年增修续刻本，第178页中称："二十、二十五日炭灰布地，作窖埋五谷，名为'添食'"。

② （清）王志灏修，黄尊臣纂：嘉庆《灵石县志》卷1，《风俗》，清嘉庆二十二年刻本，第27页。

③ （清）赖昌期修，张彬等纂：光绪《平定县志》卷10，《艺文志》，清光绪八年刻本，第1486页。

④ （清）赖昌期修，张彬等纂：光绪《平定县志》卷10，《艺文志》，清光绪八年刻本，第1486页中称："娲皇乃察物宜前民用是，故制此以通昏黑之变，辅烹饪之宜，所以开物而成务，盖曰补天之所不及耳"，将"娲皇炼石补天之说"提高到了驱逐黑暗、烧烤熟食、养育众生的高境界。

⑤ （清）赖昌期修，张彬等纂：光绪《平定县志》卷10，《艺文志》，清光绪八年刻本，第1486页中称："实以杂石，附以石炭，至夜炼之达旦，火焰焰然，光气上属，天为之赤，至今不废也"。

山西地区祭祀的"窑神"是"煤窑之神"的简称，民间一般将其称为"窑王爷"或是"窑神爷"，通常分为男女两座雕像，均为主司煤窑的神明，一为窑神，二为窑神娘娘（窑神之妻）。每年的冬至日和腊月十八为祭祀窑神的时间，祭品的羊用黑色，大概取意于煤为黑色。其余菜肴则因各个煤窑的风俗和经济实力而各有不同。① 太原地区采煤业供奉的就是窑神，并且常常会选择在煤窑附近建造其窑神庙②，而由于煤窑往往在山沟偏僻之处选址开采，故窑神庙所在的地点也都比较荒僻。这种把窑神庙搭建在煤窑附近的行为，就是典型的渴望消灾祈福、趋利避祸以保障生产顺利进行的煤矿业从业者心态的体现。

　　太上老君也是山西地区煤炭行业的供奉神，这大概与其炼丹的行为有关。百姓认为太上老君的炼丹过程是以柴炭为燃料，将收集到的矿石置于丹炉中调整火候，炼制而成的，这与煤炭开采和炼制的过程十分相似，故而将其尊为司窑神明。③ 在当地搭建庙宇，供奉神像，每年定期前往进行祭祀、膜拜，但关于祭祀过程，史料记载却未过多提及。清光绪年间阳泉地区有一位郡儒童生捐钱在阳泉县的清泉亭右侧为老君修建了庙宇，祈求保佑当地煤炭行业的良好发展，并且为此创作了一首俚歌谣："稽太上，缅老君，五精应感降人文……富贵功名皆所掌……招财叟、利市仙，点石成金有微权，保兹黎庶祯祥集，降尔生民福禄全。"④ 可以看到，晚清前后山西地区人们供奉太上老君是为广开财源、保佑平安。

---

　　① （清）刘大鹏纂：《晋祠志》附录《明仙峪记》卷4，《风俗》，山西人民出版社2003年版，第864页中称："冬至节，窑户冬祀窑神，祀以黑羊。窑黑子（下窑采煤之佣工人）醵钱共祭窑神，大窑工人众多，则祀黑羊；小窑工少，则祀酒肴。腊月十八日，窑户祀窑神，大窑以猪，小窑以肉"。

　　② （清）戴梦熊修，李方荃纂：康熙《阳曲县志》卷5，《庙宇》，清康熙二十一年刻本，第106页中称：阳曲县的"窑神庙，祀司煤炭窑之神，在城东角圣母庙中，今废"；（清）刘大鹏纂：《晋祠志》附录《柳子峪志》卷6，《窑神庙》，山西人民出版社2003年版，第1033页中称："庙在正沟之南，而南沟口左，危崖之巅，正殿一楹，奉祀窑神，男女两像，并坐于上。又有二侍像。殿额二匾，一曰'照临'，一曰'锡福无涯'……"。又于"园子窑"条载"窑辟于南沟窑神庙后崖底，岩角出煤出矾，而厂设客前……"。

　　③ 李华编：《明清以来北京工商会馆碑刻选编》，文物出版社1980年版，第40页中称清人孙嘉淦所撰的《重修炉神庵老君殿碑记》云："老君之为炉神，于史传无所考，予尝揆以意，或世传道家丹灶，可铅汞致黄白故云尔，抑亦别有据耶？吾山右之贾于京者，多业铜、铁、锡、炭诸货。以其有资于炉也，相沿尸祝炉神"，数言道出了老君之为窑神的原因。

　　④ 吴晓煜编纂：《中国煤炭史志资料钩沉》，煤炭工业出版社2002年版，第343页。

除上述三种比较有名的神明之外，山西地区也有百姓在供奉山神，民间流传其为管理各类山川的神明，祈求其为煤矿业的生产赐予矿产等资源。祭祀往往由当地地方官员亲自出面号召，联合乡绅和百姓一同参与，选定黄道吉日进行祭祀活动，祭祀的流程可以从方志记载中的祭文里了解一二。比如康熙年间沁州地区因为土地贫瘠，煤炭资源和森林资源都很稀缺，并且从临近地区获取这些资源也因路途遥远而较为不易，当地百姓生活在水深火热之中，时任守官就多次组织当地百姓对山神进行祭祀，逐渐形成了这种风俗。乾隆年间《沁州志》中还收录了当时官员祭祀所颂的祭文，整篇祭文的口吻相当恭敬，能够看出当地官员和民众对祭拜山神的虔诚心态。该书介绍了沁州当地的地貌、地形以及常年从事煤炭开采技术人员的观点：他们认为沁州与其他产煤地区的地质特征类似，理应出产煤矿资源，而未能发现煤炭资源的原因在于祈求之心不够虔诚。因此当地政府组织该地居民"熏沐抵拜以洁牲酒醴敬祷于神"[1]，期望山神能"俯从众愿俾煤炭应时而出"[2]，并且聘请专业人士勘探选定采煤点。

煤神祭祀行为所反映出来的煤神崇拜心理，表现出古代山西百姓对自然的认知仍十分有限并且是非理性的，无论对何种神明的祭祀过程都带有浓厚的迷信气息，但同时这也是当时不同社会阶层的煤炭从业者心态的一种折射。对煤窑工人来说，他们每天的生存环境和工作环境都相当恶劣，安全保障极低，并且收入微薄、来源单一，但是却要在煤窑主和官吏的剥削下努力担负起养家糊口的重担，因此，他们极度需要一个精神方面的强大寄托，而神明和祭祀活动的出现恰好满足了他们祈求平安的心愿。而对坐拥资本的煤窑主和官员乡绅来讲，祭祀行为更多地体现的是一种逐利的心理，他们对煤神最常用的寄托"赐乌金而兴宝藏"，就是对这种心态的真实写照。

---

[1] （清）叶士宽修，姚学瑛续修：乾隆《沁州志》卷10，《艺文》，清乾隆三十六年增补雍正九年刻本，第1225页。

[2] 同上。

第三节　晚清前后冶炼工业煤炭需求

山西地区矿产丰富，主要出产五色矿物，即"黑"——煤矿、"红"——铁矿、"白"——石膏、"黄"——硫黄和"青"——石灰石，其中又以煤矿资源最为丰富。早在1870—1872年，德国地理学家李希霍芬先后两次到山西考察后发现，当地煤铁资源储量堪称世界第一，并在上海撰文发表的《中国旅行报告书》中披露了山西煤、铁资源概况。

明清时期即记载各府州"石炭不甚缺，间有缺处亦以樵山较易于凿窟，非因辽绝不可致而后易之以薪也"①。山西煤炭资源主要分布在晋北地区的右玉县、晋中地区的平定州、太原的西山、晋南地区的龙门（今河津）和晋东南地区的泽州府（今晋城）等地。

清代已经有一部分地区初具煤炭开采规模，嘉庆年间平定地区固庆沟炭窑内工人和驴骡就能达到四五十，17—19世纪当地从事煤炭生产的技术工人已经可以"视山上石脉，即知炭之有无"②，采集时往往"穿地至三四十丈，其坚者，椎之难碎，燃之耐久，故平定皆有火坑"③。彼时，山西地区在煤炭采掘上仍以"凿山为穴，横入十余丈取之"④的方法为主流，"人从其下施馒拾取者，或一井而下，炭纵横广有，则随其左右阔取，其上支板，以防压崩"⑤。而当时的煤窑也开发出了"露天采掘""竖井""横坑"等更有效率的煤炭采掘方式。根据《山西矿务志略》⑥记载，山西仅道光二十年（1840）之前就拥有25处初具规模的煤窑（见表1—2）。

---

① （清）觉罗石麟修，储大文纂：雍正《山西通志》卷47，《物产》，清光绪八年刻本，第57页。
② （清）金明源修，窦忻、张佩方纂：乾隆《平定州志》，清乾隆五十五年刻本，第61页。
③ 同上书，第61页。
④ （明）李时珍编著，张守康等主校：《本草纲目》，中国中医药出版社1998年版，第245页。
⑤ 宋应星：《天工开物》，商务印书馆1933年版，第198页。
⑥ 山西省地方志编纂委员会办公室：《山西地方史志资料丛书之八——山西工业基本建设简况》，山西省地方志编纂委员会办公室1987年版。

表1—2　　　　　　　　山西道光二十年（1840）前开办煤窑

所属地区	开采地点	煤窑名称	开办时间
太原县	明仙峪	石门	明万历
太原县	凤峪	大成	明
阳高县	范家窑村	范家窑	明万历
赵城县	西沟	西沟窑	明季
清源县	西梁泉沟	西沟	明万历
五台县	不详	塞里村	明中叶
壶关县	不详	不详	明
陵川县	不详	不详	明
襄垣县	不详	不详	明
潞城县	不详	不详	明
孝义县	程家庄二郎沟	复胜	清乾隆四十九年八月
孝义县	兑九峪后寺沟	兴胜	清道光三年正月
太原县	石庄头	和尚	清乾隆
太原县	柳峪	谦太元	清道光
平定县	冯家庄	永聚德	清嘉庆
浮山县	北家沟	永兴	清嘉庆
平遥县	普洞村	宝兴隆	清乾隆
清源县	梁泉沟	不详	不晚于清乾隆
清源县	马峪沟	天颖	清嘉庆
榆次县	北山	曹家窑	清乾隆二年
榆次县	北山	大窑厂	清道光三年
大同县	屈家村	不详	清道光五年
潞城县	冈头村	不详	清乾隆三十二年二月
潞城县	冈头村	不详	清道光四年九月
潞城县	冈头村	不详	清道光六年九月

资料来源：张正明：《山西工商业史拾掇》，山西人民出版社1987年版，第11页。

至19世纪后半叶，仅在潞城、阳泉、太原、平定等45个县境内就开办有240余座煤窑。泽州府凤台县（今晋城）出产的"兰花煤"甚至一度成为英国王室取暖所使用的能源。但在晚清以前，山西地区对煤炭资源的开采、冶炼仍停留在依靠土法的阶段，传统手工采煤的方式成为当时的主流生产方式,本少利微。加之交通和商贸条件有限,难有市场,因而未成规模,基本依靠就近出售和自产自销等方式消化使用。

早在宋代,煤炭就被当作支撑冶炼业生产的重要能源,而铁的实际价值和效用都远大于煤。在清代,煤炭的最主要用途就是充当燃料,并且这在一定程度上有助于山西省内相关矿冶产业的发展。清人白象颢所作《濩泽赋》就以短短数字道出了煤炭之于冶炼的广泛用途:"河西之宾适于河东……。其货,则石穴之炭,积如黑壤,炼矿冶铁,烂发夜光,以釜以甑,烹饪唯良……"①。而山西铁矿分布虽广,但矿脉都属于零星分布,并不集中,其中"州府产铁之地十之八九,其不产地十之一二,而鼓铸胥资焉。按本草所在坑冶有之,川蜀湘东滋多,而太原、泽州、阳城、高平、广灵为尤胜"②。

晚清山西省内的煤炭开始被更广泛地用于冶炼生铁,成为冶铁的主要燃料。事实上,早在明代,宋应星《天工开物·冶铁》就曾记载:"凡炉中炽铁用炭,煤炭居十七,木炭居十三"③。但是在明代及清前期因受制于落后的交通条件,往往只能选择在靠近煤窑处冶铁以大量节省运费和开采成本,便于获利,故而往往冶铁业得靠近煤炭产地④,例如"李成村煤窑二处,质料颇佳,供上舍村附近铁炉之用"⑤。

不同的生产条件下冶制而成的生铁和熟铁可以用于扩大铁制品的品类。毕振姬《盐铁议》中称:"生铁,伐矿炽炭为之,铁成而加薪乃熟。熟可针、刀、耒耜、锄、镢、镰、镰、钉、镭,打作之属利熟;生可铳、礮、钟鼎、锅铧,铸作之属利生。生熟间为锭、为钢,钢又南北之铁混镕也,可锯、可错、可凿铸且打之属利生熟。"⑥并且这些冶炼出的铁制

---

① (清)朱樟修,田嘉穀纂:雍正《泽州府志》卷47,《赋》,清雍正十三年刻本,第2387页。
② 雍正《山西通志》卷47,《物产》,雍正十一年刻本,第1809页。
③ (明)宋应星著:《天工开物》卷中,《冶铁》,商务印书馆1933年版,第246页。
④ (清)葛士达纂:光绪《平定县志补》卷1,《艺文》,清光绪十八年刻本,第9页中称:"煤炭与铁本系一类,故有铁之处即有煤窑"。
⑤ (民国)孔兆熊修,阴国垣纂:《沁源县志》卷6,《物产》,清乾隆三十九年刻本,第195页。
⑥ (清)傅德宜修,戴纯纂:乾隆《高平县志》卷6,《物产》,清乾隆三十九年刻本,第195页。

工具也有助于提高农业和手工业的生产效率。

坐拥煤铁资源的山西制铁业分布范围极广，清代霍州、隰州、泽州、平阳府、绛州、解州、保德州、代州、辽州、太原府等地都有产铁地区。明清时期，山西地区的铁矿开采、冶炼业在产量、规模和技术层面较之前都有一定发展。雍正年间清政府甚至以山西冶铁"人聚众多，为害甚巨"①为由，限制和禁止山西地区进行大规模冶铁活动，以防其拥兵自重，私造兵器谋反。但尽管如此，由于铁制品用途颇多，在传统社会中事实上已经成为一种广泛的社会需求，因而冶铁业的发展未曾停滞。

明代政府于国内置13处，山西境内就有5处，分布在泽州府、潞安府、太原府和平阳府等冶铁业集中的地区。清代晋东南地区，特别是上党地区冶铁业最为发达，潞安府、泽州府下辖陵川、阳城、凤台、高平、长治等地构成清代山西冶炼工业的中心带，"潞铁""平铁"闻名遐迩。其间著名的冶铁工厂和作坊共几十处，诸如凤台的南村、东沟、大阳，阳城的孔寨河、尹家沟、安阳，长治的西火、东火、荫城，陵川的礼义，高平的建宁、马村等都是集中分布地区，仅泽州府就建有生铁炉1000余座，熟铁炉100余座，铸锅炉400余座。这些地区出产的铁钗、铁锹、剪刀、铁钉、铁锯、针、铁锅、铁铧等铁制品种类多样，品质上乘，销路甚好。清政府一度年均征缴大量潞铁制作的铁钉和8万余斤平铁用于建造南方各省军用、商用船只。李希霍芬对山西煤炭资源的研究报告也表明，"在欧洲的进口货尚未侵入之前，是有几亿的人从凤台县取得铁的供应的……大阳的针供应着这个大国的每一个家庭，并且运销中亚一带。"②可见，山西的制铁业可算是全国冶铁业中的翘楚。

"以煤炼焦"是中国古代煤炭加工的一项重要成就。焦炭俗称"岚炭"，又可称为"蓝炭，即燃（音'览'，意'焦黄'）炭，又似烀炭"③，据史志记载，煤浴火熔炼就会变成焦炭，价值与煤炭相当④，但是从品质

---

① 刘泽民等主编：《山西通史》，山西人民出版社2001年版，第342页。
② 梁志祥、侯文正总纂，张晓瑜主编：《山西通志》，中华书局1999年版，第2页。
③ （清）赵冠卿修，龙朝言、潘肯堂纂：光绪《续修崞县志》卷1，《物产》，清光绪八年刻本，第57页。
④ （民国）赵祖抃修，吴庚纂：《乡宁县志》卷7，《物产》，民国六年刻本，第333页。

上讲，焦炭更耐燃并且不会产生烟尘，更适合用作冶铁燃料。① 关于这项技术的记载最早可追溯到明人方以智的《物理小识》："煤则各处产之，臭者烧熔而闭之成石，再凿而入炉曰礁，可五日不绝火，煎矿煮石，殊为省力"。② 但是，直至民国时期山西地区仍有百姓在秋冬农闲之时贩运焦炭供县城使用，并且逐渐成为农户的一项副业收入。

另一项关于煤炭加工利用的技术就是清代冶铁普遍采用的"熔铸之法"，也就是通俗意义上的以焦炭冶铁。根据记载，这项技术通常的做法是在山上凿取石材制作石罐，质地上乘的石料称为罐石，品质稍次的称为硬石。将其击碎与煤炭混合搅拌，装入竹筒，放置在火炉中，以焦炭起火，第一次制成的还不是铁，重复这样的过程，换为大火，最终就能够炼制成生铁。③ 当时的炼焦工人已经能够从煤炭之中提炼获取黑矾、硫黄这类副产品，并且炼焦的用煤标准已经相当接近现代，这种技术甚至还被传到了省外。据山东《博山县志》载："考石可作铁其始，乡人不知也。康熙二年（1663），孙文宝公召山右人至此，乃得融铸之法"。④ 与煤炭相比，焦炭的发热量更大，更适合冶铁业的需求，因而冶铁效率得到很大提高，很多当地百姓甚至数十年都在依赖冶铸、贩卖器皿获得收入维持生存。⑤

对山西省内的冶铁业而言，大部分的煤炭需求都依赖省内煤炭开采，但晚清前的冶铁业和煤炭开采业还停留在手工作业阶段。虽然在空间上有一定的集聚趋势，但因资源分布和地形地貌的限制，布局仍然相对分散。鸦片战争之后，外国资本开始逐步侵入山西冶铁业和煤矿开采业。列强一方面依靠海关特权增加各自进口铁制品的数目，另一方面则是直接在境内开办冶铁企业或是以货币优势垄断、控制冶铁行业。特别

---

① （民国）钟广生撰：《新疆志稿》卷2，《建置考》，民国十九年铅印本，第102页。

② （明）方以智：《物理小识》卷7，《金石类·煤炭》，商务印书馆1937年版，第181页。

③ 祁守华、钟晓钟编：《中国地方志煤炭史料选辑》，煤炭工业出版社1990年版，第275页中载："凿山取石，其精良者为罐石，次为硬石，击而碎之，和以煤，盛以筒，置方炉中，周以焦火，初犹未为铁也，复击碎之，易以筒与炉，加大火，每石一石，得铁二斗，为生铁"。

④ （清）富申修，田士麟纂：乾隆《博山县志》卷4，《风俗》，清乾隆十八年刻本，第134页。

⑤ 同上书，第134页中称："数十年来享其力者何可胜计！"

是甲午战争之后，山西省煤炭资源的开采也受到争夺，英国福公司与清政府签订的《山西开矿制铁以及转运各色矿产章程》就是很好的例证。

直至光绪三十一年（1905）起始的全国范围内的收回路矿权运动，经过山西政府和社会各界人士的努力，终于于光绪三十三年十二月十八日（1908年1月21日）以白银275万两的价格成功赎回被英国福公司强行占用的平阳府、泽州府、潞安府、平定州、盂县等地的煤矿、铁矿，以及石油的开采使用权，成立了山西商办全省保晋矿务有限总公司，简称"保晋矿务公司"。保晋矿务公司系绅商组织，总局设立在太原地区，其余省内各处，诸如平定、大同、寿阳、晋城均设有分公司，在省外则分别在煤炭需求量大的地区，如石家庄、上海、天津、保定、北京等地设立销售煤炭的分公司。机械化生产带来的近代化，促进了山西煤炭产业的发展，煤窑的生产规模持续扩大，煤炭课税一度成为当地政府财政收入的主要来源之一。

此外，煤炭产量的增长和民用需求的增加也打开了晋煤的销路。宋元时期，河东地区就"以地寒民贫，仰石炭以生"[①]，而"豫西陕东一带煤矿不多，居民燃料，素仰给晋煤"[②]，明清时期山西煤炭向省外销往陕西、河南以及内蒙古等地。康熙年间"晋之炭铁枣酒及诸土产之物，车推舟载，日贩于秦"[③]，雍正年间由泽州府"输市中州者，惟铁与煤，日不绝于途"[④]，乾隆年间归化"议开煤窑，一时尚未流通"[⑤]，山西巡抚奏请撤销"内地煤炭禁止出口"[⑥]的政策，否则"该卫所居民无从购买，不免悬釜以待，民情惶急"[⑦]。可见，晋煤在省外的需求相对可观。当然，晚清以前晋煤外运受交通条件限制，运销数额相对有限。

随着近代工业的兴起，引进新型煤炭开采技术，兴建铁路之后，晋

---

① （元）脱脱撰：《宋史》卷284，《列传第四十三》，中华书局2000年版，第7810页。
② 张正明：《山西工商业史拾掇》，山西人民出版社1987年版，第47页。
③ 梁志祥、侯文正总纂，张晓瑜主编：《山西通志》，中华书局1999年版，第137页。
④ （清）朱樟纂修：《泽州府志》卷12，《物产》，山西古籍出版社2001年版，第100页。
⑤ 张正明：《山西工商业史拾掇》，山西人民出版社1987年版，第12页。
⑥ 同上。
⑦ 同上。

煤外销市场扩大了不少。保晋公司的建立使晋煤的生产能力和产量都有了巨大的飞跃，1913年的煤炭产量为12万吨，向上海、天津、北平、保定、石家庄等地的运销量约占总产量的70%，后年产煤量又上升到30万—40万吨。先后在阳泉地区开办富昌、中孚、广懋、建昌，在大同地区开办同宝、宝恒等近代煤企。在交通上，正太铁路是山西修建的第一条铁路，于1905年通阳泉、1907年通太原。随后1914年，平绥铁路通大同，1918年又开通大同至口泉地区的运煤专线，冶炼工业的煤炭需求进一步上涨。

第二章

开采与运输方式制约下的
山西煤炭产业

中国煤炭开采历史悠久。早在新石器时代中晚期，煤炭就被用来制作成一些简易的使用工具和修饰品。到了西周时期，煤炭已经开始作为一种燃料来进行使用，煤炭开采也逐渐成为一种有目的性的行为。进入战国时期，已经出现了使用煤炭作为燃料的记录。到两汉魏晋时期，出现了我国煤炭使用的第一个高潮期。

在隋代，煤炭已成为朝廷皇宫的主要燃料之一。据《北史·王慧龙传附》记载，"在晋时，有人以洛阳火渡江者，世世事之，火色变青。今温酒及炙热，用石炭火、木炭火、竹火、草火、麻荄火，气味各不相同"。① 唐代，煤炭开采和利用范围都得到进一步的扩大，出现了用煤炭制墨的记载。"长安分石炭，上党结松心"② "古墨以上党松心为烟，以代郡鹿角胶煎为膏而和之"③，可见长安石炭之用途与墨相关。唐代山西煤炭的开采和利用已经有了确切的记录，太原西山地区煤炭自唐宋年间已经有开采记录，"虎峪的神底窑，官地附近的段林沟窑，以及晋祠、清源一带的一些古窑，如梁泉沟的西沟窑等，就是唐宋年间开凿的"。④ 从唐代开始，人们已经开始发现煤炭的药用价值，"吾见病腹人有啖土碳者"⑤，记

---

① （唐）李廷寿撰：《北史》，中华书局1974年版，第1293页。
② 周振甫：《唐诗宋词元曲全集·全唐诗·第2册》，黄山书社1999年版，第499页。
③ 谢国桢著，谢小彬、杨璐主编：《谢国桢全集·第4册》，北京出版社2013年版，第243页。
④ 《中国古代煤炭开发史》编写组：《中国古代煤炭开发史》，煤炭工业出版社1986年版，第51页。
⑤ 李进尧、吴晓煜、卢本珊：《中国古代金属矿和煤矿开采工程技术史》，山西教育出版社2007年版，第264页。

载了利用土炭医治腹痛的案例。并且在唐代石炭经过来华访问的日本僧人传入了日本，日本僧人园仁所著《入唐求法巡礼记》书中记载："出城西门，向西行三四里，到石山，名为晋山，遍山有石炭，远近诸州人尽来取烧"。①

在宋代，煤炭开采规模和技术都得到了较大的发展。开采区域已经涉及山西、山东、河南、河北、山西、新疆、辽宁、江苏、安徽、江西和云南，山西已成为全国的主要煤产地之一。宋代商品经济发展，人口增加，煤炭需求也随之增加。宋代手工业分工进一步细化，出现了专门从事煤炭开采工作的从业者和煤炭贩运的商人，使煤炭的产量有了提高。宋代统治者也加强了对于煤炭的重视和管理，出现了煤炭专卖制度，以及设置专门的官员对煤炭的价格等进行管理："市中石炭价高，冬寒细民不给，诏专委吴居厚措置出卖在京石炭。"② 宋代山西煤炭开发渐趋普及，出现了专门依靠煤炭买卖维持生计的地区："徙河东路，以地寒民贫，仰石炭以生，奏除其税。"③ 此外，宋代煤炭除用于冶铁、窑业以外，在作为殉葬品和医药方面也发挥出其自身的价值。宋代采煤技术也有较大发展，炼焦技术日趋成熟，标志着我国煤炭加工技术上升到一个新的高度。炼焦技术兴起于何时并无确切记载，但在考古中发现了宋元时期的焦炭和炼焦炉，炼焦技术的出现促进了我国煤炭加工技术的进步。

元代政府加强了对煤炭业的控制，在政府的集中控制下，元代煤炭开采区域和产量都有所增加。政府一方面通过立法加强了管理规范，另一方面加强了税收管理，煤炭成为三十二项额外税之一。这一时期煤炭的开采和供给也在不断增加。

明清时期，我国古代煤炭业发展到了其鼎盛时期，统治者对煤炭业的重视程度增加，在政治稳定、经济发展的情况下，煤炭业也得到了较大的发展，开采技术进一步提高，煤炭的经营管理方面也更加科学规范。

明清时期，由于自然火灾、战争以及人们的大肆砍伐，山西一带森

---

① ［日］圆仁著，顾承甫、何泉达点校：《入唐求法巡礼行记》，上海古籍出版社1986年版，第56页。

② （宋）李焘撰；上海师范大学古籍整理研究所，华东师范大学古籍整理研究所点校：《续资治通鉴长编》，中华书局1993年版，第12002页。

③ （元）脱脱：《宋史·陈尧佐传》，中华书局2000年版，第9582页。

林资源遭到严重的破坏，山林面积大幅减少。明代丘濬有记载："今京师切近边塞，所恃以为险固者，内而太行西来一带中冈连阜，外而浑蔚等州高山峻岭，蹊径狭隘，林木茂密，以限虏骑驰突。不知何人始于何时，乃以薪炭之故，营缮之用，伐木取材，折枝为薪，烧柴为炭，致使木植日稀，蹊径日通，险隘日夷。"① 山西雁门、偏关一带过去林木茂密，这一时期却是"十去其六七，再待数十年，山林必为之一空矣"②，忻州也变成了"郡山多石，薪木绝少"③之地。在这种情况下，晋煤的开采和运销均发生了许多变化，并且随着社会商品经济的发展，开始产生了新的生产关系的萌芽。

明清时期煤炭得到了更加广泛的应用，"以代薪炊爨，锻炼铁石，大为民利"。④ 煤炭之所以能够得到广泛应用，缘于人们对煤的进一步认识。明末孙廷铨所著《颜山杂记》，介绍了煤岩组分、找煤的方法和经验、井筒开凿要求、开拓部署、井下支护方法、通风和照明技术等内容。该书是我国古代关于煤矿的地质、找矿、开采利用技术最全面的科学著作。陈继儒在《眉公杂著》中写道："新安西王乔洞，其石皆土所成，取而破之，木叶之形交错其间，纹理具在，若雕刻者，不特一石为然，众石皆然"⑤。此"石"应是一种低变质煤，陈继儒发现了其间的木叶之形和纹理，为人们认识煤的成因迈出了重要的一步。

清朝初年，清廷采取"重农抑商"政策，开采发展较慢。清中期的康雍乾时期，尤其是乾隆四年（1740）后，随着农业和手工业生产的发展，煤炭的需求量增加。朝廷对煤炭管理逐渐放宽，煤炭业有了较快的恢复和发展。另外，在中国山西古代煤炭史社会，由于采煤会对地表、地下、山川外貌等有所破坏，因此采煤业容易受到风水之说的影响，但

---

① （明）丘濬：《大学衍义补》卷150，《治国平天下之要·驭夷狄·守边固圉之略上》，台北：丘文庄丛书辑印委员会1972年版，第1439页。
② （明）马文升：《马端甫公奏议》卷11，《禁伐边山林以资保障事》，广陵书社2009年版，第1849—1850页。
③ （清）顾炎武撰，黄坤校点：《天下郡国利病书3》，上海古籍出版社2012年版，第1879页。
④ 李时珍：《本草纲目》，山西科学技术出版社2014年版，第259页。
⑤ 陈继儒：《眉公杂著》。转引自郑宪春《中国笔记文史》，湖南大学出版社2004年版，第568页。

清代的一些皇帝对此观念相对淡薄，这在某种程度上减少了煤炭开采的障碍。

第一节 明清时期山西煤炭的分布和种类

古代劳动人民在实践中，根据煤在燃烧时的烟焰大小、黏结程度、耐烧与否等性质而确定出不同品种和每一品种的最佳产地。古称的"肥炭"即今之肥煤，"硬炭"即可供炼焦的焦煤，"夯炭"即指今之贫煤，"煨炭"即今之无烟煤，还有"柴皮炭"即未成熟的年轻褐煤。清代有关史料指出：无烟煤以平定最佳，炼焦煤出自霍州，作枯炭最良。① 以上所记煤的品种、性质、产地与今日地质勘探或生产使用情况基本相同。

一 明清时期煤炭的分布

明清时期，山西煤炭的分布和品种分类在史书上已有不少记载。据《山西通志》记载，"山西府州，惟石炭不甚缺"②。《山西一统志》和《山西通志》等文献中，更有较详细的记载，对山西煤炭所分布之地。书中虽仅指出太原、大同、平定、泽州、平阳、宁武等30多个州府及县有石炭或生产石炭，但其面亦可谓广，自北到南均有煤炭分布。

明代山西煤炭分布点主要有：平定州（东浮山）③、霍州、吉县④、隰县⑤、浑源县⑥、辽州⑦、汾州⑧、潞州⑨、泽州⑩、太原县（尖山、驼

---

① 樊宝珠总纂，宋培贤主编，山西省史志研究院编：《山西通志·科学技术志》，中华书局1994年版，第54页。
② （清）雍正《山西通志》卷47，《物产》，第1801页。
③ 林衍经、张培、梁华龙等编：《新志评议文集》，安徽人民出版社1986年版，第51页。
④ 同上。
⑤ 同上。
⑥ 同上。
⑦ 同上。
⑧ 同上。
⑨ 同上。
⑩ 同上。

山、西山)①、清源县、交城县②、文水县③、榆次县④、寿阳县⑤、盂县(西沟一处，谷里一处)⑥、静乐县⑦、乐平县、宁乡县⑧、临汾县、翼城县、浮山县、岳阳县⑨、洪洞县⑩、赵城县、汾西县、灵石县(枣洼寺附近的回来峪)⑪、乡宁县⑫、河津县⑬、大同府⑭、怀仁县、孝义县、介休县⑮、沁源县(共有七处，分别为：韩家沟、刘池峪、李成村、棉上镇、王庄村、王陶村、栢子镇)⑯、武乡县、和顺县、长子县、壶关县、襄垣县、潞城县⑰、高平县(卧佛山)⑱、阳城县⑲、陵川县(县西南黄沙山)⑳、山阴县㉑、绛县㉒、定襄县(窑头山)㉓、阳曲县㉔、蔚州(高氏山)。㉕

清代山西煤炭分布点主要有：平定州(东沟岭上、西锁黄、石卜嘴、

---

① (明)嘉靖《太原县志》卷1,《山川》。
② (明)景泰《寰宇通志》卷78,《太原府·土产》。
③ (明)成化《山西通志》卷6,《土产》。
④ (明)景泰《寰宇通志》卷78,《太原府·土产》。
⑤ (明)景泰《寰宇通志》卷78。
⑥ (明)成化《山西通志》卷6,《土产》。
⑦ (明)景泰《寰宇通志》卷78。
⑧ (明)成化《山西通志》卷6,《土产》。
⑨ (明)天顺《大明一统志》卷20。
⑩ (明)万历《洪洞县志》卷6,《食货志》。
⑪ (明)天顺《大明一统志》卷20。
⑫ (明)成化《山西通志》卷6,《土产》。
⑬ (明)天顺《大明一统志》卷20。
⑭ (明)嘉靖《山西通志》卷7,《物产》。
⑮ (明)成化《山西通志》卷6,《土产》。
⑯ (明)万历《沁源县志》卷1,《窑冶》。
⑰ (明)成化《山西通志》卷6,《土产》。
⑱ (清)顺治《高平县志》卷1,《山川》。
⑲ (明)天顺《大明一统志》卷21。
⑳ (明)嘉靖《山西通志》卷5,《山川》。
㉑ (明)崇祯《山阴县志》卷2,《土产》。
㉒ (明)嘉靖《曲沃县志》卷1,《物产》。
㉓ (明)万历《定襄县志》卷1,《山川》。
㉔ (明)万历《忻州志》卷1,《物产》。
㉕ (明)崇祯《蔚州志》卷1,《物产》。

平潭)①、霍州（西山）②、隰州（典儒里、范深里）③、浑源县④、辽州⑤、汾州⑥、潞城县⑦、泽州⑧、太原县（虎峪、九院峪、冶峪、明仙峪、柳子峪、黄芦峪、阎家峪、开化峪、风峪）⑨、清源县⑩、交城县⑪、文水县⑫、寿阳县（西北诸山）⑬、孟县⑭、静乐县（王家山）⑮、临汾县⑯、翼城县（东南诸山）⑰、浮山县⑱、岳阳县⑲、洪洞县⑳、赵城县（东乡、西乡罗云樊村）㉑、汾西县（卫家滩）㉒、灵石县㉓、乡宁县（东南山、西南乡船窝镇等处）㉔、大同县（西村）㉕、怀仁县（西山北起七峰，南迄偏岭无处无之，俗称三十六窑）㉖、孝义县（城西六十里外西北山）㉗、介休县（西南近山）㉘、沁源县（李成村煤窑三座、屹突峪煤窑一座、柏子村煤

---

① （清）光绪《平定州志》卷5，《物产》。
② （清）道光《直隶霍州志》卷10，《物产》。
③ （清）康熙《隰州志》卷15，《物产》。
④ （清）乾隆《浑源州志》卷8，《物产》。
⑤ （清）光绪《辽州志》卷3，《物产》。
⑥ （清）乾隆《汾州府志》卷3，《山川》。
⑦ （清）光绪《潞城县志》卷3，《风土记》。
⑧ （清）雍正《泽州府志》卷12，《物产》。
⑨ （清）雍正《重修太原县志》卷2，《山川》。
⑩ （清）光绪《清源县志》卷10，《物产》。
⑪ （清）光绪《交城县志》卷6，《风俗》。
⑫ （清）康熙《文水县志》卷2，《物产》。
⑬ （清）光绪《寿阳县志》卷10，《物产》。
⑭ （清）乾隆《孟县志》卷6，《物产》。
⑮ （清）雍正《静乐县续志》卷9，《艺文》。
⑯ （清）乾隆《临汾县志》卷3，《物产》。
⑰ （清）乾隆《翼城县志》卷22，《物产》。
⑱ （清）光绪《浮山县志》卷27，《物产》。
⑲ （清）雍正《岳阳县志》卷5，《土产》。
⑳ （清）雍正《洪洞县志》卷6，《食货志》。
㉑ （清）道光《赵城县志》卷6，《坊里》。
㉒ （清）康熙《续修汾西县志》卷8，《艺文》。
㉓ （清）嘉庆《灵石县志》卷3，《物产》。
㉔ （清）乾隆《乡宁县志》卷13，《物产》。
㉕ （清）道光《大同县志》卷8，《风土》。
㉖ （清）光绪《怀仁县新志》卷4，《风俗》。
㉗ （清）乾隆《孝义县志》《物产民俗卷一》。
㉘ （清）嘉庆《介休县志》卷4，《物产》。

窑一座、王庄村煤窑一座、乾炭脑炭窑一座)[1]、和顺县[2]、长子县（邑南山谷间）[3]、武乡县[4]、壶关县（南乡）[5]、襄垣县[6]、潞城县[7]、高平县[8]、阳城县[9]、陵川县[10]、定襄县（县东南二十五里窑头山）[11]、阳曲县（西山、东山）[12]、临县（中脚山、招贤山、火山、樊包头山）[13]、繁峙县（县东北石梯山、大营东滩）[14]、保德州（州西王家滩、州东北观音峁、州东热窑河沟）[15]、宁武县（石炭窑山）[16]、朔州[17]、长治县[18]、垣曲县[19]、武乡县[20]、沁水[21]、神池县（县西南霸王岭、县西南石炭窑山）[22]、朔州[23]、太平县（赭圻山）[24]、崞县（官地山、西山）[25]、岢岚州（城西北霸王山）[26]、五台县（县东北之天和山、东南之窑头山、县南五洞山）[27]、霍州

---

[1]（清）雍正《沁源县志》卷3，《物产》。
[2]（清）乾隆《重修和顺县志》卷4，《物产》。
[3]（清）康熙《长子县志》卷2，《山川》。
[4]（清）康熙《武乡县志》卷2，《土产》。
[5]（清）道光《壶关县志》卷2，《物产》。
[6]（清）光绪《重修襄垣县志》卷3，《土产》。
[7]（清）康熙《潞城县志》卷3，《物产》。
[8]（清）顺治《高平县志》卷1，《山川》。
[9]（清）同治《阳城县志》卷5，《物产》。
[10]（清）乾隆《陵川县志》卷16，《物产》。
[11]（清）雍正《定襄县志》卷1，《山川》。
[12]（清）道光《阳曲县志》卷2，《方产》。
[13]（清）乾隆《汾州府志》卷3，《山川》。
[14]（清）光绪《繁峙县志》卷1，《山川》。
[15]（清）乾隆《保德州志》卷2，《山川》。
[16]（清）乾隆《宁武县志》卷2，《山川》。
[17]（清）雍正《朔州志》卷7，《物产》。
[18]（清）康熙《长治县志》卷2，《物产》。
[19]（清）光绪《垣曲县志》卷2，《物产》。
[20]（清）康熙《武乡县志》卷2，《土产》。
[21]（清）光绪《沁水县志》卷5，《物产》。
[22]（清）光绪《神池县志》卷2，《山川》。
[23]（清）雍正《朔州志》卷7，《物产》。
[24]（清）康熙《太平县志》卷13，《物产》。
[25]（清）光绪《续修崞县志》卷1，《山川》
[26]（清）光绪《岢岚州志》卷2，《山川》。
[27]（清）光绪《五台县志》卷2，《山川》。

（西山）①、代州②、蒲县（县东北山）③、河曲县（赤崖村）④、汾阳县⑤、左云县（大峪山、孤山、纸坊头）⑥、沁州⑦、襄陵县⑧、凤台县⑨、朔平府（左云、平鲁、朔州、马邑）⑩、广灵县。⑪

根据上述统计可知，明代山西有48处煤产地，清代有66处，山西煤炭主要分布在山西中部、南部地区。在这一时期的史料记载中尚未发现具体的采煤地点和数量，但根据现有记载可以发现，清代产煤地点在范围上分布更加广泛、均衡，从采煤点发现数量上看，清代煤产地数量较明代有所上升，且清代煤产地的具体分布地点较明代更为详尽。

根据以上记载可以发现，明清时期山西煤炭业发展呈现出不同的特点，这主要有以下几点原因：

第一，明代煤炭开采的记录较少，且较为简略。由于这一时期煤炭多用于生活燃料，煤炭的开采和使用也没有引起统治者的高度重视，因此明代历史文献中对于煤炭的开采记录相较清代而言有所缺失。清代煤炭开采则逐渐引起了统治者的重视，煤炭的应用范围也逐渐扩大，因此清代文献中对于煤炭开采和使用的记录则更为详细。

第二，明代和清代开采煤炭的地点并不完全一致，一部分煤炭开采点在明代有记录，到清代则由于过度使用而导致资源枯竭，因此在清代则没有相应的开采记录，比如河津县。

第三，文献记载中对于煤矿开采引起的冲突未有太多涉及，政府由于禁止民间私自采矿而与百姓发生的冲突并未记入文献。道光年间，壶关县在修建志书的时候就曾有这样的记录："按壶邑物产类多古有今无，

---

① （清）道光《直隶霍州志》卷10，《物产》。
② （清）光绪《代州志》卷3，《物产》。
③ （清）乾隆《蒲县志》卷1，《山川》。
④ （清）同治《河曲县志》卷5，《物产类》。
⑤ （清）康熙《汾阳县志》卷7，《物产》。
⑥ （清）光绪《左云县志》《地理志》。
⑦ （清）乾隆《沁州志》卷8，《物产》。
⑧ （清）光绪《襄陵县志》卷12，《物产》。
⑨ （清）乾隆《凤台县志》卷3，《物产》。
⑩ （清）雍正《朔平府志》卷7，《赋役物产》。
⑪ （清）康熙《广灵县志》甲卷之一《物产》。

旧志以为循旧直书，则斯志适以病民旨哉言乎"①。民国时期翼城县在修建志书的过程中有"五金诸矿旧志多不载，岂当日采访有遗漏软抑专制时代，禁民私采"②的记载。作志者或恐官办扰害地方，故为隐匿不肯详注其出处。

第四，明清时期由于行政区域划分出现了一些变化，因此文献中煤炭的产地也有一定的变化。根据采煤原址与现代煤炭产地划分可以发现，明清时期煤炭的主要产地与现代山西的主要煤炭产地基本一致，山西大同、宁武、西山、霍西、河东、沁水几个煤炭产地在明清时期已经得到了重视和开发。

二 明清时期煤炭的分类

煤炭，在古代也被称为石墨、乌金石、黑炭以及石炭。随着煤炭使用的日益普遍化，人们对于煤炭的认识也在不断地加深。明代李时珍专门对煤和炭进行了区分："石炭即乌金石，上古以此书字，谓之石墨，今呼为煤炭，块大而坚者为炭，细碎如沙者为煤。"③根据一些其他具体的特征也有一些不同的分类方法，不同种类的煤之用途也不尽相同。对于煤炭在生活、生产和社会福利方面的充分利用，对当时社会有重要意义，满足了人们的生活需求，促进了传统社会手工业的发展，同时对于稳定社会巩固统治也起到重要作用。

关于煤炭种类的记载，在宋代以前相对较少，到了元代和明清时期，才有了一个大致的分类，乾隆《续修博山县志》中记载："石炭出黑山中及附近处，其类不一。最上者为煅石炭，其次为小石炭、大石炭、灰石炭、黄石炭、青碛、柞子之类，各适其用焉"④。具体的分类标准主要有以下几种。

一种是可以根据煤炭的硬度来进行划分。明代崔铣将煤炭分为"石"

---

① （清）茹金修，申瑶纂：道光《壶关县志》卷2，《物产》，清道光十四年刻本，第98页。
② （民国）马继侦修，杨汝江纂：《翼城县志·物产》，民国十八年铅印本，第319页。
③ （明）李时珍：《本草纲目类编·中药学》，辽宁科学技术出版社2015年版，第914页。
④ 《中国古代煤炭开发史》编写组著：《中国古代煤炭开发史》，煤炭工业出版社1986年版，第193页。

和"煝"两种,他认为"石"是比较硬的一种煤炭,"煝"则是软煤。"安阳县龙山出石炭,人穴取之无穷,取深数十百丈,必先见水,水尽然后炭可取也。炭有数品,其坚者谓之石,软者谓之煝。"①

另一种是根据煤炭的形态来进行划分,可以分为明煤、碎煤和末煤。明代宋应星有记载:"煤有三种。有明煤、碎煤、末煤。明煤大块如斗许,燕、齐、秦、晋生之不用风箱鼓扇,以木炭少许引燃,熯炽达昼夜。其旁夹带碎屑,则用洁净黄土调水作饼而烧之。碎煤有两种,多生吴、楚。炎高者曰饭炭,用以炊烹。炎平者曰铁炭,用以冶煅。入炉先用水沃湿,必用鼓鞴后红,以次增添而用。末煤如面者,名曰自来风。"②《米脂县志》也有记载:"炭有数种,其大块而鲜明有焰者曰刳炉子,薄者曰底炭,小块者曰烂炭。"③

也有根据煤炭颜色来进行分类的方法,在地方志中有"白煤""黑煤""红煤""黄煤""青煤"等记载,如在《颜山杂记》中将浅部的煤炭称为"蒙",将深部的煤炭称为"晶",这一时期已经开始关注煤炭的煤层。④

另外,根据一些其他的具体特征也有一些不同的分类方法,如第一章所述的出烟、气味、形状等。

第二节 明清时期山西煤炭的开采

我国古代煤炭的开采技术到明清时期已趋于完善,很多技术在这一时期走在世界前列,其中有很多独创性的技术,至今在煤炭生产中依然有可以借鉴之处。

一 煤炭的开采技术

我国古代煤炭开采技术到明清时期已臻于完善,形成了独具特色的中国传统采煤方法,在我国科学技术宝库中占有一席之地。当然,由于

---

① 转引自(明)顾炎武著,张京华校释:《日知录校释》(下),岳麓书社2011年版,第1282页。
② (明)宋应星著,钟广言注释:《天工开物》,广东人民出版社1976年版,第288页。
③ (清)光绪《米脂县志》卷6,《岁时》,第205页。
④ (清)孙廷铨:《颜山杂记》卷4,《物产》,齐鲁书社2012年版,第109页。

历史的局限性，这些方法主要还是以原始落后的手工业生产方式为主。

清代煤窑开采多为露天，也有一部分是沿着煤层进行简单的打井或者通过斜坡进行开采，《孝义县志》中就有记载："西北山中，多穿山为穴，深或数丈至数十丈"①，煤炭开采工具较为简陋，基本上为看见煤就直接挖。

煤窑的开采多为长度开采，开采面较小，但是开采巷道较长。古代大同一带采煤工作面，是先把煤层底部掏空，同时留一些煤柱支护，然后砍倒马腿凿打煤层，使煤落下。煤矿开采的表面又有"膛""茬口""窝""掌子面"等称号，而"攻煤""凿煤""砍炭"都是采煤的意思，采煤工作面有"三丈面""两丈面"，最宽的有六丈。

井下支护主要有三种方式，即人字架、二柱一梁和框架式。排水主要是采用牛皮囊（包）。矿井通风有自然通风和人工通风两种方式，以自然通风为主。自然通风有单井筒和双井筒两种方式，人工通风则主要是依靠工具和人力来向井下输送空气，一般的通风工具主要有风车、风柜、风扇、牛皮囊等。抽放井下瓦斯有害气体是用竹管。井下的运输主要依靠人力运输，条件允许的情况下也有使用牲畜来运送的情况。竖井向上运输主要利用辘轳来托运，斜井则使用牲畜或人力进行运送。

以上说明，我国古代劳动人民在长期的生产和生活实践中，积累了大量的煤炭知识和开采加工技术。但清代采煤业的生产技术一直是沿用原始的手工开采方式，已落后于西方国家。直到19世纪末，山西的煤矿在勘探、凿井、采掘、排水、通风、井下和井上运输各个生产环节中，几乎全靠人力，其生产规模很小，煤窑生产时间多集中在农闲时节进行，开工时间通常不足半年。投资开凿一个矿井所需较多，开凿时若遇上较坚硬的岩层，整个工程可能会因无法凿穿岩层而被放弃，所有投资也会因此化为乌有。

小煤窑通常只能开采最顶层的煤，这些较差，通常是水分高、灰分大，燃烧的时候会产生大量的烟，火力也较弱，多不适合工业、轮船用煤。

---

① 《中国古代煤炭开发史》编写组著：《中国古代煤炭开发史》，煤炭工业出版社1986年版，第196页。

小煤窑开采的一个重要制约因素是排水和通风的问题，在煤矿开采达到一定程度时，这一问题尤为突出。一部分煤炭解决这一问题是通过同时开采两个矿井的方式：一个矿井主要是发挥通风和排水的功能，另一个矿井主要是运输煤炭。但是，这种方式在煤窑开采深度逐渐增加的情况下会逐渐失去应有的功效，矿井开采深度越深，通风和排水越难，同时也会增加煤炭生产的成本和困难程度。矿主会因不能获利而放弃矿井，因此小煤窑开采年限不会太长。

除通风、排水等问题外，小煤窑开采中的另一个制约因素是运输问题。煤是体积大、数量多、价值相对较小的商品，运输成本较高。为了降低运输成本，煤炭大多就近销售，狭小的市场也限制了小煤窑的生产能力。

山西煤炭业在古代自给自足的农业社会中缓慢发展，采煤方面存在着手工开采技术落后、运输成本高、投资风险大、资金短缺、劳动力不足、市场需求少等问题。虽然小煤窑生产成本低，但发展潜力受限，因此，清代后期，以新法开采煤窑的呼声越来越强烈。

山西是古代煤炭开采比较兴盛的地区，但由于历代统治阶级始终采取"重农抑商"的政策，加之当时中国科技水平落后，致使采煤业一直未能摆脱原始落后的手工业生产方式。

二 煤炭的开采方式

宋元明清时期，中国城市手工业日趋繁荣，市镇经济日益发展，城市人口逐渐增加，商业资本呈现扩张的态势。这种趋势的延展，客观上为自然经济的进一步解体和资本主义生产关系的萌芽提供了条件，也有力地促进了煤炭业的发展。

明清时期山西大同地区小煤窑遍地开花，基本能够满足当地居民和驻军的炊爨及取暖之需。进入清代以后，大同的煤窑数量与开采规模均有所增加，开采技术不断进步，对煤矿工人的管理也不断地完善。

根据煤窑井下"总路""支路"以及"掌子面"的划分情况，煤炭工人的分工情况也进一步细化：有"搂炭工""刨槽工"和"背炭工"等职业化分工。煤炭的经营和管理方面也更加的细化，出现了"山主""窑主""货房先生""把总"和"人伙柜"。另外，在"人伙柜"的管理模式下,还有"卖店掌柜""管账先生""看炭先生"以及"跑窑先生"等。

随着人们对煤炭认识的逐渐加深,煤炭开采的技术和水平也在不断进步,从最初仅在出现煤炭的地表进行开采逐渐发展到在井下进行开采,运输方式由使用人力来进行到明清时期逐渐开始使用牲畜来运送。煤窑的开采规模也在不断扩大,最初为使用锹、锤等简单工具进行的手工作业,后期逐渐形成一套简单的井下开采系统。煤窑生产规模扩大的同时,产量也随之增加,开采业的从业人数也在不断增加。

明清时期煤窑的开采主要由经验丰富的"把总"统一指挥进行。这一时期煤炭的选址多是选定表面出现煤炭的地方,通常在这一区域根据地形条件选择开凿平洞或者斜井,然后深入煤层中进行开采。煤窑矿井的选择主要依据地形和煤层走势,一般情况下山西北部多为梯井开采,而山西中部、西部以及西南一带则主要开采竖井。有的地方矿井深度很深,如果竖井采用的辘轳运送一次性没有办法送达,则在井筒开凿时就凿成上下错开的样式,这样就可以采用阶梯的方式一步步进行运送。

明清以前井下煤窑的照明主要通过在煤窑巷道两侧开凿灯龛来进行,明清时期这一方式有了一定的进步,开始出现可携带式的矿灯。矿灯的外部轮廓呈小圆壶状,矿灯的灯头是圆壶的壶嘴,其表面由金属或者陶瓷所制。壶内主要是利用植物油进行燃烧,利用棉线作为灯芯。这种便携式矿灯可以手提也可以固定在头顶,这种方式大大方便了井下开采,也节省了照明成本,一直被沿用到民国时期。

小煤窑的安全方面的环节主要包括煤窑的通风、防水、防止瓦斯爆炸与预防顶板坠落。明清时期,山西煤窑安全保障性较低,一旦出现事故,损失、伤亡惨重。

三 煤炭的开采特点

煤炭的广泛开采给山西的经济带来了重大的影响,雁北地区除了天镇县,几乎每一个县都有较为丰富的煤炭资源。平鲁县在清朝初年由于实行禁矿政策,导致煤炭产业一直都较为萧条,在清朝末年平鲁县鼓励开矿,煤炭业又开始复兴。平鲁县的党家沟的一块石碑上是这样记载的:

"……此地田地荒芜，养生不赡。乾隆四十年间，迁居者不知凡几，所留者不过二三，不惟庙宇倾毁，而村庄亦几废矣。自五十年间，煤窑渐兴，人复繁居……"① 这表明，在平鲁县煤矿业是否兴旺已经成为当地经济是否繁荣，人口是否增长的决定性因素了。

山西省平定地区（今阳泉）煤炭的开采历史可以追溯到上古时期。明清时期，平定及其周边地区到处都是大大小小的煤窑。从平定的方山到盂县五渡村的东边，一共开了五百多个煤坑口，坑口全部都是横形。当时平定地区煤炭的开采技术是全山西省最为先进的。资本较大的窑主，就在煤窑内开设两个互相连通的坑口，一个用来运煤，另一个用来通气。坑道的高与宽均为五尺左右，骡、马等牲口从一个坑口进入坑内，到了挖煤的地点，将煤炭装好之后，从另一个坑口出来。

明代太原附近较大的煤窑有明仙峪的石条沟窑、石门窑、和尚窑和风峪沟的大成窑等。清代这一地区的小煤窑更是星罗棋布，清初寿阳一带有小煤窑30余口。康熙年间，榆次和平遥均出现了规模较大的窑场。汾西县的煤窑众多，光绪三年（1877），坐落于该县富家滩桃纽村的杜中窑每年可以生产煤炭一百二十吨。

明清时期，吕梁地区的煤炭开采发展较快。孝义县、汾阳县、兴县、中阳县、临县、离石县、交城县、文水县等地的煤窑星罗棋布，煤炭的开采技术不断地提高，行业内的分工越来越呈现出专业化的趋势。晋南地区的煤炭产业发展较晚，但是发展速度较快。乡宁县从明太祖洪武时期才开始采煤，但发展迅速，所采煤炭除供当地消费外，还大量运销于近邻的多个县。

第三节　明清时期煤炭的运输和销售

现代管理学中商品的运输指的是，利用设备和工具将物品从一个地点向另一个地点运送的物流活动，包括集货、分配、搬运、中转、装入、卸下、分散等一系列操作②，而销售是实现商品或服务向货币转化的过

---

① 范和平：《平鲁石刻图志》，三晋出版社2009年版，第53页。
② 刘徐方：《物流经济学》，清华大学出版社2016年版，第56页。

程。古代由于技术水平的限制，煤炭的商品化程度较低，明清时期煤炭在运输和销售方面有所发展，但仍旧是小农经济社会下的原始生产模式，与西方工业化生产方式相比还有巨大的差距，这制约着我国煤炭产业的发展，进而对我国近代化工业进程形成了巨大的阻碍。

一 明清时期煤炭的运输

明清时期煤炭的开采已经得到了政府一定的重视，煤炭的商品地位得到提高，因此煤炭运输效率的提高也至关重要。运输是煤炭从产品向商品转化的重要过程，运输成本及运输效率直接影响着煤炭的销售和利润，也影响着煤窑的正常经营和煤炭产业的健康发展。

在明清时期煤炭运输条件的好坏直接影响着当地煤炭的开发，若运输成本高，则成本增加，煤窑经营利润降低。因此，这一时期运输条件较好的地区，其煤炭开发程度也较高，反之则较低。因此，明清时期对于煤炭产业经营有这样的经验："煤之质重而值贱，转运不灵，无利可获。故营此业者，欲开富源，必先辟运道也。"① "欲货其煤，须通其路。"②

民国以前，山西煤炭主要依靠马、牛等畜力运输。同时，由于煤炭的产地主要在交通不便的山区，因此，人力运输也占有很大一部分比重。在光绪初年的丁戊奇荒中，山西饿死数千万人，道路交通是一个主要的原因。当时，山西的粮食价格一路飙升，但是省外商人运进的粮食却较少，道路交通的落后是外省的商人和社会各界无法将粮食大量运进山西的主要原因。同时，道路交通的落后也阻碍了民众逃荒的步伐，大量逃荒的民众每天只能走十几里地，很多人都活活饿死在逃荒的路上。光绪初年的丁戊奇荒造成山西某些县份的人口，一直到1949年都没有得到恢复。从丁戊奇荒的惨烈程度，我们可以看出当时山西的交通运输状况是极其落后的。

---

① （清）宣统《增城县志》卷9，《实业》。转引自祁守华、钟晓钟《中国地方志煤炭史料选辑》，煤炭工业出版社1990年版，第359页。

② 民国十七年《房山县志·艺文》。转引自吴晓煜《中国煤炭史志资料钩沉》，煤炭工业出版社2002年版，第346页。

在明清时期，山西煤炭商人在运输煤炭时，为了路上的运输安全，他们共同组织成车帮船队，经常结伴而行。每帮的车辆数量，最多的在百辆以上。每一辆车大约载重500斤。每辆车用一头牛或者一头骡子驾驶，每位车夫可以驾驶十多辆车。在具体的运输过程中，商队每天白天给牲畜放牧，黄昏之后启程，至半夜时分，找一个水草茂盛的地方住宿休息。由于每天晚上住宿时，必须要在有水草的地方，所以没有确定的行程，每天能够前行三四十里。每帮运输煤炭的商队还配备有几只猎犬，在运输过程中，车夫将猎犬系在车上。在晚上住宿时，运煤的商队分为两行安营扎寨，布置成椭圆形状，车夫与煤炭的货主在帐篷中休息，几名镖师在帐篷外面轮流守夜。镖师在休息之前，将猎犬从车上放出来，由猎犬守夜，用来保障货物及人员的安全。猎犬的嗅觉极为灵敏，能够用鼻子嗅到盗匪的行踪，即使煤炭不慎被盗，猎犬也能将其及时地擒拿。①

随着市场经济的发展和商品运输业务量的上升，明清时期已经出现了专门承揽各种货物运输的车行、骡马行、驼帮等专门的运输组织。运输业已经成为一个专门的行业，从传统的运销一体的商业模式中脱离出来了。但是，运输业作为一个专门的行业还不够成熟，在运输货物的过程中，时常发生货物丢失，包装损毁等现象。同时，由于缺乏配套的货物运输保险制度及其相关的托运手续，使运输组织对于各种原因导致的货物损失很难承担相应的经济赔偿，这经常给托运的煤窑造成重大的经济损失。因此，很多煤窑仍然自己组织了骡、马、驴等牲口从事煤炭的运输。

（一）煤炭运输方式

民国以前，山西煤炭的交通运输状况较为落后。由于煤矿主要位于偏僻的山区，因此主要是用驴、马等牲口和人力将煤炭从煤窑搬运至各流通枢纽。由于道路交通条件较差，时常发生运输煤炭的人畜跌落山谷等意外。民国以前，山西境内没有公路，煤炭的中短途运输主要通过驿路。由于山西境内山地较多，驿路需要经常维护，因此山西煤炭运输的交通状况也较为落后。山西在1920年之前的交通运输状况是："全省一

---

① 吕荣民主编：《山西公路交通史：第一册》，人民交通出版社1988年版，第72页。

百零五县,既无航路可通,而陆路除平定、大同原有铁路两段,仅能东达外,其余则山行者崎岖,原行者泥淖,以致转运困难,生产无由发达,人民生计所以日行渐窘。"①

明清时期,山西煤炭的运输主要是依靠马、驴、骡子等牲口,也有一部分单凭人力运输。"洛阳村二郎庙,庙外系黄土寨青龙镇一带驼煤炭要路,村人张守义于庙内施茶水地五亩,行人义之。"② 即关于清道光年间太原府阳曲县洛阳村煤炭运输情况的描述。在清光绪三十三年(1907)正太铁路通车之后,太原、阳泉等地的煤炭开始通过铁路运出娘子关,再转销全国各地。

随着山西煤炭开采量的日益增加,煤炭产区的不断扩大,晋煤的商品化率也不断地提高,运输成为制约煤炭生产的一大"瓶颈"。运输条件的好坏,直接决定了煤炭的开采量、生产成本与销售价格,进而直接决定了煤炭生产者的利润,对地方经济与矿产开发起着关键性的作用。对于这一点,煤炭产区的人们有深刻的认识,同为煤炭产区的房山县的县志指出:"欲复元气,须货其煤。欲货其煤,须通其路。"③

针对清末民国时期,中国由于运输不畅而造成的"货弃于地"的现实,孙中山先生提出,在开采煤炭的过程中"沿海岸、河岸各矿,交通既便,宜先开采,内地次之"④。民国以前,山西省内没有一条公路,这是山西煤炭运输效率低下的重要外部原因。山西省内的第一条公路直到民国九年(1920)才开始动工修筑。由此我们可以看出,民国以前,山西由于缺乏近代化的公路与铁路运输,交通状况是极其落后的。

民国以前,山西煤炭在运输过程中,主要是使用双轮大车、烧饼车和独轮车进行运输。双轮大车是一种以牛、马等大牲口作为主要的运输工具,载重量相对较大的双轮货运车辆。车夫驾驶双轮大车在山西运输煤炭的历史悠久,经过多次改良,一直沿用到20世纪80年代。山西省的车夫驾驶的双轮车,分为双轮大车与双轮小车两种:双轮大车主要在平

---

① (民国)陆世益:《山西修路记》,1921年版,第5页。
② (清)李培谦:《(道光)阳曲县志》卷2,清道光二十三年修民国二十一年重印本。
③ (民国)廖飞鹏:《(民国)房山县志》卷8《文续录》,民国十七年(1928)铅印本。
④ 黄彦:《孙文选集·上》,广东人民出版社2006年版,第282页。

原地区进行运输；双轮小车主要在山区及丘陵地区使用。双轮车的载重量较大，一般在500—2500斤左右。双轮车的载重量主要是由道路状况及牲口的数量所决定的。

烧饼车也是山西民间运输煤炭的常用工具。烧饼车由于车轮似烧饼而得名，主要用于煤炭的短途运输。在山西民间运输煤炭的工具中，较为常见的还有独轮车。独轮车又叫手推车，其车体中央装有一轮，主要依靠人力推行，有时也在独轮车的前面套上牛、马等牲畜进行拖拽。独轮车的缺点是稳定性较差，较费力气；优点是可以在狭窄的道路上运输，不仅可以装载煤炭等货物，还可以载人，因此其在山西全省的应用范围较广。这些运输工具除运输煤炭之外，还可用来运输其他货物，也可以载人，因此，在20世纪80年代以前，这些交通工具在山西省得到了较为普遍的使用。①

（二）煤炭运输特点分析

山西是典型的黄土高原地区，东临太行山区，西边是吕梁山区，北方是北岳恒山，南边被黄河所阻隔，山西全省的山岭地区的面积约占全省总面积的67.5%。山西省位于山区的县、镇能够通行大车的路很少，主要是以通行牲口的驮运路和羊肠小道为主，交通状况落后，运输条件很差。一直到1949年山西全省解放时，在山西省的105个县中，有42个山区县还未通汽车。

山西地区地处内陆，无舟楫航行之便。民国以前，山西煤炭运输主要依靠畜力，当时铁路和公路在山西省内尚不普及。因此，总体而言，民国以前山西煤炭的运输效率较低。山西主要的产煤地区阳泉位于丛山之中，道路崎岖，交通很不方便。太原桃河附近流域的水流量不多，不能支撑多艘船只同时运输，所以只能使用马等畜力来驮运。直到正太铁路修通以后，山西的煤炭才开始沿着铁路运往各地。但由于在民国以前，山西连一条公路都没有，加之煤炭是一种质量较重而价值较低的商品，因此，山西煤炭的运输量是不大的。

（三）煤炭运输的政策

随着煤炭产业的不断发展，各地政府也开始对其加以重视。顺治初

---

① 吕荣民主编：《山西公路交通史：第一册》，人民交通出版社1988年版，第74—76页。

年（1644），御史曹溶将"通煤运"作为六项急迫事项之一上报朝廷。乾隆二年（1737）湖南巡抚发现耒阳、衡山一带产煤，但距运煤地长沙岳阳一带甚远，由于煤炭运费高昂，因此煤炭之价值也甚是昂贵，一担煤从制钱三四十文涨到七八十文。因此，他提议应在湘乡、安化等距离销售地较近的地方开发煤炭资源，并将此意上报朝廷。乾隆十年（1745），河南巡抚硕色在奏折中更为明确地提出："搬运脚价，即关成本"这些都是颇具见识的议论。

乾隆二十七年（1762），大学士史贻直发现了由于煤炭运输成本而导致的不同地区煤炭价格的不同，他发现"宛平县当时正在开采的一百一十七座煤窑中，八十多座都在岭头风口庵西北一带"，而"小民越岭饭易，路既遥远，驮运维艰"，因此"价值未免昂贵"。而门头沟一带"至京不过四五十里，运输较为方便"。① 因而，他建议加强门头沟一带的开采，并集中解决这里开采中的一些问题。这样，运输距离就会缩短，这可以使煤炭贩运者获得利润，同时煤炭从产出地运至销售地时价格也会有所降低。史贻直从商品物流运输的角度考虑到了产业布局的问题，可见统治者已经开始重视产业运输这一问题。

乾隆二十八年（1763），直隶总督方观承对北京西山一带的煤矿区进行考察以后提出，"煤勋自窑运厂，自厂运京，全仗车骡驮载，且京师夏秋所用之煤，悉赖冬春加运存贮，如其脚力不裕，则载运自减"，② 建议"无论何项差务所用车骡，概不得在于宛（平）、房（山）各煤窑雇用，违者官参役处。并出示晓谕，使各窑贩安心生理，源源运售，则京师铺卖，自可收煤多价贱之益"。③ 政府关注到煤炭运输的问题后，一方面限制了煤产地其他行业对于运输工具的占用；另一方面出示晓谕，稳定窑贩商人对于煤炭价格的心理预期，以稳定煤炭市场价格。

为了解决煤炭运输的具体问题，各地政府也采取过相关的措施，如开辟新的运输方式，改善运输路线、调整煤炭税收政策等。明崇祯年间，

---

① 《中国古代煤炭开发史》编写组：《中国古代煤炭开发史》，煤炭工业出版社1986年版，第176页。
② 吴晓煜：《中国煤炭史志资料钩沉》，煤炭工业出版社2002年版，第147页。
③ 《中国煤炭志》编纂委员会：《中国煤炭志·北京卷》，煤炭工业出版社1999年版，第334页。

陕西泾阳知县路振飞针对煤炭运输只能通过陆路进行，且运输极其艰难，导致煤炭价格昂贵，居民烧煤困难等问题，提出了使用水路即利用泾河进行煤炭运输的新方案，煤炭运输问题得到了解决，煤炭的价格也从每斗四分降到了二分五厘。康熙三十二年（1693），政府为了方便煤炭的运输，将京西于公寺即今香山碧云寺前的山岭修平，这一举措对于当地煤炭运输来说甚是有益。另外，政府对于道路遥远、运输路途艰难的煤炭产地在税收方面实行了少税、减税等政策。除此之外，煤炭窑主为了解决运输问题，很多也自行修路，例如，四川秀山县"产炭最盛"，担负运煤者"什佰成行"，但山路崎岖，十分不便，嘉（庆）、道（光）年间，有位陈氏，积极修路，促进了煤业发展。[①]

随着煤炭产业的发展，政府虽然在一定程度上开始重视煤炭的运输问题，但在当时的社会环境下，运输条件和运输工具无法实现彻底的革新和改善，这在很大程度上阻碍着煤炭的外运及其大规模使用。到了清中后期，在西方工业化的影响下，清政府也开始为解决煤炭运输问题实行一些建设性的方案，开始修筑铁路来解决运输问题。

光绪二十四年（1898），卢汉铁路即北京卢沟桥至汉口的铁路已由盛宣怀主持开始建设。此时，山西决定要建设柳太铁路，西起山西太原，东至直隶柳堡（河北正定府柳堡），也就是后来的正太铁路（现为石家庄—太原），以连接京汉铁路。光绪二十四年（1898）二月，山西巡抚胡聘之上书，陈述开矿筑路的意见："晋省煤铁之利，甲于天下，潞、泽、平、孟等处，所产最旺，而质亦最佳，诚宜及时开采，以兴矿务，而值国用……徒以太行艰险，不能远道远售，欲图畅销，非修铁路不可……现幸卢汉铁路不日动工，晋省只需起筑支路，或由潞安至邯郸，或由平定至正定，与之相接，即可畅通无阻。"[②] 光绪二十八年（1902），山西巡抚岑春煊上奏朝廷获准，与法国露清银行达成协议，正太铁路由该行铺设和经营。该工程于光绪二十九年（1903）动工，经过4年建设，在

[①]《中国古代煤炭开发史》编写组：《中国古代煤炭开发史》，煤炭工业出版社1986年版，第177页。

[②] 宓汝成：《中国近代铁路史资料（1863—1911）》第2册，中华书局1963年版，第411页。

1907年全线竣工，全长250千米。其中山西境内170千米，为节省投资，修建为窄轨铁路。

二　明清时期煤炭的销售

明清时期，规模较小的煤窑，一般直接出卖煤炭，或由买主到煤窑购买，或派人挑运到市场销售。像河南禹县那种"卖煤则坐待窑底，买者以煤值系绳缝下，则当值与煤，仍由买者缴取"①的情况并不多。而大部分则由煤商或由煤店直接到煤炭产地成批购运，然后再通过店铺等卖给消费者。

随着销售的发展，出现了牙侩、牙行，以及大批的店铺。万历年间，淮北为货卖煤炭方便，由宿州知州祁承㸁亲自负责，每五座煤窑"择居民之信实者，为牙侩，以便资易。"四川威远在嘉靖年间，为把煤销到自贡盐区，在运煤河道的口岸开设炭厂。清代煤炭买卖更加活跃。而山西大同道光初年即有炭牙四十九名，聚乐城（今大同附近）有斗牙一名，却有炭牙九名，说明煤炭的贩易比粮斗还要兴隆。②

煤炭的销售价格，不仅关系到煤业主的收益，而且也关系到靠煤生存的广大消费者的利益。一旦煤价昂贵，就会人心波动，影响社会的安定。这时，统治者就会过问煤炭开采，以显示他们的"爱民之心"和"德政"。例如明万历二十五年（1597）二月，神宗对于煤炭价格的问题也有高度关注，"煤乃民间日用之需，若官督开取，必致价值倍增，京城家家户户何以安生？"③乾隆二十六年（1761）、四十六年（1781）及嘉庆六年（1801），政府就因煤炭价格渐趋昂贵而下令扩大煤炭的开采，一些地方政府也出台了控制煤炭价格的政策。民国以前，由于交通不畅的原因，山西煤炭的销售主要是以本地销售为主，批发和零售两种形式均存在。

（一）煤炭的销售区域

民国以前，由于交通因素的限制，山西煤炭的销售区域以本地销售

---

① 《中国古代煤炭开发史》编写组：《中国古代煤炭开发史》，煤炭工业出版社1986年版，第178页。
② 同上。
③ 同上。

为主。在交通相对便利,尤其是水运交通畅通的地方,煤炭的行销范围相对较广。"煤为乡宁特产,晋、陕、豫三省皆依赖之。煤窑,西乡为巨,东乡次之,南乡又次之。西乡先有三大窑,一在寨沟,二在师家滩,其大百倍于东南乡,又与河近,销路畅而易,今废于水十余年矣。窑所出,以整者为炭,碎者为煤。煤用火炼之则成蓝炭,其价与炭等。窑分平巷窑、井窑二种,平巷窑中又分牛窑、人窑二种。"① 从这段记载我们可以看出,山西南部平阳府的乡宁县由于有黄河水运之便利,其煤炭行销范围广至山西、陕西、河南三省。

明清时期,山西煤炭的销售区域逐渐扩大,不仅仅局限于本乡本土,销售范围较近的在山西省内各县,销售范围较远的能够至陕西、河南、内蒙古、直隶等地。据清代的笔记小说《娱目醒心编》记载,明代时有山西煤炭商人押运十几船煤炭到北京贩卖,本钱值银两万八千两,而获利高达十余万两。最迟在明代,北京已经出现了"烧不尽山西之煤"的俗语。可见,至迟至明代初年,山西煤炭已经长年累月地供应京师。②

在清末民初,随着经世致用之学的兴起,山西的交通条件逐渐得到改善,煤炭的行销范围也日益广泛。尤其是在秋冬煤炭的销售旺季,山西产煤各县的各小煤窑口常常是马车云集,远近的商人都上这里买炭。他们买炭有的是家庭自用,更多的是用于出售以牟利。山西洪洞县生产出来的煤炭,主要使用骡车运输,销售范围是县城及附近各村庄,煤厂售价,块煤每斤制钱一文二厘,末煤每斤八厘。山西翼城县的煤田,在该县东乡及东南乡一带,距县城四十里至六十里,煤田西与临汾一带的烟煤相接,东与沁水阳城的无烟煤连壤,因此煤质是在无烟煤与有烟煤之间,名为半烟煤。其主要位于北河之黑豆沟、白驹沟及南河之石丘、青窊、柏峪村、贾家庄等处。翼城县地处曲沃、新绛各县(山西西南部)通往泽州府城的交通要道上,经过泽州过太行山可以抵达河南省。翼城县的产煤区域,如白驹沟、黑豆沟等处,距大路仅十余里。因此,翼城县的煤矿销路较旺,开采人数也因而较多,共计二十余处煤矿,只是因

---

① 民国《乡宁县志》卷7,《物产》。
② (清)草亭老人,汪原放校点:《娱目醒心编》卷3,《第二回》,上海古籍出版社1988年版,第35页。

为矿区的交通不便，多系苦力经营。翼城县各煤窑所生产出来的煤炭，多销售于县城及曲沃、绛县一带，主要使用骡车转运，煤厂售价按制钱计算，每斤八厘，运至翼城县城，每斤二文五厘，至曲沃县城，每斤四文。明清时期，吕梁地区的煤炭运销的数量与规模均较大，"东南可鬻至百里内，西北可鬻至二百里内"，运输煤炭的"大小车辆络绎不绝"。①

（二）煤炭的销售特点

民国以前，山西煤炭的销售形式主要有两种。第一，资本与实力较为雄厚的商人，在市镇或者交通枢纽开设专营的煤店，它们从煤窑直接批发煤炭进行销售。第二，资本与实力较为薄弱的小商人直接到煤窑从事小本、零星的贩运，还有的采煤户将其开采的煤炭用肩挑或车拉的方式到市镇销售或者批发给煤店。后一种方式由于所需要的资本较少，故较为普遍。

关于山西新绛县书中有如下记载："本县地势平坦，山陵绝少，煤炭一项，多取之乡宁县属之姑射山中，以故山麓各村，每于秋冬农隙时，驼取煤炭与焦炭，俗名岚炭，以供全县之用，盖亦农家之一种副业也。"②可见，当时煤炭的销售主要集中于秋冬农闲时节，因为在秋冬农闲时节，农民的空闲时间较多，能够到煤窑从事煤炭开采和煤炭的运输与销售。而且，在秋冬农闲时节，山西的气候较为寒冷，民众对煤炭的需求较大，煤炭的价格较高，利润也相对较高。

在煤炭交易的过程中，还出现了许多活跃在煤炭交易市场中参与煤炭交易的炭牙。清代道光年间，在大同县，"户部额设各色牙行，本城，下则炭牙共四十九名；得胜堡，下则炭牙六名；聚乐城，下则炭牙九名；许堡，下则炭牙一名；安赐堡，下则炭牙一名；拒墙堡，下则炭牙一名；镇河堡，下则炭牙二名；镇川堡，下则炭牙二名；镇边堡，下则炭牙一名。"从炭牙的人数众多，我们可以管窥大同县的煤炭销量之大及煤炭开采量之丰。显然，大同县煤炭业的交易由于炭牙的广泛存在，是相当规范的，煤炭业所解决的就业人口也是相当多的。山西南部的泽州府由于

---

① （清）乾隆《孝义县志》第四册，《物产民俗志》，第161页。
② （民国）《新绛县志》卷3，《生业略》，第123页。

地近河南,"其输市中州者,惟铁与煤,日不绝于途。"① 但是由于从泽州到河南要经过太行山,在道清铁路道口至清化镇(今博爱)开通以前,每天从山西泽州运销河南的煤炭数量有限。1910年3月3日,道清铁路正式建成通车,这有力地促进了河南西北部及山西南部商品的输入与输出。当时,山西泽州的煤炭通过道清铁路运至道口,再通过牲口运到道口的三里湾码头,然后通过卫河水运直达天津。

第四节 明清时期山西煤炭产业发展的制约因素

清代煤炭产业有了进一步的发展,开采和销售在一定程度上得到了发展,这同时也是清代商品经济发展的原因之一。虽然清代煤炭产业取得了一定的进展,然而仍然有很多因素对其发展产生了严重的阻碍,比如落后的煤炭生产技术,交通运输方式的阻碍,以及生产经营方式的守旧,还有古代社会人们思想观念的制约。

一 生产技术和工具落后

山西煤炭开采业的历史悠久,明清时期已经形成了一套基于经验积累的开采体系。由于客观历史条件的限制,煤炭的开采主要是利用简单的、落后的开采工具,采煤技术也仍然比较落后,煤炭开采业在缓慢地发展。

在煤炭的选址方面,古代社会缺乏科学的勘探,完全依据过去的经验,这样就造成了资源的浪费。在《虞乡县新志》中就有记载:"他儿园山……村名黑屹捞,有假相师指东岩外已露苗,其中必有煤炭,斯时,雇工十余名日夜掘挖,时经三月,工费千余数,讫无成效,遂止。"②

生产工具是生产力发展水平的物质标志。手工煤窑生产的机械化程度低,生产工具极其落后。生产工具主要有:镐、锹、锤、钎、斧、撅、拖筐等。地下煤炭开采使用的照明工具为胡麻油制的铁葫芦等和陶制的

---

① (清)雍正《山西通志》卷47,《物产》,第1801页。
② (民国)《虞乡县新志》卷4,《物产略》。

油灯，工人在地下作业过程中主要靠手提或者用嘴咬着，且工人凭借照明灯是否烧着也是工人判断地下窑内是否存在瓦斯的方法。其运输主要依靠牲畜和农工，"山路崎岖，高者至数十里。民皆驱驴骡往驼，无驴骡者背负之。健者能负百余斤。夜傍往，傍午归。一路鱼贯而行，望之如蚁。"① 清代诗人徐继畬的《驮炭道》② 中也反映了这一时期交通运输条件对于煤炭产业发展的制约。

由于当时生产技术水平的限制，在煤炭地下开采过程中存在极大的资源浪费和不安全开采。地下煤炭开采的安全防护设施也较为简陋，有极高的安全隐患，经常会发生煤炭开采事故。煤炭开采所用的防压崩仅为木料所制；坑内通风一般采用自然通风法，通过开凿小孔或在主巷生火炉以促进空气流动；窑内排水设置不完善，主要依靠蓄水池进行储水，排水若是竖井则利用牛皮纸包进行运送，排出井外，如果是横井则利用人工进行。这种传统落后的排水方式与西方的抽水机相比不仅效率低下，而且一旦出现大透水现象，则该矿井就会不得已被废弃使用，造成资源的极大浪费，同时也存在极大的安全威胁。

清代末年在山西平定开办的分公司在铁路沟和燕子沟有两处煤窑，但两处煤窑的设施却不同。燕子沟采用新式的英国生产的机器进行煤炭开采，每日煤炭产量达到了一千吨。采用旧式土法开采的铁路沟虽然生产规模与燕子沟相差无几，但每日产量仅为一百到二百吨，可以看出落后的生产方式的生产效率无法与新式机器相比。

煤炭生产技术的落后造成煤炭生产效率的低下，人均出煤量低，牲畜驮运的运输方式也成本高而效率低，而且也没有足够的资本来引进大机器生产，产业之间尚未形成资本和生产的良性循环，无法产生规模效用。另外，煤炭开采选址采用肉眼和经验判断的方式，容易提高生产的无效率，造成资源的浪费。

---

① （清）同治《五台新志》卷2，《生计》，第163页。
② "隔巷相呼犬惊扰。夜半驱驴驮炭道。驴行黑暗铎丁东。比到窑头天未晓。驮炭道，十八盘，羊肠蟠绕出云端。寒风塞口不得语，启明十丈光团栾。窑盘已见人如蚁。烧得干粮饮滚水。两囊盛满捆驴鞍，背负一囊高累累。驮炭道，何难行，归时不似来时轻。人步伛偻驴步碎，石头路滑时欲倾。忽闻炭价今朝减，不觉心内怀烦闷。价减一时犹自可。大雪封山愁杀我。"

二 运输障碍

由于煤炭质量重而价值较小,因此,如果运输不畅成本太高,则销售利润很低,无利可图。因此,如果想要发展煤炭贩运贸易来增加当地收入来源,必须先解决交通运输问题,修建运输道路。就山西来看,其煤炭资源丰富,地处内陆地区,山西境内多山,交通问题自古以来是该地经济发展的一个障碍。因而,即使山西煤炭资源丰富,但碍于其交通运输条件落后,无法将煤炭资源运至距离较远的地区。故而山西煤炭资源的开采规模也受到限制,本地煤炭大多数为自产自销,或者销售到周边一些地区,因此,运输问题是造成古代山西煤炭产业发展的重要障碍。

就陆路运输来说,清光绪三十三年,正太铁路未全线通车之前,山西境内尚没有一条铁路,而山西修建现代公路开始于民国九年(1907)。从修建阳泉到辽县左权的第一条公路起,到1949年的29年间,全省共修建12条公路,通车里程只有1288千米,而且大多是土路,缺桥短涵,坎坷难行,交通运输处于极端落后的状态。民间运输大多依靠的是驴、骡、驼、车等原始简易的运输工具。

就水路而言,由于山西地处黄土高原,山脉众多,河流大多流经山区,河道弯曲,境内主要的河流季节水位变化大,汛期水位暴涨,枯季则水少甚至断流,极不利于水上交通的发展。而且明清统治者对道路并未给予极大重视,很少拨款或专门组织道路修复建设,整修道路的费用主要来自地方乡贤捐资或僧侣布施所得银两。

清乾隆年间,曾有当地政府官员为使贩煤车辆路途通畅,组织民力,下令将孝义县"凡有桥处所,限日修好,必以宽至八尺为度,此诚万世永赖之谋,非仅一时权益之计也……夫贩煤穷黎,艰辛万苦,始获锱铢,为衣食计,而每为桥所苦"。① 史料记载因道路不畅带来的贸易受限制的情况有很多,煤炭的流通一般被限制在几十里的范围内,较远者也只能到达二三百里。孝义县煤工"背负以出,至大路始以畜驮,坦途始能车载。约东南可膏至百里内,西北可瓷至二百里内"。② 也有一些地方由于

---

① 乾隆《孝义县志》第八册,第54页。
② 乾隆《孝义县志》卷4,《物产风俗》,第161页。

路途艰难,难以运输,而不得不烧柴取代煤:"地界万山中,甚硗瘠,耕稼而外,别无生理,举火尤艰。邻境虽有石炭,价值贵且负贩罕至。民间惟资积薪而已。"① 甚至到清末民初情形也并未有多大好转,如沁源县:"煤炭,产额颇多,西北一带,遍地皆是,炭质亦佳,惟因交通不便,不能运输代县境耳。"② 这样,因交通不畅,导致了销售范围狭窄,煤炭产业的生产规模也不能扩大,因而获利有限,资本积累缓慢,也就不能及时地采用先进技术和新设备来提高生产效率。这样不免形成了一个恶性循环,使山西的煤炭产业长期处于手工采煤业的状态。

三 生产经营方式落后

虽然煤炭生产过程中不存在农民和地主之间的非经济强制关系,但很多地方仍然保留着传统的管理经营模式,即矿山的所有人将其包给炭匠,窑主则从采出的煤炭中抽分,若产量增加,则其抽分的额度也相对增加,生产工具也由工人自备,窑主对于自然式任何意外事件概不负责。或是三五人出铁出力合伙开采,农闲则开,农忙则闲。这些经营管理模式,都不利于资本的集聚和煤矿的科学合理生产安排和安全生产,更不利于改进生产工具,利用机器设备进行生产。

明清时期,山西各地的煤炭资源普遍得到开发,煤窑数量很多,但规模很大的煤窑却很少,明至清前期仍以小煤窑占据多数。民办煤窑的类型主要有两种。一种是由农民自己经营,即由乡邻四舍三五人搭伙开办,属于季节性开办,冬春开采,秋夏停止,即农闲则开,农忙则闭。挖取煤炭自用或行销于附近,获取微利以贴补家用,并不存在雇佣与被雇佣的关系,也没有明显的阶级差异及剥削和被剥削的关系,属于自给自足的自然经济范畴。这种煤窑一般在偏远村镇较为普遍。

另一种是地主、窑主经营的煤窑,这种煤窑已经初具规模,内部分工明确,有山主、窑主、窑头,以下则为矿工。一般是山主出租土地给窑主,山主有矿区权,窑主有操矿权。无论窑主经营煤矿好坏,山主收取固定地租,不承担煤窑的风险,是封建地主的代表,山主甚至有时还

---

① 光绪《重修岢岚县志》卷10,《风土志》,第612页。
② (民国)《沁源县志》卷5,《物产表》,第231页。

参与股份。

窑主是煤窑的产权所有者,掌管窑上的一切事物,所定规章制度都是其意志的体现。煤窑上的收入除支付土地租金、向官府交税、支付工人微薄的工资外,其余利润都归窑主所有。窑主是出资者,其目的是获利但未必懂得经营,例如新筒窑窑主张武新因不善经营,使煤窑获利不敷资金之半,最后张无奈将窑务托给窑头承办。窑头是窑务的实际负责人,负责具体的生产和经营事务,深谙窑务,也最容易把持窑业。他们有权招雇和解雇矿工,在煤窑骄横跋扈可以随意打骂并克扣工人工资,对工人的剥削和压迫是非常残酷的,有时一言不合即起冲突甚至引发命案。

位于最底层的就是砍手、背手、绞手、走尺寸的等众多的处于被雇用、被剥削地位的矿工。虽然矿产资源丰富,但是直到民国初期,山西大部分煤田都是一年经营六个月左右,即冬季农事告竣至次年二月农事方兴为止,是一种务农之外的副业性质。

这种在漫长的封建社会中形成的小煤窑式的生产经营方式,是煤窑生产者受剥削、受压迫的根源,也是悠久的采煤业发展缓慢的主要障碍。同时,由于缺乏科学管理模式,导致工人劳动效率很低,安全保障很差,煤矿事故频发,这样的生产状态极不利于改进生产工具和新技术的引进。

四 封建守旧的社会风气

在封建社会,虽然煤炭能谋利,但是在山西,一些地方官员却主张禁止开采煤炭,这在一定程度上阻碍了煤炭产业的发展。这种禁止采煤主要出于三种考虑。

首先,受传统的重农抑商观念的束缚。如大同县一些地方官员认为本地土壤肥沃,卖炭不会致富,而种地则定不会挨穷受饿,所以劝诫农人要务本:"其东乡一带农人冬日多积粪,其地颇腴于他乡。其西乡一带农人冬日多贩煤,其田尤瘠于他乡。俗所谓东村买粪不贫,西村卖炭不富,可为务本者劝。"[①]

---

① 道光《大同县志》卷8,第208页。

其次，是出于对社会治安的考虑，主要是为了防止矿工聚众闹事。明清时期，煤窑用工良莠不齐，开窑导致的词讼纠纷很多，所以地方官员为确保管辖地的社会安定、保全自己的官职，就采取了关闭煤窑以及不准开办煤窑的种种措施。明万历年间，内阁辅臣对煤窑工人容易闹事，表示出了忧虑。上奏曰"煤利至微，煤户至苦，而其人又多，皆无赖之徒，穷困之辈""一旦揭竿而起，荤毅之下皆成胡越，岂不可念"。① 基于这种考虑，很多煤窑就被封禁。可见，清政府对开办煤窑的谨慎程度，它唯恐会因此滋生事端，影响社会稳定。

最后，是受封建迷信思想影响。不仅在选取矿址上要受风水先生或相师的指点，而且在开采过程中也是如此："凡产煤之处无关城池龙脉，及古昔帝王圣贤陵墓，并无碍堤岸通衢处所，才准与开采"。② 对此，清光绪时孟县的地方官李鸿畴详细列举了孟县西吉村涧沟河一带的煤窑的害处，即断土脉而断龙脉、伤坟墓、土竭水溢，金石相撞引发火灾导致自然灾害，据此对该处煤窑进行封禁，他认为人们只知开矿之利，而不知其害，"而害滋甚焉！《堪舆》一书固未易晓，然即其大势论之，未有土脉断而龙脉固者。""夫开凿之害不必适当其冲，即前后左右洞其中，其窍必虚，窍虚则风生；穷其利，其土必竭，土竭则水溢。""凡近城脉，邻坟墓而耽是利者，亦可以三复斯言而终止矣。"③ 当然这其中有一些是出于对环境保护的考虑，但主要还是基于封建迷信观念，这很不利于煤炭产业的发展。

五 矿工待遇不高

在封建枷锁的统治和煤窑主的压迫之下，我国古代的煤窑工人生活境遇十分悲惨，社会地位十分低下。他们是煤炭产品和财富的直接创造者但同时也是出力最多、收入最少、受剥削最重的阶层。他们之中大多数是没有身家者，迫于饥寒不得不去充工役。即使这样，"其间苦乐亦分数等，最上者窑外运煤之夫，其次则窑内运煤之夫，最下至窑底挖煤之

---

① 《明神宗实录》卷380，"万历三十一年正月丙寅"，第333页。
② 乾隆五年二月初六日《朱批奏折》，《记赵国麟奏请开矿》，第197页。
③ （清）光绪《孟县志》卷20，《碑碣》，第571页。

夫，而苦斯极矣。"①

挖煤工所受剥削，首先是收入很低。"终日所得至多不过二三百钱，而饭食灯油之费去其大半"②，再加上窑主工头又任意剥削，或将炭窑工人们所食面价加倍以偿，或者借工人向窑上买米面油盐之机，使用小称或抬高价格等方式剥削，又或者设局引诱工人赌博以耗尽其所得。最终工人辛苦一天，"携灯鞠躬而入，背负以出，至大路始以畜驮坦道始能车载，然业此者，口食之外，所余无几。"③ 总而言之，是"赚有工资而百计勒掯'强留'不给，或故使长支才作数日便令歇工，或视偶有存资便诱令酗赌吃烟，必使身无一钱势不得不倚该窑佣作糊口。"④

其次，受尽贪官衙役的剥削。如孝义县每年"冬末春初，农闲之月，贫氓车运驴载，卖炭为生，远者三日一返，近者两日一返，阖邑赖以需用，固民生之至要者。孰料衙蠹舞弊，指官索诈，文武衙署煤炭，例应本地办买，若辈视为利薮、凡炭一入汾，声称拉官炭，有钱者每车钱三百，每驮钱三十，即行放走，已削其应得之利。无钱者拉入城中，重秤小价、大为亏折"⑤。

最后，矿工生命安全没有保障。矿工们不仅工资常被克扣，即便平时稍有旷误时刻、言语纷争，也会遭来窑主的拷吊凌虐。倘若有人借欠窑主钱文米面，则窑主就以长支为由，"借端扣留、关锁、幽闭，略如牢狱"⑥。而因工伤残甚至亡命者，也得不到任何抚恤，甚至被随意虚报掩埋。"凡穷佣之坠跌而死，或崩压致毙，或火焚水溺，其甚者吊拷争斗致死人命，亦皆私和匿报；或外来无主穷佣，则竟自作主掩埋，毫无顾忌。"⑦

矿工待遇得不到保障，"饥寒不邮，疾病不问，甚或鞭扑吊打，几不复以人类待之，草菅人命的日子"。但是煤窑的窑头却是"结交衙蠹，贿

---

① （清）光绪《清芬阁集》卷8，《札孝义县·甲申冬》，第66页。
② 同上。
③ （清）乾隆《孝义县志》第四册，《物产民俗志》，第165页。
④ （清）光绪《清芬阁集》卷8，《札孝义县查禁窑户凌虐·甲申冬》，第66页。
⑤ 《汾阳县志》卷10，《杂识》。
⑥ 朱采：《清芬阁集》卷8，清光绪三十四年刊，第66页，第73页。
⑦ （清）光绪《清芬阁集》卷8，《札孝义县查禁窑户凌虐·甲申冬》，第66页。

通胥役，恃官绅为护符，小民求告无门以致不敢过问"。矿工在自身待遇没有办法保障，生活基本问题得不到解决的情况下，其劳动积极性必然得不到提高。因此清代文献中就有这样的记载："将该佣公道相待，使该佣常有赚钱改业之人，则无业贫民相率羡慕源源而来，何患无人应雇"。①

另外，牙行的欺行霸市也是阻碍煤炭产业健康发展的一个重要因素。牙行凭借自身在市场上资金、信息等方面的优势，在某些地区经常强借官名对卖炭户强行收购、勒索，如一旦不达目的，则联合对卖炭户进行封杀，使其不能在该市交易，造成恶劣后果，严重影响了煤炭市场的正常运行。牙行把持市场，不允许卖炭户自行销售，贱买贵卖，抬高市场煤价，甚至连民间自用的煤炭也要收取费用的行为，严重侵犯了炭户的利益，破坏了煤炭市场的正常发展，这些都是很不利于煤炭产业商品经济发展的因素。

---

① （清）光绪《清芬阁集》卷8，《札孝义县查禁窑户凌虐·甲申冬》，第66页。

第三章

清代后期煤炭开发的管理及运营

清乾隆年间是我国古代煤炭开发事业的兴盛期和最高峰。在此期间，政府进行了一次全国性的勘查煤炭资源的活动。乾隆皇帝批准："各省产煤之处，无关城池龙脉，古昔陵墓，堤岸通衢者，悉弛其禁，该督抚酌量情形开采。"①

清代在对煤炭产业的管理上，建立了采煤执照制度，采煤执照又叫"窑照""煤照""煤票""印票""龙票""煤窑证"等。开窑者先向官府申请，官府同意后发给采煤执照。乾隆五年（1740）政府将签发采煤执照的权限由中央下放给地方官吏，简化了办矿手续，促进了煤炭产业的发展。采煤执照的出现，方便了政府管控煤窑，大大提升了行政效率，节约了成本，也减少了争、诉等斗殴事件的发生。这是我国矿业法规的雏形，是我国在矿业管理上的一大进步。清代继续推行招商承办制度，调动了开矿的积极性。许多煤商纷纷携带资本报请开矿，煤炭成为商品经济的重要组成部分。

民国以前，山西煤炭的开采就已经相当繁盛，贫穷的老百姓在农闲时节大多从事煤炭开采与运输等相关行业。这不仅解决了当地民众的就业难题，也为山西人民过冬提供了物美价廉的燃料，还为当地工商业及农业的发展提供了必要的能源支撑。煤炭产业在那时已经成为山西地方政府重要的税收来源之一。山西煤炭不仅储藏量十分丰富，而且在有些地区埋藏得较浅，甚至在有些矿区还有煤炭"露头"的现象。这就使山西煤炭具备了极为优越的勘探条件和开采条件，成为中国最早发现与使

---

① 《清高宗实录》卷645，第781页。

用煤炭的地区之一。

第一节 清代后期政府对于煤炭产业的政策和管理

清后期政府对于煤炭的认识逐渐加深，对其利用和管理也不断加强，并出台了一系列政策对其进行管理。这一时期煤炭在人们社会生活中的地位不断增加：一方面，清代商品经济得到了发展，对于金属制品的需求不断加深，煤炭在手工业方面得到了广泛的利用；另一方面，这一时期人口不断增加，人民对于煤炭的日常生活需求也因而不断增加。煤炭在社会生活中的重要性逐渐得到提高，政府也加强了对煤炭的管理，制定了采煤执照制度和相关法律来规范煤炭的开采，煤炭税的征收也逐渐制度化。

一 煤炭开发的相关政策

总的来说，明清统治者对于矿业治理主要有两种倾向：一种是允许商民自行开采；另一种是封禁矿业开采。这两种倾向交织着封建社会的阶级矛盾。一方面，出于民众广泛应用煤炭到生产、生活中，且煤炭耐燃、价贱的优点是柴薪无可比拟的。鼓励煤炭开采有助于扩大社会生产，同时政府也可获得大额税收充盈国库。另一方面，煤窑人多聚众闹事，一不小心就引发命案。而且，煤窑人杂容易混入土匪、强盗等奸人，出于维护社会安全和掌握国家财产、资源的考虑，统治者又将这种涉及国家财政军事安全的金属矿牢牢掌握在自己手里。对金属矿或收归国有，严禁私人开采；或者收取重税；或者借破坏"龙脉"风水之由，禁止开采、这些政令在一定程度上阻碍了矿冶业的发展，激化了中国传统社会的阶级矛盾。因此，对于金属矿业治理，统治者始终秉持一种谨慎的态度。

明代结束祸乱，实现国家统一，为商业的发展创造了良好的政治环境，因此明代以来，手工业、农业的生产技术都有很大的进步，进而促进了生产规模的扩大，社会的发展。煤炭的国内市场需求旺盛，市场扩大商业繁荣，商品经济在这一阶段也有所增长。出于收缴足额税收和满足社会各个领域对于煤炭的需求的考虑，明代统治者普遍对煤炭产业持鼓励开采的态度。明初高巍曾上《开铁冶疏》，主张"有丁力之家，或两户、三户，或五户起炉一座，矿、炭随便所取，国家每月课收钞贯。……计料矿、炭之利，而兴贩之，实得军国器用之大利也。"① 这一主张得到明太祖的允纳。明嘉靖九年（1503）下令："凡山泽之利，除禁例并系民业外，其余备查某处已经纳税、某处空闲内、某处堪听民采取、某处堪入官备赈，务在官民两便。"② 这肯定了民众开采的权利，极大地提升了商人、民众办矿的积极性。明万历中期，神宗曾派矿监到全国各地监督开矿并且大肆掠夺矿税，这无疑加重了百姓负担。但无形中也是矿业合法化的过程。因此在明嘉靖到万历这一时期，煤炭产业发展到高峰期。天启年间社会动乱，煤炭产业因此受到一定的冲击，进入了衰退期。

清朝的统治者在建立政权的初期，吸取明朝矿税之乱的教训，严格实行封禁煤矿的政策，但其也充分认识到煤炭在国计民生中的重要地位和作用。御史曹溶曾在清王朝初步建立政权、百废待兴时，就向皇帝上奏陈明目前应该办的六件大事，分别是：制定国家制度，商议国家用度，约束官吏士兵，遣散土匪强盗，广泛收集粮食，疏通煤炭运输。疏通煤炭运输作为六件大事之一显示出煤炭产业在国计民生中占据着重要地位。

清朝统治者自康熙中期以后逐渐放松矿业治理政策。乾隆五年（1704），清高宗批准："各省产煤之处，无关城池龙脉及古昔圣贤陵墓、并无碍堤岸通衢处所，悉听民间自行开采以供炊爨，照例完税……各省督抚酌量情形开采。"③ 同时还晓谕全国各地因地制宜地开采煤炭资源，尤其是准许直隶、山东、山西等省"招商采煤"。在这一政策的号召下，山西的民营煤窑有了很大的发展。例如乾隆时期，榆次商人李鹏程、鲁

---

① （清）徐三俊修，葛附凤纂：雍正《辽州志》卷8，《艺文》，清雍正十一年刻本，第589页。
② （明）王折纂：《续文献通考》卷24，《征榷考七》，商务印书馆1936年版，第3011页。
③ 《清高宗实录》第10册，卷101，《乾隆五年二月丁丑》，中华书局1986年版，第632页。

大合伙租地开办煤窑，凤台县地主梁太和、孙太乾等皆出资开办煤窑。①山西右玉县霍伦与白进官合伙开采煤炭。②

二　政府对煤炭产业的管理

清代统治者为了控制税收，充盈国库，曾经顺应民意鼓励民间开设煤窑，开采煤炭，但是考虑到煤窑人多容易滋事，易藏匿匪盗，破坏社会稳定和安全，所以统治者对于煤窑能否由民众自行开设始终是秉持一种慎重的态度，并且针对煤窑的开设制定了一系列细节性的措施，即采煤执照制度、订立法规等。

（一）采煤执照制度

政府鼓励商民开办煤窑，自行开采，但并不是所有的商民都可以，政府需要的是实力雄厚的商人，他们有能力开办煤窑、挖取煤炭。而且商民需要将开采的地点和范围上报给政府，经政府批准后才能开采，这就是采煤执照制度。采煤执照制度的执行始于明代后期。"窑照""龙票"等也是采煤执照的名称。采煤执照制度在很多地区都在执行，尤其是煤窑数量多、煤炭生产集中的地区。其流程一般是由商民先向官府申报所要开采的地点，官府派人去勘探该地点是否确如申报所述煤炭储量丰富，若确如所述，则划定山场地界，给商民票照试采，在试采期间，不需要交税。当然商民也不是任意的，需得是殷实可靠的。当煤窑建设完成后，须由地方官详细查验，若合格即采"请给司帖，准其认充，照例纳税。"③

对于开采者而言，采煤执照是其合法开采的凭证；而对于官府而言，执照是检查各煤窑及征税的根据。商人凭借采煤执照开办煤窑，即要按照采煤执照划定的地点和范围开采，不得逾距。若煤窑开不下去，面临倒闭时，需要及时上报官府，否则官府要继续收税，即煤窑有变动，采煤执照也得随之变动。乾隆五年（1740），直隶总督孙嘉淦奏请"开采煤窑，由各地方官给予照票"④。采煤执照的出现标志着我国对于煤炭资源

---

① 刘泽民等主编：《山西通志·明清卷》，山西人民出版社2001年版，第341页。
② 彭泽益：《中国近代手工业史资料（1840—1949）》第1卷，中华书局1962年版，第401页。
③ 《大清会典事例》卷951，《工部》，第617页。
④ 《清高宗实录》卷110，第112页。

的管理有了很大的进步,尤其是对煤炭法规的制定,在一定程度上,这一制度对于当前我们治理矿业开采也有一定的借鉴意义。

(二)煤炭管理的相关立法

统治者们为防止工人斗殴闹事,制定了相应的法规和政策,尤其是受兴利除弊思想的影响,他们认为群众只有在严格的法律下才不会滋生祸乱。清高宗认为,若是因为这样的担忧就封禁煤矿,只是因噎废食。因此下令"兴利除弊,惟在董事者经理得宜,自足以弹压",还谕令地方官,开煤窑必须"酌议条规",要将"一切经理事宜悉心妥议具奏"[①]。据此指示,各地地方官对于开办煤窑的一系列细节都持谨慎的态度,且纷纷制定相应的条例法规,大概如下:

第一,派遣中央官吏去地方巡查。明成化年间,宪宗曾派都察院封禁大峪山煤窑,并令"锦衣卫时常差人巡视,敢有私自开掘者,重罪不宥"[②]。为了保障窑工的人身财产安全,也为了平息民愤,安抚民众,防止暴乱,地方官针对地方上频繁出现的窑主肆意欺凌、虐待窑工的现象,也出台了一些防护措施。其主要主张官员以暗访的形式进行巡查:"须轻车简从,约束左右,用咨博访,体察民情,……务须减省骑从,不事铺排,随带之人,尤须选择妥当,毋得因事需索扰累良民。"[③]只有这样做才能觉察到小吏看不到的情况,起到正本清源、以绝弊端的作用。

第二,留设底簿,稽查煤窑雇用的矿工,严禁煤窑窝藏土匪强盗。古代煤窑的窑工大多是少地、无地甚至破产的农民,或者是外省逃荒谋生的人,若非走投无路、衣食无着,不会来当处于社会最底层的矿工,因此难免会混入贼寇:"凡各处之逃盗逃凶,捕急辄投身炭窑为寄身之地,稍久又复潜逃他往,飘泊靡定,即复仍操故业,为害不可胜言。"[④]乾隆年间曾下令各县印发簿记给各窑主,就因煤窑人多容易滋生事端,

---

① 《大清会典事例》卷951,《工部》,第617页。
② (明)李东阳等撰,申时行等修:《大明会典》卷194,《窑冶》,广陵书社2007年版,第980页。
③ (清)朱采:光绪《清芬阁集》卷8,《札孝义县·甲申冬》,台北:文海出版社1966年版,第64页。
④ (清)朱采:光绪《清芬阁集》卷8,《孝义县查禁窑户凌虐·甲申冬》,台北:文海出版社1966年版,第67页。

害怕逃犯混入其中："将各项佣工人等按月一报，巡检查考，并饬西路同知就近稽查，如该窑户不行开报，照脱户律治罪。"①

第三，建立保甲连坐制度。一方面严密核查私下开办的煤窑："私开矿厂，久奉严禁，倘有不法之徒，恃在深山密地无人知觉，诱引愚人开采射利、滋扰地方，一经查实，定加严究，该乡保甲邻通同容隐者连坐。"② 另一方面严肃惩治煤窑内的不法行为，如赌博、聚众行凶伤人、盗窃等，若有知道实情却隐瞒不报的人，一旦发觉，"将本犯按律治罪外，该窑户照总甲容留棍徒例，杖八十"。③

(三) 税收管理

清代时期政府主要有"定额税银""抽解""炭牙税""煤厘税"这四种税收管理措施。

征收定额税银，即政府向煤窑每年、每个季度、每个月征收的固定数额的税银。明万历三十年（1602）有官吏上奏朝廷"山西煤窑，每年变价五千两。有旨准开取，以济工用。如有附近势豪侵霸违抗的，着指名参处究问。"清代康熙年间的灵石县有"旧磁、炭窑二十八座，每座征银二钱四分六厘八毫，共银六两九钱一分四毫。新磁、炭窑三十一座，每座征银五钱，共十五两五钱"。按照以前的规定，每年应对石炭征收一两八钱的税银，但各地征收的税银在数额上是固定的，不管产量如何，因此在一定程度上有利于提高窑主生产积极性。

抽解，即规定一定的抽分比例，根据比例抽取征收煤税。明初就开始执行这种办法。明洪武二十六年（1393）规定，在龙江、大胜港都设立抽分竹木局……十二分抽取二分；永乐十三年（1415），命令竹木局按照法例抽分，对于石炭的抽分比例是三十分中抽取二分；④ 嘉靖十四年（1535），每三十分小煤块抽取三分；嘉靖二十四年（1545），又题准"煤

---

① 《清高宗实录》第 11 册，卷 164，《乾隆七年四月戊戌》，中华书局 1986 年版，第 71 页。
② （清）乾隆《忻州志》卷 6，《艺文·告示》，第 362 页。
③ 光绪《大清会典事例》卷 335，第 175 页。
④ （清）陈梦雷编：《古今图书集成经济汇编食货典》卷 223，《杂税部汇考七》，清雍正铜活字本，第 18287 页。

炸免抽分"。① 清代的时候，这一制度仍然存在于一些地区，例如乾隆三十四年（1769），刑部宛平县的如意煤窑被刑部没收，抛去开办煤窑的成本，官府抽取二十股，即"抽课二分，交纳户部。"②

炭牙税。炭牙税有两种类型：牙帖税和常年税。牙帖税是指商人取得做牙商的资格缴纳的税。光绪时期的《寿阳县志》对此记载着"牙帖税分为上、中、下三则。上则每帖征收一两二钱白银，中则每帖征收八钱白银，下则每帖征收六钱白银。乾隆中年到现在大概有牙帖几百张……"。③ 常年税是根据营业数额征收的，这种税与煤炭交易量关系密切。在众多清代的山西地方方志中，乾隆年间始见关于牙税的记载。乾隆年间《大同府志》记载"牙税，本府各属经征牙课正额银：上则每名每年纳银一两二钱，遇闰加纳银一钱；下则每名每年纳银六钱，遇闰加纳银五分。惟大同县上则各牙一百四十七名，每名每年纳银一两九钱一分五厘二毫，遇闰加纳银一钱；下则各牙一百六十三名，每名每年纳银九钱五分七厘六毫，遇闰加纳银五分，余与各州县同。"④ 未找到记载常年税的资料，所以不能判定常年税与牙帖税后来是否合为一种税。另外，炭牙人数占总牙行人数的比例，可以间接反映煤炭行业在整个产业范围内的比重。根据道光《大同府志》可知炭牙人数的比重居于首位，这也反映了煤炭产业在国家产业中的重要地位，进而显示出煤炭交易活动的频繁和活跃，因此可以说炭牙税事实上是市场交易发展到一定阶段的产物。

煤厘税。煤厘税是记载最为详细的税收，于清光绪二十八年（1902）被创办，分为原抽和别抽两种。原抽是直接向煤窑主收税，按煤炭产量的斗数征税，每斗抽取四文铜钱。⑤ 续抽是对煤炭在运输过程中的负重量

---

① （清）陈梦雷编：《古今图书集成经济汇编食货典》卷224，《杂税部汇考八》，清雍正铜活字本，第18365页。

② （清）光绪敕撰：《大清会典事例》卷951，《工部·薪炭》，清光绪二十五年石印本，第617页。

③ （清）马家鼎修，张嘉言纂：光绪《寿阳县志》卷3，《赋役志》，清光绪八年刻本，第211页。

④ （清）吴辅宏修，文光纂：乾隆《大同府志》卷13，《赋役》，清乾隆四十七年刻本，第971页。

⑤ （民国）孔兆熊修，阴国垣纂：《沁源县志》卷2，《捐税》，民国二十二年刊本，第129页。

征税，因此续抽的主要对象是拉车贩煤的广大贫民。这种税增加了流通费用，也加重了人民的负担，使其原本就为数不多的利润变得更加微薄。民国时期在煤厘税的基础上又增加了地方煤捐，例如光绪三十二年（1906），保晋公司成立初期，其向晋商票号借款筹集资金就是用的地方政府拨给其的地方亩捐做抵押。其中煤捐"对每驮骆驼抽取一分一厘的大洋，对每驮骡马抽取八厘的大洋，牛驴每驮大洋八厘，人力车每车大洋四厘，煤牙税每元大洋二角四分。"① 清末，统治者为了筹措军费、抵抗列强入侵而征收的煤厘税和煤捐，数额巨大，百姓不堪其重，频频引发社会动荡，例如清末"宣统三年（1911），晋省革命，遍地兵戈，乡宁煤窑工役数百人欲为乱，有司出示停止煤厘，得少安焉"②。

第二节 清代后期煤炭企业的发展和经营

宋元时期是我国煤炭产业初步发展的时期。北宋时期煤炭主产区是在河东路，也就是现在山西一带，由此可见，北宋时，山西的煤炭开采已处于全国之首，而且煤炭交易趋于市场化，市场流通频繁，煤炭越来越成为影响国计民生的重要物资。到了元代，煤炭课税成为政府一项重要的经济来源。清代，林木资源缩减，价格越贵，而煤炭相比林木，有耐燃、价贱的优点，因此煤炭日益取代林木，成为人们日常生活的基本燃料，不仅是在发达地区，有些偏远地区的村镇也是如此。同时煤炭也被广泛应用于生产，尤其是手工业。这进一步促进了煤炭产业的发展，因此煤炭产业在清代实现了普遍发展。

一 清代后期煤炭企业的发展特点

清代后期商办煤窑数量不断增加，尤其是万历和乾嘉时期，政府对于煤炭产业高度重视，这一时期煤炭产业在数量和规模上都有一定的发

---

① 常旭春、白象锦：《保晋公司报告书稿》，阳泉市档案局馆藏，转引自曹慧明主编《保晋档案》，山西人民出版社2008年版，第78页。

② （民国）赵祖抃修，吴庚、赵意空纂：《乡宁县志》卷8，《大事记》，民国六年刻本，第356页。

展。清代后期煤炭产业中出现了新型的生产关系，商人和地主开始兴办煤窑，同时出现了雇佣关系。另外，随着煤炭销售和运输条件的不断改善，煤炭的销售范围也在不断地扩大。

（一）涌现出一批大煤窑

明末清初形成的招商采煤政策，促使有实力者争相开办煤窑，民办煤窑的数量急剧增加。民国时期《山西矿物志略》记载了山西各县大开煤窑的情形，其中有三十多处民办大型煤窑，均是于明末或者清代前期开凿的，一直延续到民国，分布地点和数量如下所示：太原县5处、浮山县6处、榆次县4处、平定县4处、潞城县3处、清源县3处、孝义县2处、平遥县2处、大同县1处、阳高县1处、赵城县1处、五台县1处。其中明代开办的有6处，清代开办有27处。

上述煤窑多为明万历年间和清乾嘉时期出现的，说明这一时期政府对于煤炭产业的重视，而且该时期煤窑在生产规模、厂房建设以及工人雇佣数量等方面均有了很大的发展。如嘉庆年间晋祠人杨文绶开办的太原柳峪川沙河沟的敦远窑，由于其出产得了四尺大煤炭，人人争相购买，遂成为川沙河第一大窑。① 这一时期的六大煤窑分别为：南大青窑、北大青窑、中圪岨窑、万成窑、东坪窑和西坪窑。这六大煤窑均可出产四尺大煤，且煤炭质量优良，煤窑经营已有相当规模，煤窑劳动力分工已初具规模。这一时期有一定数量的工人从事煤炭生产，例如嘉庆年间平定县固庄沟煤窑有工人和驴骡共四五十口。同治十三年，太原明仙、马房两峪由于雨水暴涨，仅晋祠门外运煤车就有六七人被淹没，至于骡马牛驴的淹没数量则无法计数，明仙峪则有五个运煤车夫被淹没，数十匹马匹被淹。② 由此可以看出，这一时期从事煤炭产业的工人数量众多，煤炭产业在这一时期发展兴盛。

（二）出现了新的生产关系

这一时期政府鼓励商办煤窑，资本拥有者为追逐更多的利润，纷纷投身于煤炭行业。这一时期山西地区的煤炭产业也有了一定的发展，生

---

① （清）刘大鹏纂：《晋祠志》附录《刘子峪志》卷7，《黄楼》，山西人民出版社2003年版，第1066页。

② 同上书，第1008页。

产关系方面受资本主义影响有所萌芽，主要表现于以下几点：

首先，地主和商人合伙开办煤窑。例如乾隆时期的凤台县民李进国、梁太和、赵文喧、张永奇、孙太乾等煤窑投资者，既有田地又开设煤窑置办窑产，李权、任廷瑞、甄六寿等商人开办煤窑是为了获得利润。①《刑科题本·土地债务类》记载，乾隆嘉庆时期，山西省很多煤窑都是地主在自己的土地上发现煤炭后，因资金不足，所以拉别的商人合伙开办的。例如乾隆三十九年（1774），阳曲县民姜万雨、张天有、孟加库三家合开煤窑，共出资四百文。② 更为普遍的是商人承包土地挖掘煤炭，例如太谷商人李某于乾隆年间携带资金去晋祠明仙峪"凿山开窑，采取煤炭，矿极精良，获利甚厚"。③ 不少商人还经常去外省租地开办煤窑。山西榆次商人赵大于嘉庆五年（1800）来京，与郭大在正阳门外的三里河大街元贞寺外伙开煤铺。④ 资本丰厚的山西商人对于煤炭行业带来的机遇有极大的热情，且乐于把握。

其次，煤窑生产关系中出现了雇佣关系。清代时期，山西煤炭资源蕴藏丰富，随着煤窑数量的增加，很多贫民没有钱购买牲畜来驼煤贩卖，只能去打工谋生，例如赵城县东"民多采煤为业，贫者往赁役焉"⑤。这个时期，雇工的工价是与雇主自主商议，按日给价，属于自愿行为工钱也是明码标价，呈现很高的透明度，例如乾隆年间的高平县，"崔跌雇秦珍掏洗旧窑挖煤，言明每日工银三分"⑥；右玉县"霍伦与白进官伙开炭窑，同雇贺明做工，讲定开窑一丈，工钱二千"⑦。而且，这一时期雇工与雇主在法律关系上是平等的。乾隆年间，乡宁县的窑主薛管子与窑工

---

① 《朱批奏折》，乾隆三十五年，山西巡抚鄂宝奏，转引自吴晓煜《中国煤炭史志资料钩沉》，煤炭工业出版社2002年版，第152页。

② 《刑科题本》，乾隆四十年六月初十日，刑部尚书舒赫德等题，转引自吴晓煜《中国煤炭史志资料钩沉》，煤炭工业出版社2002年版，第162页。

③ （清）刘大鹏纂：《晋祠志》附录《明仙峪记》卷1，《水窑》，山西人民出版社2003年版，第816页。

④ 杜家骥：《清嘉庆朝刑科题本社会史料辑刊》，天津古籍出版社2008年版，第814页。

⑤ （清）杨廷亮纂修：道光《赵城县志》卷6，《坊里》，清道光七年刻本，第132页。

⑥ 《清代刑部钞档》，乾隆二年十一月九日巡抚山西太原等处地方觉罗石麟题，转引自彭泽益编《中国近代手工业史资料（1840—1949）》（第1卷），中华书局1962年版，第401页。

⑦ 《清代刑部钞档》，乾隆十九年二月六日巡抚山西太原等处地方恒文题，转引自彭泽益编《中国近代手工业史资料（1840—1949）》（第1卷），中华书局1962年版，第401页。

庞小圭在言语上起了冲突引起斗殴，导致窑工庞小圭死亡，按照斗殴杀人罪，窑主薛管子被监管在监狱留待处以绞刑。而且山主负有主动向官府报告冲突的义务。例如嘉庆十七年（1812），山西右玉县人李海在左云县瓦窑村挖煤为生，因为债务的纷争与马玉起了争执，将马玉殴打致死，此案件是由煤窑主向官府报案审理的。山户如果不能将斗殴纠纷及时报给官府，会受到法律的惩罚，例如"五台县民高顺义在左县瓦垄窑做工，依靠贩卖煤炭为生。因为左云县民安马银拖欠他一百五十文钱，高顺义去向他索要债务引发冲突导致双方均受伤害，山户白光元主张上报官府，却受安马银阻止，结果八日后安马银因伤病死了，最后判处高顺义留待监狱除以绞刑。白光元听了安马银的嘱托未及时报官，依私和公事律，笞五十。"①

因此可以说，清代的法律体系基本将窑主、山主都纳入，而不仅仅约束矿工。山主与窑主之间的交易是在双方都愿意的基础上进行的，而窑主雇用矿工也须经得矿工同意，不能强制、逼迫其做工，也不能限制其人身自由，双方之间都具有很大的自主性。但是在资金不充分，技术不发达，设备不足的重重困难，以及封建主义的压迫和摧残下，这种微弱的资本主义萌芽并没有发展壮大。

（三）贸易范围进一步扩大

清代，随着社会各个领域煤炭需求的增长，以及生产技术的进步，扩大了煤炭资源的开采范围得到了扩大，煤炭的产量，随之增加。同时，煤炭的市场交易活动越发频繁，在这种条件下，山西煤炭的贸易范围进一步扩大。山西煤炭的贸易范围不仅仅局限在山西省内，还逐渐涉及华北地区，但受运输条件的限制，很少涉足南方地区。根据史料，清代出现了专门进行煤炭交易的集市，称为"炭市"，山西阳曲县、左云县等地均有记载。②"城中之市皆用奇日，日出而聚，日昃而退，车载牲驮，背任首戴，皆五谷、粮食、絮布、煤炭之属"③。大同、寿阳等地于清代中

---

① 杜家骥：《清嘉庆朝刑科题本社会史料辑刊》，天津古籍出版社2008年版，第592页。
② （清）戴梦熊修，李方蓁纂：康熙《阳曲县志》卷3，《市镇》，清康熙二十一年刻本，第32页；（清）李翼圣原本，余卜颐增修：光绪《左云县志》，《建置志》，民国间石印本，第140页。
③ （清）杨廷亮纂修：道光《赵城县志》卷18，《风俗》，清道光七年刻本，第776页。

期出现了牙商,牙商即商民买卖货物之间的媒介,会从交易中抽取佣金,炭牙只撮合双方之间的煤炭交易。道光《大同府志》中记载炭牙人数占全部牙人总数的15%,这也反映了煤炭产业在国家产业中的重要地位,进而显示出煤炭交易活动可观的规模。①

二 清代后期煤窑的投资经营与分配

民国以前,山西煤炭行业有三种经营管理模式:第一种是由地主自己经营,地主既是土地的所有者,又是煤窑主,这种称为"一字号";第二种是由窑主承包地主的土地开办煤窑,称为"堂主制";第三种是窑主承包地主土地后,雇用具有封建性质的"人伙柜"来管理煤炭生产。清代中后期,山西地区广泛流行的是第三种经营管理模式。

(一) 煤窑的经营和管理

煤窑的主要负责人一般为地主和业主。地主即矿场所在地的主人,享有矿场的所有权。业主为经过批准投资开窑且煤窑矿地的商人或者其他人。业主也称为窑主,是煤矿的投资人,既可以是一人,也可以是多人,地主也可以进行投资成为业主。业主享有煤炭的开采和使用权。

多数地主不参与煤窑的经营管理。地主的收入主要来自两个方面:一是收取租金。地主将煤窑场地租给业主进行煤炭开采,按规定在一定期限收取一定的租金,可以分期付款或者一次性偿还。地主一般主要收取固定资金,与业主的经营状况无任何关系。二是盈利收益。地主可以凭借矿地所有者的身份参与煤窑股权投资,按照一定的比例参与煤窑的收益分配。地主的收入与煤炭的经营状况直接关联,这种收入分配与现代企业中的所有者入股分红类似,但其具体的分红规则各有不同。地主还有一种收入是煤窑里面的"衣煤""土沫",即煤场的浮煤和土煤,这对于地主来说也是一项可观的收益。

业主是煤窑的投资者和经营者,根据投资的多少来确定收益的分红比例。业主对煤窑的盈亏承担相应的责任,在煤窑经营不善时,业主利益受损,但地主收益不受其影响。在煤窑盈利时,业主要先扣除其成本,再将利润进行分红。

---

① (清)黎中辅纂修:道光《大同县志》卷9,《赋役》,清道光十年刻本,第471页。

煤窑需要设立一套简单的管理机制来维持正常的经营管理。民国以前，山西煤炭企业的管理相对而言较为粗放。由于当时专门靠在煤窑打工为生的人不多，煤窑工人的流动性也较大。在传统社会，煤窑主要是在冬季农闲时节经营，在此期间，农民的空闲时间较多；同时，由于天气较为寒冷，社会上对煤炭的需求量较大，这也决定了传统社会煤窑的管理不是十分的严格与规范。

山主即为煤窑所在地的地主，窑主是投资开煤窑的资本家。窑主首先要向山主租地，选好窑场之后，窑主再雇佣石匠开凿煤井，煤窑凿好之后，窑主并不直接从事经营生产，他只设立办事机构一处，称为"货房"。货房设立货房先生，货房先生负责煤窑的具体事务，主要稽核"人伙柜"负责经营煤窑的具体生产事宜的产销情况，按照比例收取煤窑的利润——"点子钱"。然后再雇用一个"把总"和少数几名杂工。把总负责井下安全设施，计划采煤巷道，带领工人整理煤窑内部的所有工程事务。

窑主把煤窑建好以后，人伙柜就向窑主领取掌子面，同时雇用工人，进行生产。一个煤窑，往往同时雇用几个人伙柜分别生产。煤炭工人的分工程度较高：刨根的工人主要负责巷道的挖掘与掏空煤层的底部；跑窑的工人主要负责清除刨根的工人刨出来的煤渣及其他杂物；搂炭的工人主要负责把已经掏空了的煤层下面留着的"马腿"砍掉，将煤放下来；界炭的工人主要负责把大块的煤分开；背炭的工人主要负责把分开的煤背上地面。在这些工人中，只有背炭的是临时工，其余的工人相对而言都是"人伙柜"雇用的长期工人。

(二) 煤窑的资本及运作

清代煤窑的经营方式包括：官窑、军窑、民窑 3 种。煤窑的类型包括：认采商投资经营，地主本人投资经营，几人共同投资合伙经营，地主与他人共同投资建窑，然后租赁给他人开采经营，以上四种经营方式统称为民窑；官窑，可分为由认采商认采和由官府直接经营；军窑，由军队直接开办，实际上也是官窑的一种。这一时期，山西的煤炭主要是作为商品进行交易，已孕育出了资本主义萌芽。

1. 煤炭开发的资本来源

民国以前，山西煤炭开发的资金主要来源于官僚、地主、乡绅、商人等社会中上层人士的投资，他们有的是独资，更多的是合股经营。有的地主开煤窑是为了给子孙后代留下一份家业。山西大同吴家窑大地主唐玉一个人就开了七个窑口。他的小儿子才出世，他就开了一个窑口放在那里。这个窑开得很好，下面的煤也很多，但是他不许别人开采，而是一定要等他的小儿子成年之后自行开采。

清代，开中法的实行造就了晋商崛起的第一桶金。之后，晋商南下福建武夷山，北至恰克图、莫斯科，开辟了万里茶路。龚自珍称清代的"山西号称海内最富"。晋商在积累了大量的商业资本之后，广泛地投资于煤炭产业。

清代的笔记小说《娱目醒心编》第三卷记载了明英宗在土木堡之变后，一个山西煤炭商人一次就贩运十几船煤炭去北京的故事。这十几船煤炭的本钱二万八千两，利润是十多万两。从中可见山西煤炭商人的资本之充裕，利润之丰厚。[①] 清代后期，山西票号商人崛起，他们在积累了大量资本之后，也将大量资本投资于煤炭行业。保晋公司的主要大股东渠本翘、刘笃敬和祁县乔家便是其中的代表者。

清光绪三十年（1904），山西近代工业的先驱者之一刘笃敬在太原西山创立了王封磺矿公司，后来又在冶裕投资开设了庆成窑和永春煤窑。另一商人韩父仁在樊永沟、山神湾、老窑上等地开凿了三孔煤窑。由此可见，商人是民国以前山西煤炭开发的主要资金来源。这从保晋公司的首任经理渠本翘的家庭背景中就可以看出来。

渠本翘（1862—1919），字楚南，是山西祁县著名的票号商，渠家是祁县的票号世家。渠本翘幼年是在舅舅家——山西祁县另一大票号商乔家长大。在"保矿运动"期间，渠本翘受到原任山西巡抚胡聘之的影响，积极投身于"保矿运动"。1906年2月9日，胡聘之带领渠本翘来到黄守渊家中，捐赠白银二十万两，用来解决保艾公司购买矿地所需之费用。而后，渠本翘又拿出一万多两白银交给张士林，以满足民众在平潭演出等活动中的燃眉之需。

因此，山西煤炭开发的资金来源，主要是资本雄厚的大商人以及少

---

① （清）草亭老人，汪原放校点：《娱目醒心编》卷3，《第二回》，上海古籍出版社1988年版，第35页。

量的官办资本，而民间融资，特别是农村融资，几乎可以忽略不计。从目前发现的史料来看，还没有这方面的翔实记录。

2. 煤炭企业的资本运作

清中期，开办一家中等规模的煤炭企业需要一千两白银作为本金。当时开办煤矿的技术不发达，所以没有太多机器设备，但还需要购买一些基本工具，例如绳套、锤、锲、锉、筐子等，矿井支撑还需要梢子、窑柱、权木等，购买这些工具至少需要二百两银子。另外，还需要支付工人工资，挖煤工人每天的工钱是二三十文钱。如果按照一个煤窑有45个挖煤工人计算，再加上二百多名拉煤工和账房先生、领班等，在挖出煤炭之前的几个月里至少需要九百两银子。

因为需要一次性投入巨额资金，清代用来开办煤窑的民间资本一般都是采用分股合伙的形式。地主以土地资本入股，窑主"出工本"入股，两者之中山主属于从属地位，窑主才是占据主导地位的大股东。同时窑主也是掌握煤窑管理权力的"业主"。这些民间企业家为了获得最大收益，纷纷寻求权势力量的庇护，即所谓"权力寻租"。在清朝法律、制度不完善的环境下，在合法保护下长久生产也是不容易实现的，由于"合法伤害权"的存在，民间资本普遍没有安全感。解决这一问题唯一的办法就是用金钱收买官府的权势人物，即把权力商品化，或以权力为资本，去参与商品交换和市场竞争，以便于权势人物谋取金钱和物质利益。所以权势人物也很乐意参与、介入民间煤炭经营，并为其提供相应的保护。

例如，清朝政权占领北京后，八旗权贵四处圈占土地，侵占煤窑，迫于压力，一些民间窑主不得不对其低头，委曲求全。后来清代执行采煤许可证制度，窑主往往只能斥重金向官吏行贿，以期获得采煤执照。在当时的集权社会背景下，不可能存在完善的法律和制度，尤其是在当时产权制度不明晰的社会环境下，经济纠纷往往会成为官府坐收渔翁之利的良机。

实际上，资本"增殖"的本性决定了企业不断壮大、垄断以及兼并都是不可避免的。乾隆年间的人口相比其他朝代有大幅度的增加，煤炭因其耐燃、价廉的特点被广泛使用，使民众对于煤炭的需求增强，民间煤炭产业也实现了持久的进步和发展。不仅民间煤窑的数量逐渐增多，而且民间煤窑的规模也逐渐扩大，资本运营集中的趋势越来越明显，因此出现了一些大型煤窑。但是，受制于传统自然经济模式和体制，这些古代企业存在一些与生俱来的缺陷。

关于山西煤炭企业的资本运作是否实现了近代化这一问题，我们进行了如下探讨。

随着近代金融思想在中国大范围的传播，金融机构在中国逐步渗透开办。为了更好地解决创办煤炭企业的资金问题，大部分煤炭企业采取民间募股这一股份制的融资形式。由于煤炭产业在创办前期需要先购买土地并进行地质勘探，还要建设厂房，购买相应的机器设备，为了方便运输，还需要铺设煤矿到火车站等转运点的轻便铁轨，并支付员工工资，这一系列过程都需要大量的资金。采用股份制的筹资方式能够在短时间筹集大量资金，在一定程度上缓解资金周转困难的问题，还能够有效降低投资者的风险。因此，投资者的身份有了一定的转变，从最初以传统商人为主逐渐转变为政府、官僚、地主、士绅等。

民国以前，山西煤炭开发的资本运作以官僚、地主、商人个人独资、合股这两种形式为主，以贫苦的农民上山采煤再自行运输、销售为辅。在一些交通不便的地区，煤炭产业发展缓慢的一个重要原因是融资渠道的缺乏。

3. 煤炭开发的资本特征

由于煤窑的开凿需要投入大量的资金，同时还具有一定的风险性，民国以前，山西煤炭开发的资本具有一定的股份制性质。有的煤窑建设周期比较长，投入的资金数额较大，在传统的技术条件下，还有许多不可知的、难以处理的意外情况发生。比如，开凿了一口煤窑，但是却见不着煤，或者是见着了煤，但是突然冒出一股水，把窑淹没了。这就是俗话所说的："水占灯不着，煤予后人留。"例如，保晋公司大同分公司在成立之初，在大同城西南58里处的黑沟开有矿井。保晋公司大同分公司在黑沟矿建设了2座竖坑，4座横坑，并在黑沟修建了供公司员工居住的房屋，安装了3节锅炉和抽水机。这3节锅炉主要是供水泵抽水之用。保晋公司以为抽完水之后，就能够在井底采煤，不料黑沟矿窑底水势太大，抽水机连续工作三年，耗费白银数十万两，却连一点煤也没有采出。当时，保晋公司大同分公司经理赵长庚（字星稀）曾自撰对联"抽水三年功不竟，花银十万罪当诛"以自责。保晋公司大同分公司的秦家山矿位于大同城西南边，距离大同75里。有坑6座，各深10余丈，出煤坑有2座，雇用的工人多达数百人。一开始每天出炭80余吨，后来，秦家山矿也因为井底涌水而停工。位于大同云岗西北约15华里处的北沟煤矿，在民国七年（1918）因为坑内涌水无法排出而被迫停业。吴家坨煤矿位于云岗村西边约15华里处，在十里河的南岸，一开始出煤颇旺，后因井下涌水太多，无法排出，被迫废弃。姜家湾煤矿位于云岗西边约12华里处，曾由大同县某氏开采，一开始出煤尚可，后因为坑内涌水逐渐增多，无法排出，被迫废弃。从中我们可以看出，开矿的风险是较大的。为了规避风险，同时也是为了募集到巨额的开矿资金，煤炭产业通常采用股份制的形式。有的时候，由于技术不过关，煤窑没有足够的通风能力，因而工人无法下井采煤，也会使全部投资前功尽弃。但是，煤窑一旦建成，利润是极其丰厚的。巨额的利润可以持续数十年乃至上百年。因此，一些地主、商人、官僚、乡绅对于投资煤窑颇感兴趣，有的还筹集资本，积极付诸实践。例如，保晋公司在创办之初，所集股份大多由山西票号商人筹集，各地分公司的经理也大多由票号商担任。

中 编

民国时期的商业化与山西煤炭产业工业化的互动

20世纪前三十年，山西煤炭产业得到了飞速发展，其中一个重要原因是煤炭需求的市场化趋势增强。尽管省内外传统家庭生活和手工业生产用煤仍占据主导地位，但近代化工商运输业用煤以及世界市场对煤炭的需求在民国时期增长稳定，这在客观上为山西煤炭企业扩大生产、销售提供了良好的外在环境。但对比其他产煤省份，作为产煤大省的山西在对市场煤炭需求的支撑上相对不足。本编以此为起点，在行文中从两个角度分析其内在原因。一方面，运输方式变化和运费的高低无疑是直接影响出口的重要因素，这将在本编第五章进行阐述。另一方面，从经济学意义上讲，供给结构影响供给量，并成为拉动需求的反作用力。本编第六章在系统梳理民国时期山西煤炭产业近代大机器生产方式与明清延续下来的传统煤窑生产方式并存的二元结构的同时，将从成本收益的角度讨论这种煤炭生产供给结构产生的原因。下编的煤炭产业资本运作和人力资源管理也是这种二元结构的重要组成部分。

第 四 章

煤炭需求的进一步变化

山西省的煤炭销售市场主要分为省内市场、省外市场和世界市场，我们将通过这三个市场具体分析民国时期煤炭需求的进一步变化及其对山西输出煤炭可能产生的影响和山西煤炭销售对市场需求变化的实际支持力度。其中省内需求具有稳定性、分散性和主导性，这是对省内传统家庭生活和手工业的煤炭需求状况进行对比分析后得出的结论。由于工矿交通业的发展而形成了广阔的全国煤炭消费市场，省外需求具有相对的竞争性。出口需求往往易受世界经济政治环境的影响，尤其近代中国长期作为西方资本主义国家的原料掠夺地和商品倾销市场。山西煤炭产业由于种种原因不得已较多地局限于省内狭小的市场空间，在省外形成了与其他煤矿在成本和价格方面的竞争，其在世界煤炭市场上的出口量更是占据很小的份额。

第一节 民国时期煤炭的省内需求分析

根据煤炭的利用性质可将其分为生产用煤和生活用煤。生活用煤在本地或邻近地区就能解决，其中取暖、做饭是煤炭生活用途的最大宗。生产用煤主要包括冶铁、烧砖、烧石灰、铸铁、烧陶瓷、炼焦、提炼煤炭副产品等。随着近代工业的发展，山西煤炭销售外省，故外地对山西煤炭也存在一定的需求。探讨煤炭这一资源对经济的作用，应该首先从工业对煤炭的需求入手。本篇研究发现，民国时期山西农村工业用煤的潜力已经消失，而现代工业又非常微弱，这限制了晋煤的省内需求。由于统计数据的缺乏，我们难以推测出一个准确数值，但从现有资料可以推断出晋煤内部需求的增长非常有限。正是因为山西省内的煤炭市场较小，才需要扩展省外市场。

一 传统家庭生活与农村手工业煤炭需求变化

民国时期我国各地的煤炭生产除供生活用煤以外，其主要目的是通过运输和销售获得生产利润，山西也不例外。但这一时期由于客观条件的制约，煤炭销售市场仍然备受限制。因此，当时山西省内用煤，应仍以人们生活用煤为主，这尤其表现在传统农村家庭生活和农业、手工业生产的煤炭需求方面。由于山西森林资源有限，因此煤炭是人们日常生活中的必需品。同时，这一时期煤炭在手工业方面也得到了更为广泛的应用，如冶铁、烧制石灰以及造酒和面粉制造等工业。

在山西，大多数家庭用煤来做饭和取暖，保德县"州地苦寒，食需炭火，就寝必热炕，赖有此耳"[①]，但是这种市场没有更大的发展希望。由于其一家、一户、一个生产单位的组织形式，传统农村家庭都市化程度很小，人口相对稳定，而且煤的普及程度已经达到相当高的水平，这使山西家庭用煤的推广变得相当有限。山西的家庭用煤大部分属于从小矿出产的廉价煤，而在本省大部分地区都有这种小矿。

灵石县"山岭重叠，产矿甚多，煤矿到处皆有"，具有代表性的主要有讲理村煤矿、龙池村煤矿、十村沟煤矿等，煤质极佳，销路极广。其中，龙池村煤矿规模比较大，所产煤炭甚为畅销，甚至供应到孝义县，但此矿井为竖井，需要轱辘才能输煤，比较消耗劳力。十沟村煤矿是灵石县煤炭需要的主要供给方，且其有较高的声誉，很多人家非此矿煤炭不用，妇孺和儿童都知道这里煤炭质量甚佳。两渡镇煤矿附近煤质产量甚巨，介休南乡亦仰于此，成块大煤皆销于平遥等处。[②] 从下列史料记载来看，这些小煤矿出产的煤炭，一方面行销地集中于邻近地域，特别是本地；另一方面主要供人们生活所需，其中的一半是被小规模的农村手工业所使用的。

沁源县"夏庄村，煤窑三处，供西川一带应用。李成村煤窑二处，质料颇佳，供上舍村附近铁炉之用。后沟村，煤窑五处，属村西窑沟七处，泰山

[①] （民国）《保德县·乡土志》第一章，《矿物》，转引自祁守华、钟晓钟编《中国地方志煤炭史料选辑》，煤炭工业出版社1990年版，第107页。

[②] （民国）《灵石县志》卷12，《矿产》，转引自祁守华、钟晓钟编《中国地方志煤炭史料选辑》，煤炭工业出版社1990年版，第85—86页。

沟四家，除供本地应用外，销售于平遥为多。王和村，煤窑四处，供红莲、军家沟等村应用。大栅村二处，古寨村一处，供王凤、贾郭等村应用。益泽沟，煤窑一处，虎限村属之铁水沟一处，王头村、黄段村各一处，王陶村，煤窑三处，供任家庄、窦壁附近二十里以内各村。白草村煤窑五处，除供本地应用外，沁县人多来此贩运。才子坪，煤窑三处，聪子岭、水峪村、伏贵村各两处，苏家庄三处，供给才子坪岭南、朱鹤岭北各村应用。沁县人在此贩运者颇多。雾头村，煤窑二处，质松无烟，为炼铁必需品，杭村二处，供附近各村应用。上舍村二处，一处供人燃烧，一处供炼铁。柏子镇，煤窑八处，有七尺、四尺、三尺之别，供东南乡应用。上兴居三处，下兴居二处，除供本村应用外，销于邻村及西南各乡、各村"①。此外，西北地区煤炭产量丰厚，但由于交通不便影响收益，"煤炭，产额颇多，西北一带，遍地皆是，煤质亦佳，惟因交通不便，不能运输代县境耳。"②

民国初年的乡宁县，巡警经费主要的来源就是煤厘，其次才是牲畜捐、船捐、串票捐等。"嗣是补巡警者，概由招募，土籍、客籍殆各半焉，其程度各不足，而习气差少。时局不宁，各有偏重，其势然也。为民牧者，当以时改之。饷项取自民间，大率以煤捐为主，煤捐者，因练勇之旧，煤厘既兴，此项应撤。前知县黄缙荣禀争之，准仍为巡警捐者也。其次为牲畜捐，为船捐，为串票捐，名目不一，多寡亦不等。"③由此可见，民国初年乡宁县的煤矿业是相当繁荣的，在乡宁县的县域经济中占有重要的地位。"煤为乡宁特产，晋、陕、豫三省皆依赖之。煤窑，西乡为巨，东乡次之，南乡又次之。西乡先有三大窑，一在寨沟，二在师家滩，其大百倍于东南乡，又与河近，销路畅而易，今废于水十余年矣。窑所出，以整者为炭，碎者为煤。煤用火炼之则成蓝炭，其价与炭等。窑分平巷窑、井窑两种，平巷窑中又分牛窑、人窑两种。"④从这段

---

① （民国）《沁源县志》卷2，《工商略》，转引自祁守华、钟晓钟编《中国地方志煤炭史料选辑》，煤炭工业出版社1990年版，第101—102页。
② （民国）《沁源县志》卷5，《物产表》，转引自祁守华、钟晓钟编《中国地方志煤炭史料选辑》，煤炭工业出版社1990年版，第102页。
③ （民国）《乡宁县志》卷7，《营制记》之《巡警》，国家图书馆藏，第160页。
④ （民国）《乡宁县志》卷7，《物产》，转引自祁守华、钟晓钟编《中国地方志煤炭史料选辑》，煤炭工业出版社1990年版，第125页。

记载我们可以看出，乡宁县由于有黄河水运之便利，其煤炭行销范围广至山西、陕西、河南三省。

合河"产煤之区仅浊河沟、斜沟等处，油质甚大，一经火化，即成白灰。惟各窑资本甚微，多以人力合办，仅敷附近数十里居民之用。东山一带多以柴为燃料，沿河一带则烧保德之煤……"① 翼城县"煤炭，为翼邑大宗出产，亦民生日用必需之品，近年行销浮山、曲沃、闻喜、绛县等处，颇形畅旺，故本地煤炭之价突高数倍，惜采用土法不用机器，往往为水所占，以致天然美利不能触地，可发一叹。平川煤炭燃料，旧皆取给于东南诸山，近年来物品昂贵，需要增加，平川人民对斯矿产亦甚为注意。本年北橄村民集资在该村南海子沟探采煤矿，果不多时而煤苗发现，且出炭甚旺，刻几行销邻村，颇称便利。再两河坂村东辽沟，相传煤炭亦旺，但为水淹没，村人无法开采。又曹村西沟南山根，近年被水冲出煤线，约有半尺高，五丈长，村人亦拟开采"。②

襄垣县"地处山陬，矿质颇厚，向以煤炭为大宗，旧日开采小煤窑不下五六十处，但纯用人力，起运艰难。近年来，欧风东渐，新知日启，若沟道坪、梁山沟、灰堖等处购置起重机，起运甚捷，煤炭亦复良好，销售临近各县，甚形畅旺。"③

"招贤一带多产煤、铁、粗瓷，惜开采多用土法，获利殊微，……煤矿则产于龙门塌、红岩、桑坪上、小塌则、孙家沟、石木沟等处。现共有……煤厂八处。又招贤东之大、小西局等沟均产煤，平头沟兼产铁矿……刘家庄、贺家湾等村，因与龙门塌接近，多有业煤业瓷之户；寺坡底、桑坪上、王家湾等村，因与冶铁厂接近，多借铸铁以谋生，樊包头、火山、平头、西局、磁窑沟等村，因接近煤厂，多以业煤为生，此其大较也。"④

---

① （民国）《合河政纪》第4章，《矿业》，转引自祁守华、钟晓钟编《中国地方志煤炭史料选辑》，煤炭工业出版社1990年版，第121页。

② （民国）《翼城县志》卷8，《物产》，转引自祁守华、钟晓钟编《中国地方志煤炭史料选辑》，煤炭工业出版社1990年版，第123—124页。

③ （民国）《襄垣县志》卷2，《物产略》，转引自祁守华、钟晓钟编《中国地方志煤炭史料选辑》，煤炭工业出版社1990年版，第103页。

④ （民国）《临县志》卷7，《普物产·工业纪略》，转引自祁守华、钟晓钟编《中国地方志煤炭史料选辑》，煤炭工业出版社1990年版，第119—120页。

蒂姆·赖特认为:"把所有农村用煤完全归结为家庭消费是不正确的,事实上至少其中的一半是被小规模的农村工业所使用。"① 山西农村用煤的情况正是如此,由于山西煤炭使用历史悠久,因此煤炭利用情况除生活用煤以外,农村工业也是很重要的一部分。山西煤铁资源丰富,煤铁资源的分布也较为一致,因此山西农村铁矿业也很发达。山西的铁矿主要分布点有五个,分别是平、盂铁矿,太原西山铁矿,隰县铁矿,临县铁矿以及高、长铁矿。

平、盂铁矿主要是平定、昔阳以及和顺一带,三个地区在1919年之前铁矿数量分别为14家、6家和3家。太原西山铁矿主要分布在王村镇、河口镇和晋源镇以及交城县狮子河一带,仅王村镇和河口镇就有铁矿21家。隰县铁矿业发达,包括乡宁和闻喜,铁矿窑数量有44家。临县铁矿业主要分布于招贤沟,有铁厂数量17家。高、长铁矿主要是高平、长治以及阳城晋城,这一带以生产铁制工具闻名。②

工矿业煤炭消费占山西煤炭消费总量的50%左右。但在第一次世界大战结束以后到抗战前,山西地区的手工冶铁业不断没落,产量在逐年减少。据当时官方的记载,到20世纪30年代左右土法冶炼生铁的产量减少了近一半。

山西煤炭的省内需求不足的直接原因是山西地区收入水平低,购买力弱。山西一带自然条件不稳定因素多,经常发生灾荒,农业收入不稳定,因此没有多余的财富用于商品消费,这一地区商品市场经济的发展

表4—1　　　　1929—1931年山西与全国土法冶炼生铁产量　　　　单位:吨

年份	山西省	全国
1929	65847	135368
1930	59892	122226
1931	62330	126130

资料来源:1933年《中国经济年鉴》中册(K),第316—317页。

---

① 蒂姆·赖特:《中国经济和社会中的煤矿业》,丁长清译,东方出版社1991年版,第99页。
② 乔志强:《山西制铁史》,山西人民出版社1978年版,第39—41页。

就会在一定程度上受到限制，煤炭的销售自然也受到了影响。尤其这一时期晋商在社会变革中备受打击，曾经富甲一方的商业巨贾纷纷破产："太谷城中商务繁盛，为三晋之巨擘，业经多年，不料辛亥变乱以来，巨商大贾在外省经营亏折太甚，因将老号拖累不堪，多行倒闭，致令商人纷纷失业，坐困于家，此其太谷商号去其大半，富家亦皆成贫户也。"①

明清时期，山西商人进行商品的长途贩运贸易，积累了一定的财富，后期，晋商票号在一定时期内成为中国金融业的主要力量，山西商人将商品贸易中获得的财富运回山西修筑宅院。山西商人的成功不仅造就了一部分大商人的富甲一方，而且还带动了整个山西晋中地区的繁荣，因此，明清时期山西人多以从商为职业目标。但到民国时期，政治环境发生变动，经济环境动荡，商业发展不稳定，很多商人由于投资失利而纷纷破产，因此导致人们的购买力直线下降。调查研究显示，1930年山西商业营业额较世界经济危机之前下降37%，1931年下降42%，1932年下降46%，由此可见山西商业危机之一斑。在这种情况下，即使是农村稍微富裕的家庭在冬季也用不起煤了，刘大鹏在1936年曾抱怨说："寒冷之气逼人太甚，家贫少煤、火莫能旺，故夜寝亦不得酣。"②

后期由于战乱因素导致社会政局动荡，不仅商人破产，商业无法经营，而且，大量农民也受到了严重影响。③ 山西农村的破产进一步导致了农村市场的萧条。由于列强大肆倾销农产品，加上连年天灾人祸，山西的农村经济萎缩，百姓衣食无着，只好借债度日，有的甚至卖儿鬻女。有关资料表明，民国十八年（1929）至21年（1932）期间，山西饿死者120万人，受饿者400万人。④ 这对当时只有一千二三百万人口的山西来说，饿死人数占山西总人口的近1/3，人们的生存成为一种问题，煤炭市场自然也濒临停滞。

民国时期，山西百姓购买力水平低的另一个原因是货币贬值。民国

---

① 刘大鹏著，乔志强标注：《退想斋日记》，山西人民出版社1990年版，第207页。
② 同上书，第500页。
③ 同上书，第290页。
④ 陆定一：《两个政权——两个组成》，《斗争》第72期，1934年9月23日，第11—19页。

政局的动荡还引起了货币市场的混乱,这一时期制钱贬值,银钱兑换比率持续升高,部分地区由最初银圆兑制钱1∶1000的比值升为1∶2000,甚至出现1∶7500。① 由于百姓平时市场交易主要依靠制钱来进行结算,因此制钱的贬值直接造成百姓财富的缩水,严重影响了百姓的货币购买力。票号在其繁荣时期还发挥了一部分货币的职能,出现过票号兑换制钱的情况。等到民国时期票号破产以后,持有票号票据的人自然受到了损失。1918年以后,阎锡山相继成立山西铜元局和山西省银行,为了筹措军费阎锡山借两家银行大量印刷纸币,造成晋钞贬值,百姓的个人财富再一次缩水。1931年太原纸币和银圆的比值由最初的1∶1贬值为2.5∶1,"城中各商,获利尚多,而未知其皆空也。所获之利不见一文银圆,皆是纸币,现已告荒,二元半纸币乃顶一元现洋,将来尚不知何如耳。"② 购买力水平的降低,直接影响到了煤炭的销售,煤窑主多获收益也随之减少,这对于煤炭市场和煤窑投资都是不小的打击。

二　山西工商业与交通运输业煤炭需求的变化

民国时期山西煤炭市场由于百姓购买力不足而导致销路受阻,市场难以扩大。除此之外,煤炭在近代工业中的发展也不尽如人意。虽然随着新型工业、交通运输业的出现及其资本增长积累,再加上省政府对工业建设的规划和引导而扩大了煤炭需求,但也并不理想。

辛亥革命以后,阎锡山掌握了山西政权。上任伊始他就把发展军事工业作为维持政权的重要支柱,因而山西近代机械工业也就随之而发生了变化:在1914年到1930年的十余年里,山西机器局连续进行了几次大的改组,有了很大的发展。这段时间是近代机械工业发展的黄金时期,由于阎锡山势力范围的扩大,机械工业为军事服务的目的性更为强烈,工厂不断积累资金,变更组织,改革制度,增添设备,经济效益大大增强。除阎锡山官办的机械工业外,当时山西省内还有不少独资或合资的私人机械工厂,比如说太原市就有义聚、万成、义成三个小厂,设备有旋床、刨床、钻床、三马力电动机等,全年总产值可达4600银圆。但是

---

① 刘大鹏著,乔志强标注:《退想斋日记》,山西人民出版社1990年版,第342页。
② 同上书,第421页。

不难看出，民族资本创办的机械工业无论是在规模上，还是在资金上都无法与阎锡山的官僚机械工业相提并论。

电力在山西的使用使山西近代工业明显区别于传统工业。1909年，汾城（今襄汾县）人刘笃敬在太原建起太原电灯公司，主要供城内照明用电。① 太原的另一电厂是1920年阎锡山创办的西北电器厂，是为组织工人实习工艺所创建的。上述两个电厂发展较快，受其影响，山西全省的电力工业都有了一定的发展：1924年榆次魏榆电气厂股份有限公司成立、大同义记电灯股份有限公司成立、1923年太谷同记电灯有限公司创办。

山西其他类型的近代工业在这一时期也有所发展：面粉业是随着电气工业发展起来的，先后成立了晋丰面粉公司、大同面粉公司、平遥晋生面粉厂和晋益面粉公司；纺织业是当时民族资本投资规模最大的工业项目，建设了一批颇有名气的企业，产品除供应山西外，还销往陕西、甘肃、宁夏、绥远等省；造纸业、印刷业也有了一定的发展。

山西铁矿资源丰富，而且煤炭是生产铁矿的必要原料之一，因此民国山西铁矿业的发展应当是煤炭产业发展的一大机遇，煤炭产业所依赖的工业用煤市场应当表现在各地的冶铁用煤。但当时的山西近代化冶铁业相较于手工冶铁业来说并不发达，且分布零散。近代冶金业开创较早的是1905年刘笃敬在阳曲县开办的王封山磺矿公司②，之后又相继出现了一些冶铁厂，比如说阳泉保晋铁厂和育才炼钢厂，前者在日本大阪三洋炼铁厂买回日产20吨炼铁炉一座，并附有热风炉三座，设备相对而言较为先进。后者由德国礼和洋行提供电炉炼钢设备。此外，山西还陆续出现了一些小规模的私营铁厂，如万顺铁厂，当时其生产设备仅有两个10公斤的化铁炉，一只木风箱，两个捣焦炭的铁兑臼。总的来说，大多数铁厂的性质兼有机械工业和冶金工业生产的特点。

保晋公司也经营铁矿业，同时保晋煤矿公司为其提供生产燃料，文献中也有记载："至于用为炼铁燃料之焦炭，则系该厂自炼，年用量一万

---

① 陈真、姚洛编：《中国近代工业史资料》第一辑，三联书店1957年版，第22页。
② 阎文彬：《山西工业发展概述》，山西省地方志编纂委员会1983年版，第8页。

吨，价值十万元。"① 但保晋公司产铁数量在山西所产总量中并未占很大比例，以 1931 年为例，保晋公司产铁 5212.751 吨，然而山西产铁总量近 26 万吨，仅占 2%，可见其对于煤炭的消费带动作用甚微。②

直到 30 年代阎锡山实施《山西省政十年建设计划案》时，这种需求才表现得明显起来。这一计划非常宏伟，阎锡山计划实现"村村有机器，无村不工厂"。③ 为了工业用煤，这一时期成立了太石铁路管理所，并在崞县（今原平县）轩岗镇打钻勘探，成立"西北煤矿第二厂"，并将原有的"太原西北石家庄煤矿"改为"西北煤矿第一厂"，同时，又筹备开采灵石富家滩和南关煤矿，定名为"西北煤矿第三厂"，并在太原东山打钻开采煤矿，定为"西北煤矿第四厂"。

铁路通行后，煤炭的销售对象也有所改变：铁路通行前，煤炭主要用于生火、做饭等家庭用煤和冶铁等工业用煤；在铁路开通以后，铁路用煤成为煤炭的主要用途之一。铁路对于煤炭需求巨大；"几占机车用款 70%，占运务费 50%，占营业用款总数 10%。"④ 铁路的开发一方面方便了煤炭的外运，扩大了煤炭的销售市场和产品辐射范围；另一方面铁路的运行需要消耗大量的煤炭："在大部分时期里，铁路用煤相当于近代煤矿产出的大约 10%。"⑤ 因此，为了减少燃料运输成本，铁路修建也会靠近煤产地，二者相辅相成、相互作用而共同发展。

大同烟煤是平绥铁路用煤的主要来源之一，每年消耗煤炭 158000 吨，正太铁路消耗煤炭总量达到 36465 吨。⑥ 可见，大同煤炭的主要用途之一是铁路运输。1933 年大同煤炭销售总量近 30 万吨，其中，铁路用煤量就

---

① 实业部国际贸易局：《中国实业志：山西省》，实业部国际贸易局 1937 年版，第 36（戊）页。

② 同上书，第 37（戊）页。

③ 3 年后完成 300 部面粉机；5 年后完成布机 500 台和 20 万锭纱机。3 年后完成煤产 910 万吨，供全省自用，完成洋灰 300 万桶；5 年后完成生铁 50 万吨，钢材 20 万吨。景占魁：《阎锡山与西北实业公司》，山西经济出版社 1991 年版，第 57 页。

④ 《铁路与矿业之关系——前实业部矿政司长胡博渊在铁展演讲》，《大公报》1934 年 5 月 31 日，第 4 版。

⑤ 洪瑞涛、潘起陆：《我国铁路煤炭运输研究报告》第一册，见朱荫贵、戴鞍钢《近代中国：经济与社会研究》，复旦大学出版社 2006 年版，第 634 页。

⑥ 侯德封编：《中国矿业纪要》第 3 次，地质调查所 1929 年版，第 112 页。

将近一半。① 正太铁路用煤大部分为井陉煤，这是因为阳泉多产无烟煤，适合家用，而寿阳分厂所产煤矿为半烟煤，燃烧发热量大而且产灰量小，因此正太铁路经常使用该厂所产煤炭②。同蒲铁路用煤来自西北煤矿第一厂与晋南地区的煤矿，同蒲铁路沿线企业对煤的需求也刺激了煤炭消费量的增长。③ 另外，近代煤矿使用新兴机器进行生产，本身用煤量也颇大，1933年，保晋公司锅炉用煤共计6279.46吨，建昌公司每年锅炉用煤共计6937.7吨。④

通过分析上述材料，我们发现山西省内的近代工业对于煤炭的需求和使用主要集中在20世纪30年代。但在民国初期，山西近代工业发展尚为薄弱，对于煤炭的销售和使用的贡献甚微。山西煤炭资源丰富，只有向外开拓市场，才能实现煤炭资源的充分利用。

第二节　民国时期煤炭的省外需求分析

民国时期全国工业发达地区对煤炭的需求量出现了较大幅度的增长。从全国行业的煤炭需求结构分析，虽然家庭生活消费仍然占据绝对比重，但是工矿业及交通运输业用煤比例从民国初年到30年代逐渐上升，反映出现代工业（包括交通运输业）作为最重要的国内需求的确促进了煤炭行业的销售。从全国地区的煤炭需求结构分析，沿海地区工业集中，但煤炭储量少，现代工业对外省煤炭需求的增长主要来自沿海。工业较为发达的华北和以重型工业为主的东北，属于富煤地区，甚至有充足的余煤用于销售。基于以上分析，山西煤炭的省外需求旺盛，具有广阔的市场空间。但是，由于山西本地工矿企业发展不充分，对于煤炭的需求还不高，因此山西煤炭产量受到了限制——在抗战之前山西煤炭产量不足全国产量的1/10。除阳泉煤销售外省以外，山西全省大部分煤炭都是本

---

① 日本东洋情况研究会编：《华北通览》，1937年版，见侯振彤译编《山西历史辑览：1909—1943》，山西省地方志编纂委员会办公室1987年版，第156—157页。
② 胡荣铨：《中国煤矿》，商务印书馆1935年版，第207页。
③ 汾西矿务局矿史编写委员会编：《汾西煤矿史》，1962年铅印本，第18页。
④ 《正太铁路沿线暨山西中部煤矿调查报告》，中国第二历史档案馆藏，档号：28—10652，1936年，第260—298页。

省自用。

一 省外行业需求结构分析

民国时期煤炭行业的需求处于转型期，比如，山西本省煤炭需求主要来自家庭生产生活，就总体而言，全国煤炭消费也以家用为主，与西方国家相比，两者存在较大的差异。比较20世纪30年代中西方人均煤炭销售量可以发现，这一时期中国煤炭销售存在两个问题：首先是中国人均煤炭销售量太低，全国全年产煤2700万吨，人均消费0.055吨，与西方国家，尤其是美国这一时期的人均煤炭消费量存在较大的差距，美国这一时期人均消费煤炭量达到10吨以上；第二个问题主要表现在中国煤炭消费结构不合理。中国煤炭消费总量中占主导地位的是生活用煤，占到总量的43.3%，其次是工业用煤，占比32.6%；而美国这一时期工业用煤就占53.3%，生活用煤仅占10.3%。中国的生活用煤所占比例过于庞大，与美国相比，在交通运输业上煤炭使用的差距是最大的。可见，这一不合理的消费结构，影响着中国近代工矿业和近代交通运输业的发展，中国的煤炭资源对于其实体经济的发展尚未实现其最大的贡献率，煤炭资源的利用效率还远远不足。

虽然如此，随着二三十年代中国工业的迅速发展，工商运输等产业用煤的绝对数量及所占比例增长很快。在对1933年中国（不包括沦陷的关内地区）的销煤用途统计中（见图4—1），家用煤炭占比接近50%。处于第二位的是新式工业用煤，这是因为在20世纪30年代，政府制定了十年建设规划，中国的民族工业进入稳定发展时期，对原料，尤其是发展近代化机械工业必不可少的煤炭需求量增长迅速。这也可以从图4—2显示的1915年、1923年、1933年全国煤炭用途的动态变化中看出。从民国初年到20世纪30年代，传统的农村家庭和手工业用煤虽然始终占据主导地位，但其占比从接近45%下降到约30%。因为要从工业用煤需求分析煤炭产业发展对中国近代工业化发展的潜在支持作用，我们将都市商业和家庭的煤炭需求归入家庭用煤，即便如此，其在1933年占比也不超过50%。而工业用煤量的增长较为明显，在1933年超过20%，由于考虑

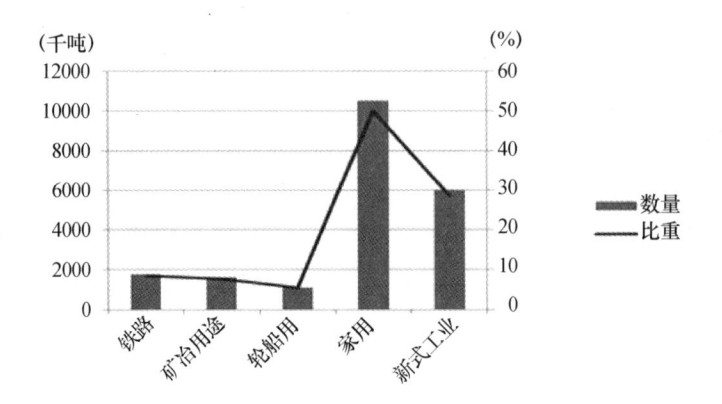

图 4—1 中国本部销煤用途（1933 年）

注："家用"包括商家及乡间小工艺在内。

资料来源：侯德封：《中国矿业纪要》第5次，地质调查所1935年版，第114—115页。

到出口占据一定份额，工业用煤占比应该更大，或许接近于1934年的30%。另外，铁路、轮船、矿冶业也是近代中国发展起来的新兴制造、交通运输业，在1915—1934年三者的煤炭需求量也有一定的增长。

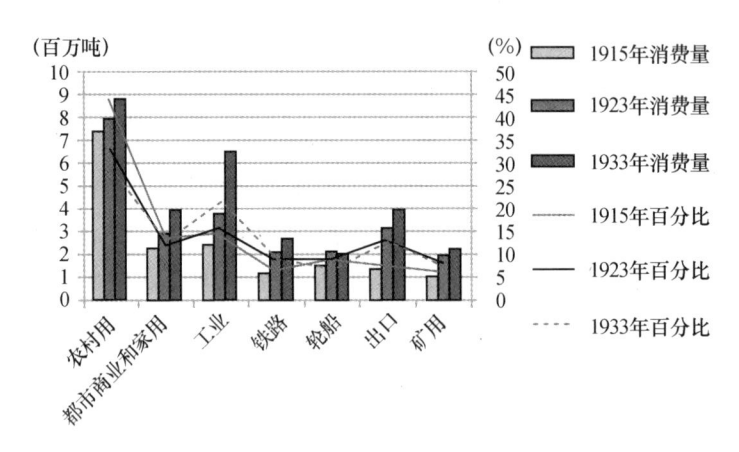

图 4—2 1915 年、1923 年、1933 年全国用煤估计（按部门）

资料来源：蒂姆·赖特：《中国近代煤矿工业的增长：1896—1936年供给和需求的一个分析》，近代中国（1981年7月），第333页。

另外，从蒂姆·赖特的统计中我们发现，家庭煤炭需求也存在结构性差异，这集中体现在农村和近代化都市在不同的工业化发展水平影响下的煤炭需求差异和变化。有学者将全国40个城市归类化，分别进行估算，最后推算出全国用煤量。[①] 城市消费量占全国消费量的49.2%，而统计中的城市人口数量仅占全国人口数量的2.1%[②]，可见城市煤炭消费是全国煤炭消费的主要力量。

从晚清到民国时期，煤炭的开采和需求都在不断增加，其主要用途可以归为三类，即生活用煤、工业用煤和出口煤炭。随着用煤工业的发展，工业对煤的需求增加了，但与此同时，技术的进步节约了用煤，进口煤的替代和与其他燃料的竞争也影响了煤炭需求的水平和趋势。家庭对煤炭的需求会随着中国人口的增长而增加，会随着收入的水平而提高或降低，还会随着替代燃料的价格和可用性而有较大程度的变动，但都市化是其中最重要的因素。最后，直接决定出口煤炭数量的（几乎全部是输往日本）是中国煤炭在海外市场的相对价格。在这个时期，中国煤炭供给弹性大意味着日本煤炭资源的数量有限、品质不佳和日本机器制造和冶金工业强有力的发展决定了中国出口的煤的水平。

只有极少的几年，增长的工业活动，扩大的都市人口率或煤炭海外市场的增长没有在既定价格下增加对煤炭的需求。现代工业（包括交通运输业）作为最重要的国内煤炭需求来源在总消费中的比率不断增加。即使是在清末这种比率还是很低的时候，现代工业和交通运输业与现代煤炭产业的特殊的后向联系也表明这个因素的关键作用。从各个行业具体使用的煤炭供给方来看，由于主要的煤窑消耗，即生活用煤，多为小单位个体使用，因此煤炭供给方多为当地小型煤炭生产者，因此相关记载较为稀缺。所以，我们重点论述近代工商及交通运输业对煤炭需求的变化，而将出口放在下一节讨论。

生活用煤与煤矿的产地有直接的关系，一般情况下煤炭消费遵循就

---

① 谢家荣：《第二次中国矿业纪要》，地质调查所1926年版，第89页。有些城市（主要是省会）包括四乡人口，因而销煤率酌减。（北京的人均用煤率为0.677。凡华北省会与其他重要城市，按照这一标准估计用煤量。重大商埠及工业发达之地区，则参照上海用煤率1.3进行估计。南方沿海及沿江一带，虽然工业较发达，但居民燃料以薪炭为主，所以人均用煤率按照0.5或0.55计算。按照这一方法估计，全国40个大城市及省会城市年销煤量约为11933454吨）

② 姜涛：《中国近代人口史》，浙江人民出版社1993年版，第88页。

近原则，由距离较近的煤矿进行供给，无须远距离进行运输和销售。而工业用煤则不同，工业发展的选址需要综合考虑各种因素，距离煤炭产地较近是其考虑的因素之一，但不是决定性因素，因此企业就需要对其进行具体的分析。另外，近代轮船业、铁路业的发展都需要大量的煤炭作为其工业原料和燃料，这些行业的兴起对于煤炭产业的发展产生了很大的影响。

轮船用煤需求主要体现在地域差异上。东部沿海地区轮船业发达，这一带也是煤炭需求量较大的区域，尤其是经济发展程度较高的上海。根据记载，1933年消耗煤炭最多的三个地区分别是江苏、山东和湖北。[①] 当时上海属于江苏省管辖范围，仅上海就消费煤炭70多万吨，占江苏省煤炭消费总量的88.6%。而山东省之所以煤炭需求巨大，主要源于青岛和烟台两个城市海运业发达。湖北地处长江沿岸，其煤炭消费量也可见一斑，但仍不及港口城市。湖北武汉当时属于经济发展水平较高的城市，因此其城市煤炭消费量与全国其他城市相比，仍处于前列。

从世界范围来看，20世纪20年代，世界主要的船队开始改用石油为燃料以代替煤炭。到30年代中期，事实上由于轮船改用石油作动力，对燃料煤的需求减少了20%。从20世纪初开始，轮船用煤已经不是中国煤炭需求的主要部分了，到20世纪20年代中期在中国售卖的轮船用煤大约200万吨，直到30年代中期仍维持在相同的水平上，那相当于占现代煤矿总市场销量的大约7%。在西方这一替代的过程还要更早，但在中国，直到1937年，虽然轮船燃料煤的需求开始降低，但整个工业一直主要依靠煤炭作为燃料。

一般来说，铁路用煤的数量随着总的运输量的增长而增长。表4—2上列出了1915—1936年的数字，这些数字显示出铁路运输量的持续增长，尽管在20世纪20年代末和30年代早期比其他时期增长慢得多。表4—2表明，到20世纪30年代，火车机车需要大约230万吨煤，在第二次世界大战前，铁路运输继续恢复，总消费量增至每年300万吨以上。

---

① 南京中国第二历史档案馆藏民国政府资源委员会档案，全宗号二八，案卷号417。

表 4—2　　　　　　　铁路运输量的增长和机车用煤

年份	平均每年客运量（10 亿人/千米）	平均每年货运量（10 亿吨/千米）	平均每年机车用煤（千吨）
1915—1919	3.44	6.97	1176
1920—1924	4.94	9.75	1707
1925—1929	5.54	10.72	1910
1930—1934	5.84	12.78	2291
1935—1936	7.42	17.79	3511

资料来源：蒂姆·赖特：《中国经济和社会中的煤矿业》，丁长清译，东方出版社 1991 年版，第 74 页。

另外，铁路的开通也为沿线周边城市工业的发展提供了便利条件，同时也为煤炭的销售开拓了市场。

中国工业发展的一般特征可以从煤的消费结构中得到反映，即重工业和冶金工业相对说来是不重要的，轻工业特别是纺织工业，是比较发达的。除冶金工业外，生产资料工业中只有水泥业需要大量的煤，在 1912 年时水泥工业用煤大约是 5 万吨，而在 1936 年大约是 40 万吨。

除东北外在中国其他地区，一般制造工业，特别是纺织工业对煤炭的需要比在其他国家纺织工业对煤的需要更大。在 20 世纪初，棉纱厂直接用煤大约 30 万吨，在 20 世纪 30 年代为 100 万吨。在 20 世纪丝厂用煤几乎像棉纱厂一样多，但当时世界丝市场的严重衰退对其产生影响，其需求在 30 年代停滞，即便如此，由于在 30 年代上海所有的丝厂都是用煤供给热水、动力和发电照明，因此，丝厂经营的高峰对上海煤炭市场有重要的影响。

公共事业发电是中国煤炭需求量迅速增加的主要原因。中国电力生产从 1912 年的 4300 万千瓦增长到 1936 年的 25000 亿千瓦，每年增长 17.5%。在 1932 年至 1936 年，全国 92% 的发电量是煤炭提供的，1912—1936 年，这个比例有轻微增加。发电的用煤量大大增加了：发电需要的煤从 1912 年的大约 10 万吨增加到 1936 年的 300 万吨。上海电力公司（1929 年前河边电站是由上海工部局经营的）是中国最大的、独一无二的煤炭购买者：在 20 世纪 30 年代中期，这个公司每年用煤 60 万吨。

由于产业结构的不同，东北地区表现出不同的情况。不同于中国大部分地区冶金工业由于自身扩张能力不足而不能带动煤炭需求，东北地区的冶金工业尽管开始较晚，但在整个时期内产量增长很快，在20世纪20年代生铁的产量超过了中国其他地区，而且差距逐步扩大。产量主要来自两家公司：本溪湖煤铁公司在经营煤矿4年以后，在1915年成立了铁厂，满铁于1919年开办了鞍山铁厂，在1933年成立了昭和钢厂，作为独立的公司。作为钢铁制造在东北强大发展的一个结果，钢铁制造业使用了1933年在东北售煤的13%，1936年为售煤的17%。它占了20世纪20年代早期工业用煤的20%—30%、20世纪20年代末期工业用煤的30%—40%。这两个铁厂是由东北最大的煤生产者经营的，煤、铁这两种工业形成了日本发展这一地区的工业基础计划的一个主要部分。在煤炭工业发展历史上，这个地方的冶铁业的地位比中国其余地方高得多。

在除东北地区以外的中国其他地区其他制造工业用煤量基本与纺织工业用煤量持平，但在东北是大不一样的。在东北纺织工业的地位很低，例如1933年，在许多工业项目中，如酿酒、榨油、造砖、工程、玻璃、煤气和武器等所需要的煤都比棉纱厂多。

二　省外地域需求差异分析

中国经济地理的布局决定了山西煤炭对外部市场的依赖，特别是对中国东部沿海市场的依赖。因为中国的近代化过程是先沿海后内陆的，工业主要集中在沿海地区。现代工业对煤炭需求的增长主要来自沿海，这一现象在近代中国表现得非常明显。

首先论述大区的煤炭需求总体情况。我国煤炭消费，按照《中国矿业纪要》第5次的划分，可分为西北区（陕甘晋绥宁）、西南区（川滇黔桂鄂）、东南区（温州、福州、厦门、潮汕、广东中部及闽粤赣边境）、中部区（除上面范围之外的地区）四个大区。本书根据研究区域的特征和煤炭使用的情况，将全国划分为七个区域，分别是：东北区（辽宁、吉林、黑龙江）、华北区、西北区（内蒙古、陕西、甘肃、青海、新疆）、华中区（湖南、湖北）、华东区（上海、江苏、安徽、浙江）、华南区（福建、广东、台湾、香港、澳门、海南）及西南区（四川、重庆、广西、云南、贵州、西藏）（按照现在的行政区划，将京、津、晋、冀、鲁、豫划为华北区）。

由于运输条件的限制，山西煤炭的主要销售区域集中在华北、华东、华中以及华南四个区域。其中虽然部分区域地理位置距离山西相对遥远，但其经济发展程度较高，因而交通条件便利，成为煤炭消费的主要地区，如上海、武汉和广州，因此本书主要分析这些区域的煤炭消费情况。

从图4—3可以看出，1930年作为北方地区的东三省和晋、冀、鲁、豫煤炭的产量远大于消费量，虽然北方地区，尤其是东北地区重工业发展较快，煤炭消费量大，但作为富煤地区，其煤炭供应相对充足。而南方地区尤其是东南沿海的省市纺织业等轻工业比较兴盛，同样需要有充足的煤炭供应。但其本地煤炭储量小，不足以提供有效的支撑，煤炭产量和需求量在地域上的不匹配，为调剂余缺和煤炭贸易市场的开拓提供了客观的基础。

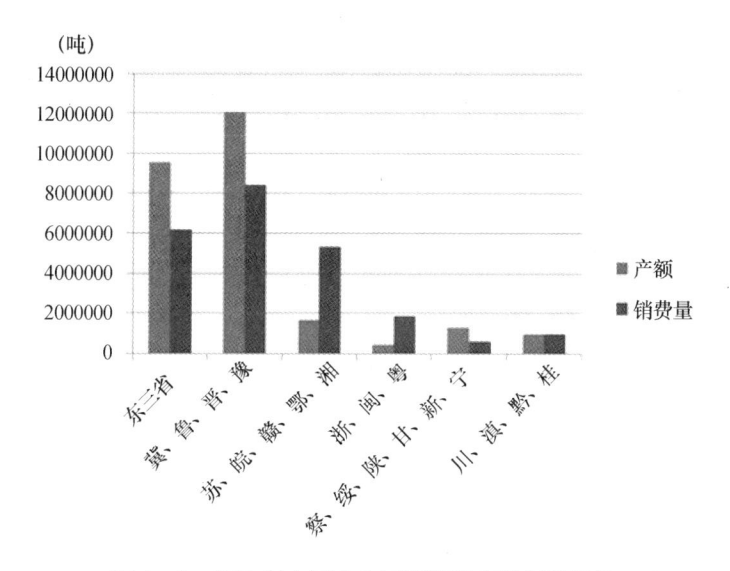

图4—3　1930年全国六大区域煤炭产量与消费量

资料来源：侯德封编：《中国矿业纪要》第4次，地质调查所1932年版，第91—92页。

19世纪末20世纪初，我国东部沿海地区近代工业开始逐渐发展起来，由于当地资源储备不足，缺乏必要的能源，因此山西煤炭在这一时期成为其主要能源供给方，山西煤炭产业也在这一时期得到了长足的发展。如表4—3所示，1933年煤炭消费最大的区域是华北地区，其次则为长江中下游一带，可见近代工业和航运业的兴起对于煤炭产业发展的重要意义。

表4—3　　　　　全国六区1930年及1933年煤炭消费情况

	人均消费量（吨）		消费总量（万吨）	
	1930年	1933年	1930年	1933年
东北四省	0.23	0.26	650.97	700
冀鲁晋豫	0.08	0.08	841.52	937.74
苏皖赣鄂湘	0.04	0.04	533.77	745.73
浙闽粤	0.03	0.02	185.62	116.57
察绥陕甘新宁	0.02	0.01	55.94	58.71
川滇黔桂	0.01	0.01	99.09	96.16

资料来源：侯德封编：《中国矿业纪要》第5次，地质调查所1935年版，第115页。

华北地区煤炭消费量大的主要原因是其距离煤炭产地近，生活用煤是其煤炭消费的重要一部分，因此华北地区用煤又具有季节性的特点，即冬季用煤量高于其他季节。除此之外，华北地区矿业发达，很多地区利用煤炭来冶炼焦炭，由于技术条件的限制，当时炼焦消费煤炭量巨大，冶炼1吨焦炭需要10吨煤炭。据记载，1934年华北地区炼焦100024吨[①]，可见其对于煤炭消费之大。

长江流域是山西煤炭远距离运销的主要区域，这一区域煤炭主要用于近代工业的发展。长江流域是我国近代工业发展最为迅速以及经济发展程度最高的地区，因此需要大量的煤炭，尤其是上海和江苏一带。根据调查记载，江苏省1935年工业用煤401832吨，而工业用煤量居第二的山东地区较其相去甚远。长江中下游地区煤炭消费总量达到150多万吨，而华北地区这一时期不足100万吨。可见，铁路事业的发展为山西煤炭的销售提供了更为广阔的市场，同时为南方地区近代工业的发展提供了能源。

---

① 资源委员会档案，全宗号二八（2），案卷号90。

表 4—4　　　　　　　　中国本部销煤用途（1934 年）

用途	数量（千吨）	所占比例（%）
生活用煤	10500	50.0
新工业用煤	6000	28.6
铁路用煤	1750	8.4
冶矿用煤	1595	7.6
轮船用煤	1100	5.4
煤窑消耗总量	20945	100

资料来源：侯德封编：《中国矿业纪要》第 5 次，地质调查所 1935 年版，第 114—115 页。

尽管华北与东南沿海、沿江地带对煤炭的需求量都很大，但用煤结构是不同的。东南沿海以及长江流域的用煤结构已转向工业用煤为主，华北地区则仍以生活用煤为主。供应南方城市的煤炭主要来自华北东部沿海及平汉路沿线的煤矿，西部运价较高的煤矿到达南方城市的煤炭相对较少，华北内部则为就近供应。上海、武汉可为长江流域的代表。据 1934 年的武汉煤业调查月报表，武汉煤炭消费主要用于大工厂、轮船与兵舰，其中大工厂主要有电厂、纱厂、兵工厂、炼铁厂、香烟厂、面粉厂、油厂、蛋厂、漆厂、砖厂、砖茶厂、酒厂等；广州是华南最重要的城市，尽管消费的华北煤炭较少，但呈现上升趋势，其消费也以工业燃料为主；天津自近代以来就是华北工业发展的典型代表，是华北地区煤炭消费大户；北京以日常燃料为主，可以作为华北煤炭消费结构的代表。

另外值得一提的是东北地区。以 1934 年为例，东北地区在这时已沦为日本占领区，成为日本海外殖民地中的原料产地和重化工基地，其近代工业用煤远高于中国大部分其他地区，但东北自晚清开放以来，一直作为北方重要的重工业以及铁路等基础建设的承载者，可以估计其用煤数量至少与沿海等开埠地区消费量不相上下，在铁路、矿冶等行业用煤比例接近 50%。虽然新式工业、轮船业用煤与家用煤合计占 53.3%，但一方面，新式工业用煤占比不会很低；另一方面，体现工业化发展的铁路、矿冶、轮船、新式工业占比一定超过 50%，远超家庭用煤。这个例子进一步反映出民国时期由于各地区资源储备和工业化、经济发展水平不同，煤炭需求在地域上存在结构性差异。

表4—5 中国满洲地区销煤用途（1934年）

用途	数量（千吨）	比重（%）
铁路	1626	23.50
矿冶用途	1605	23.20
轮船用	3178	53.30
家用		
新式工业		
总计	6409	100

资料来源：侯德封编：《中国矿业纪要》第5次，地质调查所1935年版，第114—115页。

其次论述各省的煤炭需求情况。近代以来，我国工业发达之区，以东南沿海为最。北煤南运的目的地，也以这一地区最多。其中，江苏是工业最发达的省份，用煤量远远超过其他省（见图4—4）。在位于华北的晋、冀、鲁、豫四省中，山东省临海面积最大，工业用煤量在这四省中也最多。天津市是北方工业龙头，河北省受其经济辐射，工业水平也较高。河南与山西虽然位居内地，但因本地资源丰富，可以带动当地工业发展，因此工业用煤量也在全国名列前茅。

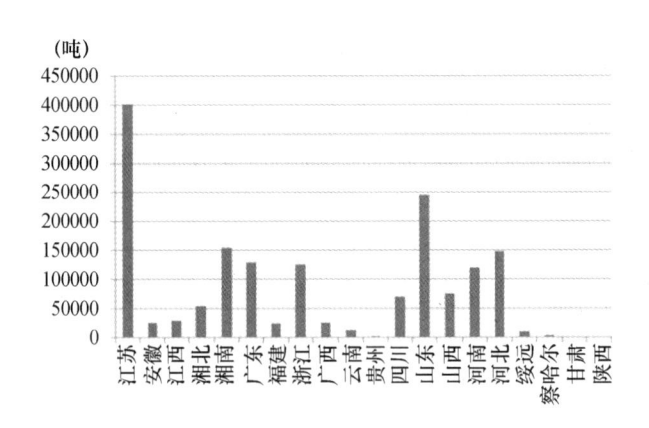

图4—4 1935年各省工业用煤量

资料来源：第二历史档案馆藏民国资源委员会档案，全宗号二八（2），案卷号102。

从山西煤炭对输入地工业经济的刺激作用的分析，我们也可间接看出各省工业发展对煤炭的依赖程度和极端需求。

在山西省西部，陕西省与之相邻，在其近代工业发展史上，山西输入的煤炭资源占有重要位置。铁路贯通之前，关中地区"自潼关以西夹於秦岭渭河之间，以至西安数十百里，多用山西荣河临津与陕韩城之烟煤与焦炭"。[①] 这时的山西煤炭是通过水路横跨黄河运输到陕西境内的，运量非常有限。同蒲铁路的建成也没能使山西和陕西贯通，因为该路在建成之初其最南端只到达了山西运城的风陵渡，直到新中国成立后，同蒲铁路才通过黄河铁桥的衔接到达了陕西，在孟塬与陇海铁路相连。1936年以前，山西的煤炭除走水路输进陕西之外，还有一部分是经正太、京汉、陇海铁路，辗转运到陕西的，运输线路虽然曲折，但对陕西来说山西煤炭资源的输入量有了质的飞跃，充足的煤炭为陕西的近代工业发展提供了充足的动力保证。在当时，陕西的冶铁、陶瓷等近代产业在煤炭的支持下发展迅猛，据陕西同官县史料记载："陈炉镇（产）瓷。……镇民俱业陶，而以农为副业。陶场南北三里，东西绵延五里。炉火杂陈，彻夜明朗，故有'炉山不夜'之称，为同官八景之一。"[②] "炉山不夜"之炉火，不少源自山西输入的煤炭。此外，煤炭输入陕西的最主要意义在于它适应了近代机器工业的发展要求，为近代工业发展提供了充足的动力支持。

山西的煤炭还经铁路输往京津唐、华东、东南沿海等地区，可见，山西近代的铁路建设为晋煤远距离输出提供了可能，并提高了其输出效率，而山西的煤炭资源又成为近代中国工业化发展的重要基础，对近代中国工业布局的形成产生了深远的影响。

最后论述各城市的煤炭需求情况。从图4—5可以看出，1925年和1930年，对煤炭需求量大的城市往往集中于沿海和内河商埠地区，比如武汉、上海、天津、北京、广州等地。东北地区主要以大连和哈尔滨为代表，这是由于东北以重工业为代表的产业比较发达，而这两个城市尤甚。

据《中国矿业纪要》第3次统计，"各大城市之消费率如上海、汉

---

① 何道清：《陕西煤炭技术》，中国矿业大学出版社1996年版，第12页。
② （民国）《同官县志》卷12，《工商志》，转引自祁守华、钟晓钟编《中国地方志煤炭史料选辑》，煤炭工业出版社1990年版，第476页。

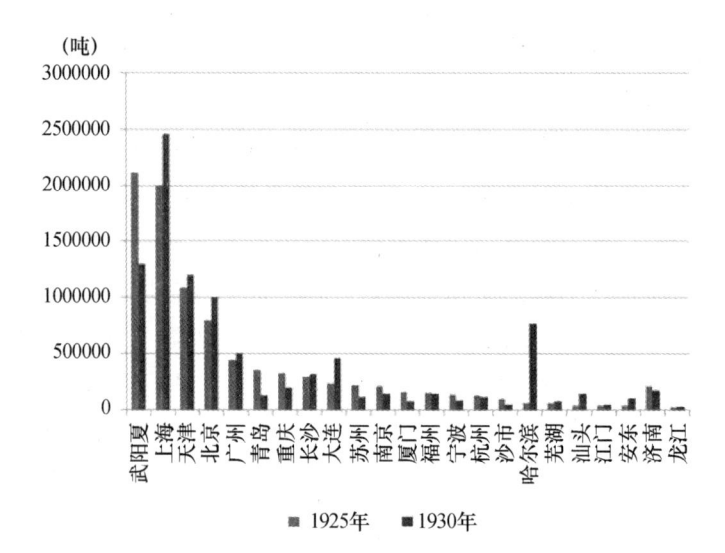

图 4—5　全国主要城市煤炭消费量及其变化

资料来源：谢家荣编：《中国矿业纪要》第 2 次，地质调查所 1926 年版，第 90 页；翁文灏编：《中国矿业纪要》第 3 次，地质调查所 1929 年版，第 89—91 页。

口、天津、广州等处工业较为发达，其消费率当较高。而以气候及地位论，则北方各城市邻近产煤区、家常日用之消费、每较南方为多。……其余各省城商埠（民国）十四年估计其消煤率平均约为 0.32 吨，较之近年情形当无甚变化。"①

又据《中国矿业纪要》第 4 次统计："凡经调查或可约略估计者，平均每人消费量为 0.8 吨，俱所列各地似可分为两级：首为商埠大镇，如中部之上海、长江流域之汉口、北部之天津、东三省之大连、哈尔滨。若将此五处之销煤率平均则每人每年得 1.36 吨。当为中国销煤最多的地方。其余各地均为沿江沿海各商埠或内地重要商工中心，其平均销煤率为 0.69 吨。由此推断则内地各城镇只以家间用费为主，其销煤约在 0.4 吨之下矣。若以区域言，则东三省在十八、十九年间各镇市销煤率急增。盖东三省铁路增筑之速、及沿各路线附带兴起之工业有以致之，非偶然也。北部各省因气候及邻近产区的关系，较南部家常销费稍高，惟此种日常销费较诸工业用途，为数微矣。"就当年而言，全国每年煤炭消费总

---

① 侯德封：《中国矿业纪要》第 3 次，地质调查所 1929 年版，第 90 页。

额为 2468 万余吨，全年消费在十万吨以上的 20 个城市，总消费量达 1148 万吨，约占总额的 1/2，其中上海、武汉、天津、北平、太原、沈阳六大城市消费额为 803 万余吨，占总额的 1/3。

上海是东南沿海用煤量最大的城市。20 世纪 20 年代初，上海仅各棉纺织厂就雇用有 10 万名工人（其中半数工厂为华资），此外尚有 15 家纺织厂在筹建中，合计纱锭 50 万枚以上。上海永安纱厂是 1911 年筹办的，1922 年正式开工生产。纱厂业务发展很快。刚开办时，仅有 30000 枚纱锭，500 台织布机，1000 多名工人。到了 1937 年，仅相隔 16 年时间，就发展成为上海永安纺织公司，包括 5 个纱厂、1 个印染厂，拥有 25 万枚纱锭，1500 多台织布机，13000 多名工人，资本额也增加到 1800 万元。同时，新兴的面粉工业发展也较快，上海面粉厂约占全国面粉厂的 1/3，到 20 世纪 20 年代初，上海有面粉厂 21 家，日产面粉共约 10 万袋，几家最新式的工厂，无论在装备上或管理上都可与西方最好的面粉厂相媲美。上海的造船业在大战期间因为海内外需求旺盛，在规模和技术上也有长足进步，20 世纪 20 年代初，仅江南造船所就履行了美国运输部 4 艘万吨轮的造船合同。

武汉号称"九省通衢"，是华中经济最发达的城市。在近代，武汉的工业化起步较早，发展迅速，这和充足的煤炭等动力资源的输入有密切联系。武汉首先创建了一大批近代工业企业，这些工厂主要包括了打包厂、卷烟厂、机器砖茶厂、蛋品制造业、制革厂、面粉厂等原料加工工业或轻工业工厂。对当时的中国来说，这些近代工业企业设备较为先进，技术力量雄厚，甚至可以代表当时中国生产力的最高水平。以武汉的机器砖茶厂为例，它拥有制茶饼机 7 台，蒸气砖茶机 10 余台，还有大功率锅炉 1 台，雇工人数超过千人。该机器砖茶厂每台设备每日能产砖茶约 15000 斤，生产效率非常之高，但类似于这样的早期工厂规模普遍较小。武汉还以军工、钢铁等重工业为近代工业化的先导，先后创办了湖北枪炮厂，汉阳铁厂，湖北织布局，大冶铁矿，汉阳铁厂、钢轨厂，汉阳铁厂、机器厂，湖北制麻局，湖北纺纱局，湖北缫丝局等钢铁，军工，纺织大型企业。此外，武汉还兴办了武昌毡呢厂、汉阳赫山针钉厂、白沙洲造纸厂等一批中小型工厂。这种大型近代工业企业与中小型企业共同发展，重工业与轻工业共同促进的发展模式，使武汉的近代工业体系发展得较为完备。值得指出的是，没有沿铁路运输而来的煤炭资源提供动力支持，这些所谓的近代工业发展模式与体系构思都将是纸上谈兵。

天津成为北方煤炭消费量最大的城市，是由其经济地位决定的。近代以来，天津逐渐发展为北方经济中的龙头，是华北最大的工业中心及对外贸易港口，有百万以上的人口，"工厂林立，商肆栉比，人口至为稠密"①。1860年开埠以后，天津的近代工业开始崛起，涌现出一系列军用和民用工业。第一次世界大战爆发后，天津相继建立了六大纱厂，成为中国纺织基地，又建立了一些大面粉厂，成为北方面粉工业的中心。同时，机械、轻工等行业也得到较大发展。这些工业都需要提供动力，因此天津对煤炭的需求量十分巨大。1933年，该市消费烟煤851481吨，无烟煤212000吨。1934年消费烟煤842970吨，无烟煤287914吨。这些煤炭分别来自开滦、井陉、门头沟、阳泉、正丰、房山、大同、临城各矿。②

北京长期以来是中国的政治中心，人口众多，1926年，内外城及四郊人口超过122万。1935年6月底已接近160万。随着人口的增长和工业的发展，北京煤炭消费量也在不断增长。北京煤炭的消费结构，以生活用煤为主，工业用煤极少。据1928年的调查资料，家庭用煤约占北京用煤总量的80%，其余企事业单位用煤则占20%左右③。这是北京煤炭消费不同于其他大城市之处。

三 山西煤炭产业对省外煤炭需求的实际支持力度分析

华北地区和东部沿海都有煤炭市场需求，但实际上山西在那个时期并没有因之导致其煤炭产量与销量大增。如1931年到1934年晋煤在全国煤炭需求量最多的上海，只占其煤炭总需求量的2%—6%。即使是在北方需煤最多的天津，晋煤销量也只占其煤炭总需求量的5%—8%。下面以山西煤炭在上海、武汉、北京、天津的销售情况为例进行分析。

从表4—6可以看出，四年中开滦每年向上海输送的煤都超过100万吨，占总输送量的1/3以上，远远高于其他煤矿。在输送量占前五位的

---

① 葛绥成：《中华本国地理》（第3册），中华书局1948年版，第8页。
② 李洛之、聂汤谷：《天津的经济地位》（1937年），南开大学出版社1994年影印本，第172—173页。
③ 翁文灏编：《中国矿业纪要》第3次，地质调查所1929年版，第271页。

煤矿中,其他三个中国煤矿(中兴、博山和抚顺)以及进口的日本煤炭,都不及开滦煤矿输送量的一半。至于山西的阳泉、大同地区的煤矿,在输往上海的煤炭总量中占比甚至不足10%。

表4—6　　　　　1931—1934年上海煤的来源与数量　　　　单位:吨

		1931年	1932年	1933年	1934年
山东	中兴	29655	98535	313613	375588
	博山	226063	136081	247967	367801
	合计	255718	234616	561580	743389
	占比(%)	9.03	9.93	20.61	29.69
河北	开滦	1283971	1266932	1117841	1132308
	占比(%)	45.32	53.60	41.02	45.23
山西	阳泉	35574	51044	61433	108165
	大同	32986	80487	33810	87910
	合计	68560	131531	95243	196075
	占比(%)	2.42	5.56	3.50	7.83
辽宁	抚顺	610230	361572	429870	176600
	占比(%)	21.54	15.30	15.78	7.05
日本		614953	369173	520458	255054
	占比(%)	21.70	15.62	19.10	10.19
合计		2833432	2363824	2724992	2503426

资料来源:中国第二历史档案馆编:《中华民国史档案资料汇编》第5辑第1编,《财政经济六》,江苏古籍出版社1994年版,第593页。

表4—7　　　　　1931—1934年华北各矿运往武汉的煤炭数量　　　　单位:吨

		1931年	1932年	1933年	1934年
山东	中兴	15000	20000	—	1600
	博山	—	12000	—	—
	合计	15000	32000	0	1600
	占比(%)	10.67	9.42	0.00	0.91
河北	开滦	65558	114716	101821	11700
	临城	—	2895	3700	7545

续表

		1931年	1932年	1933年	1934年
河北	正丰	2500	12000	31540	10815
	怡立	500	11590	4210	19085
	井陉	2000	15300	—	19830
	合计	70558	156501	141271	68975
	占比（%）	50.20	46.07	46.80	39.37
山西	大同	15000	15000	—	5200
	占比（%）	10.67	4.42	0.00	2.97
河南	中福	20000	36024	51563	50318
	六和沟	20000	100207	109000	49090
	合计	40000	136231	160563	99408
	占比（%）	28.46	40.10	53.20	56.75
合计		140558	339732	301834	175183

资料来源：资源委员会档案，全宗号二八（2），案卷号96。

从表4—7可以看出，作为华北的四个主要产煤省，河南、河北在武汉的煤炭市场中所占份额占据绝对优势。河北的开滦煤矿是武汉煤炭最稳定的供应者，尽管要通过海运经上海转长江水运，路程较远，但水运运价较低，还是能够在武汉市场占据一定优势的。在华北的煤炭中，另一个较稳定的供应者是河南的六河沟煤矿，在1932年与1933年两年的供应量都超过10万吨，与开滦煤矿相当。华北四省煤炭数量，除开滦与六河沟外，各矿都不是很多。这是因为各矿距离武汉路程都比较远，运费自然较高。

由表4—8可知，1933年，在天津煤的来源中，河北省为1007916吨（90.4%），山西省为55565吨（9.6%）；1934年，河北省为1011009吨（93.5%），山西省为69875吨（6.5%）；河北省在其中占压倒性的比率。而且在天津市场中，中外合资煤矿的煤炭占了70%以上。即便是在国营煤矿中，正丰、门头沟煤矿的煤炭在与晋煤的竞争中也占上风。

北京用煤没有逐年的统计数字，难以分析其总体状况，但从《中国矿业纪要》第5次的统计数据可以分析出，北京煤炭来源以京郊的门头沟

表4—8　　　　　1933—1934年天津煤的来源与数量　　　　　单位：吨

			1933年	1934年
河北	国营	正丰	26727	45899
		临城	4835	6174
		门头沟	107890	173995
		房山	61760	7754
	中外合资	开滦	684759	601580
		井陉	121945	175607
	合计		1007916	1011009
	占比（%）		94.78	93.54
山西	国营	大同	13215	13710
		阳泉	42350	56165
	合计		55565	69875
	占比（%）		5.22	6.46
合计			1063481	1080884

资料来源：李洛之、聂汤谷：《天津的经济地位》（1937年），南开大学出版社1994年影印本，第171页。

煤矿、坨里煤矿以及河北开滦煤矿为主，山西、河南以及河北其他煤矿则较少。① 但京郊各矿所产多为普通硬煤与末煤，只能用作生活用煤，无法满足工业需求，因此烟煤主要来自开滦煤矿，其次临城煤矿、井陉煤矿等处也有少量供应，红煤（无烟煤）大部分来自山西。

表4—9　　　　1924—1934年全国煤产量与山西煤产量

年份	全国产量（吨）	山西产量（吨）	山西占全国（%）
1924	25780875	2012701	7.8
1925	24255042	2203818	9.1
1926	23040119	1967150	8.5
1927	24172009	1777766	7.4
1928	25091760	1799153	7.2

---

① 侯德封编：《中国矿业纪要》第5次，地质调查所1935年版，第125—126页。

续表

年份	全国产量（吨）	山西产量（吨）	山西占全国（%）
1929	25437480	2038192	8.0
1930	26036563	2204617	8.5
1931	27244673	2266333	8.3
1932	26376315	2431243	9.2
1933	28378783	2466111	8.7
1934	32724842	2700544	8.3
1935	35803176	3361443	9.4
1936	39342000	3307164	8.4

资料来源：陈慈玉：《日本对山西的煤矿投资（1918—1936）》，《"中央研究院"近代史研究所集刊》第23期（下），1994年6月，第23页。

总体来看，煤是山西最重要的资源，储藏量几乎占全国煤炭总储量的一半。但山西煤炭产业发展与此很不相称，抗战前年产量仅330万吨，不及全国总产量的10%（见表4—9），而且其中大半出于手工小窑。全省够得上半机械化的只有阳泉、大同、西山三矿，规模都很小，除阳泉煤销售外省外，全省大部分煤炭都是本省自用。① 晋煤煤质非常好，所含固定碳素在90.51%，热量8139焦，灰分仅有1.86%；在国内市场占有巨大份额的开滦煤所含固定碳素仅为45.15%，热量不过4146焦；抚顺煤所含固定碳素也仅为49.82%，热量为6975焦。因此晋煤销路不振，原因绝不在于质量问题。② 山西煤炭产量相对不多的现象，与前文所述省内消费市场的狭小和省外消费市场的运输成本高昂息息相关。就运输成本而言，我们在这里可以从天津场煤的价格构成上追根溯源，在本书第五章中会有更为详细的叙述。

以天津市场的煤炭价格为例（见表4—10），山西煤的产地价格只有开滦煤的56%—70%，但山西煤炭因其交通运输费用过高，所以在天津

---

① 孙敬之：《华北经济地理》，科学出版社1957年版，第92页。
② 北宁铁路局：《北宁铁路沿线经济调查报告》，见沈云龙编《近代中国史料丛刊三编》51，台湾：文海出版社1989年版，第1777页。冯惠：《阳泉煤业问题之检讨》，《山西建设》1935年第1期。

市场上的销售价格高昂，为开滦煤用的1.6倍左右。天津市场上山西价格的高低和各种煤的交通运输成本的多少之间的相关性极大。在天津市场上的山西煤炭价格中，除开滦煤炭外，其运输费所占的比重皆在57%以上，阳泉煤炭的运输费所占比重甚至高达67%。开滦煤炭在销售市场上的价格仅为产地价格的1.83倍，占地利和交通之便；相较之下，山西煤炭的天津市场价格不但高于其他地区煤炭，而且为产地价格的4倍以上，其中阳泉煤炭在天津市场上的价格甚至高至产地价格的5.35倍，益减弱其竞争力。[1]

表4—10　　　　　　　　天津市场的煤炭价格

价格 地区	产地价格 （吨/元）	交通费 （吨/元）	天津价格 （吨/元）	交通费/天津价格（%）
开滦煤	3.55	2.09	6.49	32%
井陉煤	2.7	5.64	9.9	57%
正丰煤	2.9	5.81	10.27	57%
盐城煤	2.5	6.75	10.5	64%
阳泉煤	2	7.13	10.69	67%
大同煤	2.5	6.76	10.76	63%

资料来源：陈慈玉：《日本对山西的煤矿投资（1918—1936）》，《"中央研究院"近代史研究所集刊》第23期（下），1994年6月，第25页。

第三节　民国时期煤炭的出口需求分析与山西煤炭出口概况

民国时期的煤炭出口需求变化大致可以分为两段。从第一次世界大战后到20世纪30年代，世界主要资本主义国家进入经济恢复和建设期，在国际煤炭市场上对煤炭需求旺盛，中国煤炭需求处于出超状态。从山西输出的煤炭，在这一时期不仅开创了它出口到国外的历史，而且由于

---

[1] 陈慈玉：《日本对山西的煤矿投资》，《中央研究院近代史研究所集刊》1994年第23期（下）。

其品质得到国外煤炭市场的认可而出现出口量增长趋势。进入40年代，由于抗日战争爆发，日本人逐渐控制了中国内陆的重要煤矿来发展其战时军事经济，因此，煤炭出口量激增，以掠夺式的方式被出口到日本。山西阳泉、西山、大同地区的矿藏也被大量开采并被运往日本和东北地区，只有少量销售于平津一带和山西境内。然而，除抗战时期山西煤矿以掠夺式的方式被开发而出现出口量激增外，第一次世界大战后正常的煤炭出口需求并没有导致山西优质煤炭出口在全国煤炭出口比例中占据优势地位，这是由内、外因共同作用的结果。

从图4—6可以看出，世界煤炭需求在世界能源消费结构中所占比例于1910年左右达到峰值，此后，煤炭在能源结构中所占份额逐渐下降，但其在能源结构中仍占据重要地位；进入20世纪后石油就开始崭露头角，但在20世纪前半期仍居于传统生物质能和煤炭之下。所以在整个民国时期，世界能源消费结构仍然以煤炭为主。

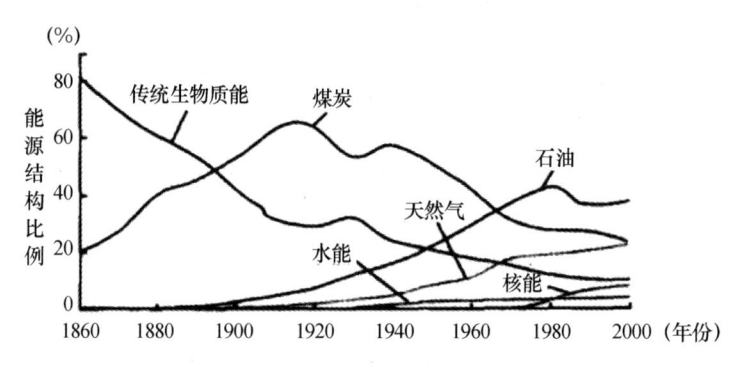

图4—6　1860—2000年世界能源结构变化

资料来源：詹金斯：《石油经济手册》（第5版），1989年；世界能源理事会：《2050年及以后世界能源展望》，1995年；引自江泽民《对中国能源问题的思考》，《上海交通大学学报》2008年第3期，第346页。

如图4—7所示，在1913年、1928年、1929年世界主要工业化国家，例如美国、德国、英国、法国四国，煤炭消费量都呈现逐年上升的趋势，但英国作为早期的工业化国家，可能出于某些原因在20世纪20年代能源消费结构发生了一些变化，1928年的煤炭消费量相较于1913年出现下降。1930年由于世界经济危机，主要工业化国家的煤炭消费量都有所下降。

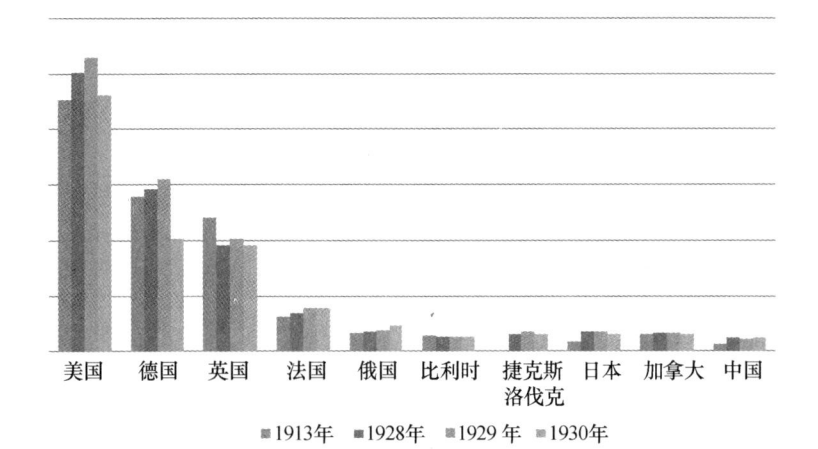

图4—7　世界重要产煤国消费数额（1913年、1928年、1929年、1930年）

资料来源：侯德封编：《中国矿业纪要》第4次，地质调查所1932年版，第99—100页。

以民国时期中国进出口煤炭的数量和价值为分析对象，参见图4—8和图4—9，我们明显看到有大、小两个波峰，第二个波峰主要是由于日本对中国煤炭资源的掠夺，以致1940年后出口煤炭呈现急剧增长的态势，

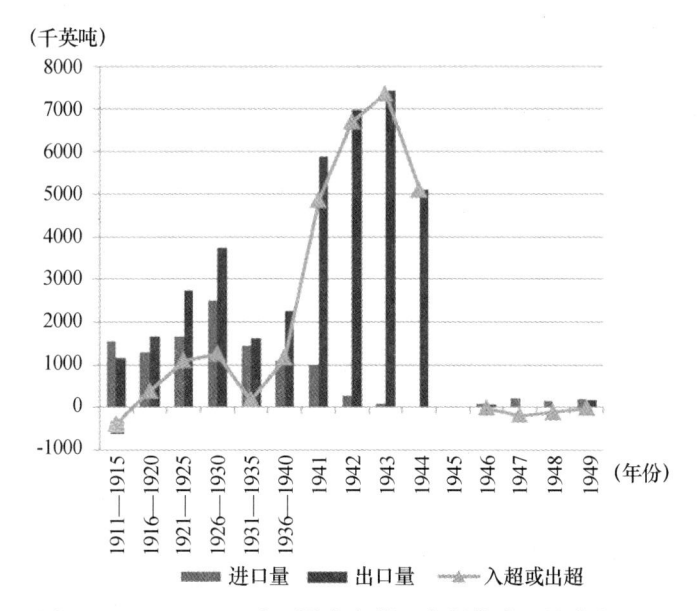

图4—8　1911—1949年平均每年煤（包括焦炭）的进出口量

资料来源：唐传泗、欧阳侃：《中国近代商业史统计资料——煤的贸易与价格》（一），《上海经济研究》1984年第1期，第64—65页。

■ 进口值　■ 出口值　── 入超或出超

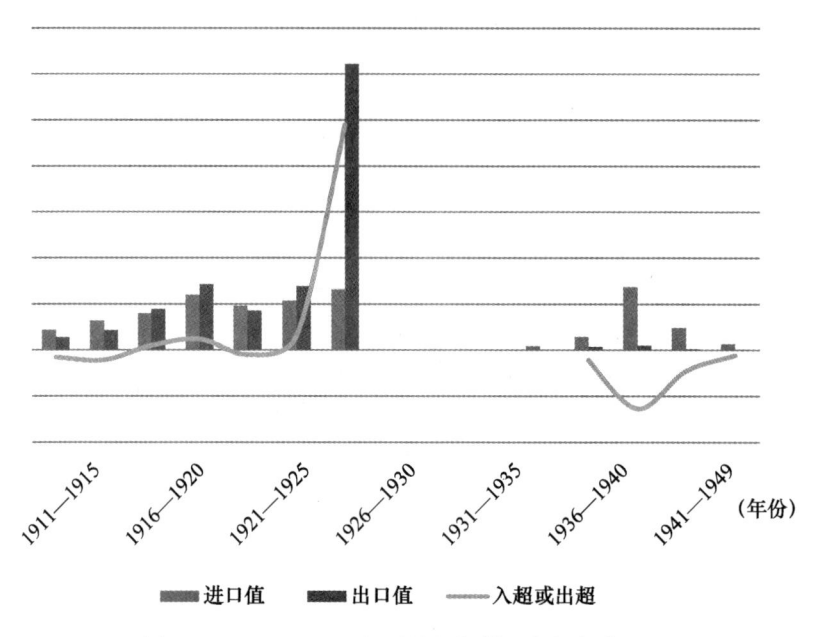

**图 4—9　1911—1949 年平均每年煤（包括焦炭）的
进出口值**

资料来源：唐传泗、欧阳侃：《中国近代商业史统计资料——煤的贸易与价格（一）》，《上海经济研究》1984 年第 1 期，第 64—65 页。

这不能说明国际市场的正常需求。1916—1935 年为民国早期，煤炭进出口呈现出超态势，这说明了在第一次世界大战后主要工业化国家在发展本国工业时在国际煤炭市场上的需求。

第一次世界大战爆发之后，欧美列强无暇东顾，中国的煤炭产业迎来了发展的春天，晋煤的海外市场也在此时期迅速扩大，出口增长较快。山西煤炭的运销范围远达香港、北京、上海、天津、日本、美国等地。民国四年（1915），广州的国民政府应国际博览会的邀请，通令各省遴选特产运往巴拿马参展。山西选送到巴拿马展出的不同种类的煤炭，在该次博览会上崭露头角，晋煤以其优良的品质，繁多的种类，赢得了世人的瞩目，外国专家称赞山西煤炭为"煤中皇后"，从此，山西煤炭开始积极地致力于出口。民国六年（1917），山西煤炭首次出口到国外：经天津出口，推销于中国香港地区、日本大阪等埠，数额为 1007 吨，每吨售价 4.5 海关两，当时 1 海关两折合 1.63 银圆，共折合 7386.3 银圆，这是海关关册自 1904 年设立专栏登记各省煤炭出口以来对山西煤炭输往国外的首次记载。民国八年（1919），晋煤出口日、美等国 4375 吨，山西煤炭首次输往香港地区 900 吨，共计 5215 吨。1920 年，晋煤出口首次突破万吨，其中"输往外洋 7546 吨，香港 3550 吨"①，共计 11096 吨。当时，山西煤炭主要出口到日本和美国，出口的企业主要是保晋公司阳泉的第一、四、六这三个矿厂。到 1921 年，大同煤出口，当年晋煤出口额因此倍增，共输出 26824 吨，其中输往外洋 14806 吨，香港 12018 吨。1923 年，晋煤出口创历史最高纪录，达 44748 吨。②

"煨炭"本名"蔚炭"，初发现于蔚县（在今河北），因当地人"蔚""煨"同音而称。其储藏地有河北宣化、蔚县、山西大同、广灵、怀仁、太原、内蒙古包头等地。1920 年，曾在宣化下花园开采，因质次无销路而停采。1923 年，又在大同市的口泉附近开采出质优的煨炭。当时在国内几乎没有需求，而日本对此需求很大，煨炭发热量高，平均发热量达 6600 大卡/公斤，火力是木炭的 4 倍。燃后残留物色白而细腻。煨炭在国内很少被使用，在日本适用于家庭和养蚕业所需燃料。民国十二年（1923），日本人上野到大同调查，在大同市的口泉附近发现了极适合日本家庭及蚕业使用的理想燃料——煨炭，于是向矿主投资收买，因此，大同煨炭畅销日本，为当时的中国赢得了不少外汇。后因求过于供，矿主竞相开掘，以次充优，导致价格下落，加之生产者及贩卖者搀和带烟的劣质煨炭，失去信誉，输出贸易逐渐停滞。民国十八年（1929）夏，梁上椿主持晋北矿务局工作，将煨炭输出事业的前因后果及善后方法呈请晋省当局，经过多次调查和对外交涉磋商，于民国十九年（1930）5 月初，确定了具体生产、输出方法，日产上等烧炭达 40—50 吨，在日本的销量每月可达 2000 吨以上。曾先后与日本大仓洋行、天岸公司订立向日本、朝鲜煤炭包销合同，与宇高商会订立同津沽出口日轮销煤的包销合同。另外，因煨炭所含水分多，风化性大，炭质较脆，在存储、搬运、雨淋之后，有 50%煨炭会变成粉末。输出煨炭块时，梁上椿曾向日本各燃料商提出探寻煨炭粉末的销路，借以补煨炭块变成粉末的损失。1930

---

① 刘建生、刘鹏生等：《晋商研究》，山西人民出版社 2005 年版，第 586 页。
② 张正明：《山西工商史拾掇》，山西人民出版社 1987 年版，第 50 页。

年夏天，梁上椿即与日商商定，用煨炭粉末代替无烟粉炭，发现其比各种无烟粉炭更为优越。日本家用煤球，以普通无烟炭末做核，用煨炭粉末裹其外部，其同利用；又因煨炭块价格较高，日本中上流家庭方能使用，而家用煤球，则普遍为社会各阶层所使用，因而煨炭粉末销路很好。

"一战"结束后，西方列强重新恢复对中国的煤炭出口。1925 年，日本趁中国抵制英货之机，疯狂地向中国倾销煤炭，其他国家也向香港、越南、澳门等处销售少量煤炭，"是年输入总额达 200 余万吨，值银 2600 万两。"① 因此，华北、上海等地煤价暴跌，山西煤矿业备受其害，倒闭者甚多，除日本所特需的大同煨炭外，其他煤种再无出口。从山西阳泉煤栈的兴衰可见一斑："在民国十五年以前，年有增加，最多时可达六十余家"，民国十五年（1926）后，煤业凋敝，亏累不支，相继倒闭者，已达三十余家，现在设栈营业者，除各自煤矿公司自销外，约有二十余家……每年销额，除山西境内碎末煤不计外，其输出省外者，大约五六十万吨。②

民国十八年（1929）爆发了有史以来最为严重的全球性经济危机，各帝国主义国家为了缓解危机，纷纷采取了提高贸易壁垒，在殖民地、半殖民地国家大肆倾销商品的策略。在强权的压力下，国民政府居然对外煤实行优惠进口税，结果，日本煤、越南煤、印度煤纷纷漂洋过海，充斥了中国市场。据《中国近代工业史资料》记载，1931 年，行销于上海的各种外煤占上海市场总销量的 80%③，质美但价高的晋煤因缺乏竞争优势，只好退缩至正太铁路沿线销售。"九一八事变"之后，日本完全控制了中国的东北三省。日本把中国关外的抚顺煤炭在关内大肆倾销，给关内的煤炭产业造成了沉重的打击，山西的煤炭企业在日本的低价倾销面前，市场逐渐地缩小，大批山西的小煤窑破产倒闭，少数几家规模较大的煤炭企业也是在日煤的倾销面前被打得丢盔弃甲，奄奄一息。④

1937 年"七七事变"后，山西大同、阳泉、西山等煤矿均被日军占

---

① 杨大金编：《现代中国实业志》（上）第 2 编第 2 章，商务印书馆 1940 年版，第 45 页。
② 张元明：《民国国际贸易史料汇编》，凤凰出版社 2014 年版，第 446 页。
③ 阳泉矿务局编写组编：《阳泉煤矿史》，山西人民出版社 1985 年版，第 82 页。
④ 卢征良：《近代日本煤在中国市场倾销及其对国煤生产的影响》，《中国矿业大学学报》（社会科学版）2010 年第 2 期。

领，开采出的煤炭大部分被运到日本和东北，只有少量销售于平津一带和山西境内。西山煤矿和阳泉煤矿1938年、1939年两年运往日本的煤炭数量占其总产量的95%以上，其在国内的销售量甚微（见表4—11）。

表4—11　　　　1938—1939年西山、阳泉煤炭销售流向比例

单位	年份	总产量（吨）	运往日本		销往各地		自用量	
			数量（吨）	比重（%）	数量（吨）	比重（%）	数量（吨）	比重（%）
西山	1938	132023	128152	97.1	951	0.7	2921	2.2
	1939	214179	207005	96.7	381	0.2	6793	3.2
阳泉	1938	98761	73370	74.3	3496	3.5	21895	22.2
	1939	341880	297400	97	1399	0.4	48081	12.6

资料来源：《山西煤炭工业志》编委会编：《山西煤炭工业志》，煤炭工业出版社1991年版，第251页。

通过分析表4—12我们发现，从1917年到1933年，晋煤出口量在全国煤炭出口额中始终处于微弱地位，最高达1.42%，最低为0.01%。山西煤炭富甲天下，质量优良。虽然当时主要是以土法开采，但由于中国的劳动力成本相当低廉，因此，山西煤炭的生产成本比日本、越南、印度、美国以及欧洲诸国都要低。但自1924年之后，由于中国北方连年战乱，导致铁路运输受阻，山西煤炭产业必须支付高昂的运费、沉重的捐税负担，这严重制约了山西煤炭的出口和外销，这是内因。由于当时中国的关税服务于政治的需要，因此法国控制下的安南煤和日本煤大肆在中国倾销，占领了中国国内的大量市场，晋煤的出口需求始终受国际政治、经济环境变化的影响与挑战，这是外因。

表4—12　　　　1917—1931年山西煤炭出口额与全国比较

年份	全国出口额	山西出口额	山西占全国（%）
1917	1575627	1007	0.06
1918	1708149	2901	0.17
1919	1477433	5275	0.36

续表

年份	全国出口额	山西出口额	山西占全国（%）
1920	1970187	11096	0.56
1921	1886398	26824	1.42
1922	2377443	29318	1.23
1923	3138006	44748	1.43
1924	3229522	30032	0.93
1925	3021739	8991	0.3
1926	3099043	6575	0.21
1927	4026811	3782	0.19
1928	3299245	429	0.01
1929	4123281	1559	0.04
1930	3515571	4523	0.19
1931	3672564	52	0.001

资料来源：山西煤炭工业志编委会编：《山西煤炭工业志》，煤炭工业出版社1991年版，第269页。

第五章

运输方式的变迁

相比较于民国以前，民国时期山西近代化的煤炭运输方式开始起步，主要体现为对以往依靠畜力驮运以及人力背扛肩挑为主的传统运输方式的部分替代。在煤炭外运更多地依赖于铁路、新式公路时，煤矿内部的运输则主要依靠彼时刚刚铺设的轻便铁轨。近代化的煤炭运输方式极大地提高了山西煤炭外运的规模和效率。

为开发平定附近的煤田，近代山西的第一条铁路——正太铁路于1907年完工，由石家庄出发，终点至太原，其间经过娘子关、赛鱼、阳泉、寿阳、榆次等。第二条比较重要的铁路是1914年竣工的京张铁路，可以连接大同。不过真正推动大同煤炭外运能力提高的是同泉支线，该线于1918年建成，连接大同与口泉，口泉站邻近煤田的煤矿可以由此直接装车并通过平绥铁路运往全国。1936年，由山西大同经太原至蒲州风陵渡的同蒲铁路基本修建完成。

在此前后，平汉铁路交北宁、平绥两路于北京，交陇海铁路于郑州，津浦铁路又交北宁路于天津，交陇海路于徐州。自此，华北地区出现了一个相对完整的铁路运输系统，这大大便利了山西煤炭的外运，晋煤外运也从此真正开始。山西煤炭在中国内地以及海外的销售量也进一步刺激了山西煤炭开采的产量。不过，民国时期山西省政治经济和社会环境复杂，新式的运输方式面临运输成本过高、多变的威胁，这在一定程度上成为山西煤炭近代化运输方式发展的阻力。

第一节 民国时期山西道路交通的发展与布局

民国时期山西省的道路交通在政府的统一规划和集中建设下取得了长足的发展，到抗战前夕甚至跻身于全国前列。煤炭作为一种质量较重而价格较低的商品，需要铁路来进行长距离的运输。清末正太铁路的通车，极大地促进了铁路沿线，尤其是山西平定地区煤炭产业的发展。民国时期，平绥铁路打修至大同，这有力地推动了大同地区煤炭产业的壮大。20世纪30年代铁路建设最为突出的成就是同蒲铁路这条贯穿山西的南北大动脉得以打通，这极大地方便了铁路沿线煤炭的运输。在公路交通方面，于20年代兴起了修筑公路的热潮。在布局上，均以省会太原为中心，向周边辐射至全省的各个交通隘口。

一 民国时期政府发展山西道路交通的规划方案

山西的铁路交通建设在晚清甲午中日战争之后开始起步，到辛亥革命前夕，山西省境内的铁路布局已经小有规模，有从太原到娘子关段的正太铁路、张绥铁路雁北段和同泉支线、同蒲铁路榆次至北要村段等铁路建成。由于辛亥革命的爆发，张绥铁路山西段、同蒲铁路等都被迫停工、中断，没有按清政府既定规划方案建成。公路交通方面，在清代已形成以太原为中心的陆路交通网的基础上，山西当局于20世纪初筹划修建的官商合修的省级公路和乡民义务承担的县级公路，同样因清政府倒台而作罢。进入民国时期，山西省道路交通建设进入"快车道"，到抗战前夕跻身于全国前列；到中华人民共和国成立前夕，山西省铁路干线3条，总长度1150.1千米；支线3条，总长度48.2千米。而1949年在山西省人民政府的组织下，恢复了民国时期山西公路交通，全省公路通车里程达1288千米。当然，这一切成就都离不开民国时期山西当局的系统规划和其在保障建设、通车如期进行方面所做出的努力。

就这一时期铁路运输的规划而言，从1914年至1933年，在缺乏政府统一规划指导下的山西铁路修筑几乎没有进展。1932年由于中原大战失败避居大连的阎锡山东山再起之后，提出"造产救国"的口号并制订了《省政十年建设计划》。在第五项"交通"中提出"兴筑窄轨铁路"，这主要是针对以大同至蒲州镇一线为主体的铁路系统。规定了预计的建成里程、需要的工费料费，并由"绥靖公署负责监督指导，设立晋绥兵工筑路局实行其事，遣拨军队分年修筑"①，"此项工程除石工一项，须由各县征集石匠领导修筑外，其余工程，完全用兵工筑路"②，这样可以节省大量的雇工费用，且由于主张按劳分配，多劳多得，奖励超额完成任务者，因此士兵的积极性较高，而且部队纪律严明，实行军事化管理，因此筑路效率也就更高。对此，阎锡山曾经评价说："兵工筑路，不但在我省是创举，即在全国亦是创举。这件事如果做好，在国家可以化不生产者为生产者，在军人可以化单纯职业为复式职业。"③ 彼时的铁路建设计划可以被分为第一年的筹备期和第二到十年的逐年筹款和兴建期。

为了改善山西省内落后的公路状况，1919年由山西省公署拟定，向北京北洋政府递交了《修筑全省道路分段分期办法》。在该文中，山西省督军兼省长阎锡山就山西省修筑公路的方案向北洋政府做了汇报，详细地描绘了当时山西省的交通运输业特别是公路的落后状况："山西全省一百零五县，既无航路可通，而陆路除平定、大同原有铁路两段仅能东达外，其余则山行者崎岖，原行者泥淖。以致转运困难，生产无由发达，人民生计所以日形艰窘。"④ 为了改变山西交通落后的现状，阎锡山"自兼署省长后，迭经饬县将所属境内道途随时督由村民平治，然脊苦之区因陋就简，富庶之县划疆自封，难收贯彻之效。且旧路失修已久，土陷石崩，工大用繁，村民实无担负艰巨（工程）之能力，长此因循，欲求交通便利，终属空谈无补"⑤。这一呈文在该年的11月6日得到北洋政府的批准，同年，山西省公署颁布了《山西全省修路计划大纲》，并积极付诸实施。民国九年（1920）1月15日，在太原师范学堂内成立了山西省路工局，总办由山西督军署参议赵友琴担任，陆世益出任协办，总工程

---

① 山西省政设计委员会：《山西省政十年建设计划案》1933年。收入山西省史志研究院编《山西通志》第50卷，《附录》，中华书局2001年版，第154页。

② 同上。

③ 山西省政协文史资料研究委员会编：《阎锡山统治山西史实》，山西人民出版社1984年版，第187页。

④ 阎锡山：《阎省长呈报修筑通省道路拟定分段分期办法文》1919年。收入吕荣民主编《山西公路交通史：第一册》，人民交通出版社1988年版，第105页。

⑤ 同上。

师是王录勋。该局由总务股份、工程股份、管理股份等构成，全权掌控山西省的新式公路的修建，近代山西公路建设由此开始有了一个新的起点。

二 民国时期山西铁路的发展与布局

正太铁路于1907年全线通车，对沿线物资外运和销售发挥了重要作用，在其修筑至阳泉之后，山西煤炭产业界即积极准备晋煤的外销活动。进入民国时期以后，首先是在1922—1933年修筑了三条支线，分别是张凤段（由南张村至凤山）、太原兵工厂线、榆谷支线。其次是对部分路段进行了技术改造。由于原线路设计太陡，每列煤车只能挂8节车厢，如挂16节，则必须用双火车头牵引，随着阳泉煤炭外运量的增长，铁路运输能力不足的问题凸显。为了改善这一状况，民国时期山西省在部分路段进行了技术改造。如在获鹿至南张村段，按三段分别进行技术改造，于1918年3月动工，1921年7月全线竣工。其中关键工程一是在南河头处新建一座3孔、每孔跨度60米的铁桥；二是新开一座长640米的南张村隧道。改造后，坡度从原来的千分之二十降到了千分之十二，无须双火车头，运输能力得到提升。另外，在1932年原归法国所有的正太铁路路权被收为国有后，铁道部组织进行了三次改善线路状况的施工。前两次主要是裁弯取直、开凿山洞、铺设桥梁以避开下盘石。第三次是解决娘子关车站因处于地势低洼处而造成出站车辆阻力过大的问题，主要是将车站的低凹处抬高，坡度降低，弯道改缓，改造工程竣工后，列车出娘子关车站不用两个火车头帮助牵引了。[①] 技术改造后的正太铁路，煤炭运力明显提高。

平绥铁路原名"京张铁路"，由中国著名的铁路专家詹天佑担任总工程师，自行设计修筑。之后又修筑建成张绥线，于1916年更名为"京绥铁路"。1928年7月北京改称"北平"，京绥铁路相应改为"平绥铁路"，由铁道部直辖，为国有铁路。平绥铁路扩修至大同，并在民国七年（1918）修成大同至口泉矿区的运煤支线之后，大同的煤炭能够通过平绥

---

① 赵海旺：《正太铁路的修建与变迁》，中国人民政治协商会议河北省石家庄市委员会文史资料研究委员会编：《石家庄文史资料》第13辑，1991年，第11页。

铁路直接运送到北京，这极大地促进了大同的煤炭生产。当时主张修筑的有识之士也同样预见到了修建大同运煤支线的利好因素。就如1917年9月，京绥铁路局局长丁士源请筑同怀支线时所说："怀仁系山西产煤旺盛之区，距大同站仅六十余里，此路若成，运煤极便，且因本路用煤向取给于开滦，路远费巨，路成后可改用晋煤，费可大省。"京绥铁路管理局在呈交通部文中也称："此项枝路造成后，营业进款虽不立时加增，而本路用煤即可改由该处购办，较之现购开滦等处煤斤，每年约有煤价运煤及京奉路车租等项七万余元，合计约九万六千余元，除去此项枝路每年经常支出约需一万三千余元，每年约可余八万三千元左右。"[1] 经过筹议，因为由大同经口泉镇至怀仁县城，工程量繁重，以致耗费巨大，所以决定先修口泉镇一段。

但就全省煤炭矿藏开发与经济建设而言，山西的铁路建设在1914年到1933年的进展实为缓慢。因为到1930年前后，正太铁路对山西沿线经济的拉动影响只限于中东部地区，由河北省正定的石家庄通至太原。北部的平绥铁路，只触及大同等晋北地区。20世纪30年代，同蒲铁路的修筑使贯穿山西的南北大动脉得以打通，这极大地方便了铁路沿线煤炭的运输。

同蒲路以太原为起点，北达大同与平绥铁路相连接，称为北同蒲；南抵风陵渡与陇海线相连接，称为南同蒲。曾在1907年2月确定该铁路为商办，民国二年（1913）改为国办，并入同成铁路，后因袁世凯将用于修筑同蒲铁路的法国借款投入内战，遂将近十年一事无成。民国十六年（1927）阎锡山提出本省筹资兴修同蒲铁路，于民国十七年（1928）聘请德国工程师进行测量，在民国二十年（1931）三月测量工作完成，全长约825千米，预期建筑费7430万元，尚未动工修建便因中原大战后阎民国倒台下野而终止了该工程。阎锡山再次上台后把同蒲铁路定为"省政十年建设计划"中规划的重点项目，由于耗资庞大、工程艰难，计划分三期完成，并成立晋绥兵工筑路局及总指挥部，让其全权负责铁路修建的各项事务，成立筑路传习所，以便培养管工、领工和测路员等专

---

[1] 交通部、铁道部交通史编纂委员会编：《交通史路政篇》第9册，1935年，第1564—1565页。

门人才。民国二十二年（1933）5月开始动工，翌年7月太原至介休正式通车，民国二十四年（1935）3月铺轨到临汾，7月又由太原铺轨到原平，至此原平到介休段竣工通车，8月临汾侯马段通车，12月铺轨至风陵渡，翌年1月1日，原平至风陵渡段全线正式运营通车。从此，山西南部的临汾、乡宁一带的煤炭便能够通过铁路外运了。民国二十六年（1937）3月原平至阳方口段通车，8月铺轨到十里河桥南岸，1937年8月日军沦陷大同，只差8千米没有铺轨到大同，干线至此共铺轨854.7千米。在修筑干线的同时，为便于沿途煤铁资源与客货运输，还修筑了西山（太原至西铭）、忻窑（忻州至迭窑顿）、平汾（平遥至汾阳）、白晋（祁县东观之白圭镇至子洪口）、原明（原平至播明）5条支线。由于百业凋敝、经济匮乏，政府财力不足，虽同蒲铁路的路基是按照宽轨建设的，但阎锡山为节省本省开支而使用价廉且投入运营快的窄轨。窄轨较之宽轨，运力明显不足，并且在煤炭运输过程中，存在一下一上的搬运过程，这增加了煤炭的损耗与运费。民国二十八年（1939）日本侵占山西后将北同蒲路改为标准轨。

三　民国时期山西公路的发展与布局

在公路运输方面，民国时期山西军政高层的受教育程度较高，政局也相对稳定，这为山西公路交通的发展创造了有利的外部条件。但民国时期山西公路交通发展的起点是很低的。

民国初年，山西的公路状况和运输工具均较为落后，省内的主要道路仍然处于清末驿道的水平，一般宽度均不足三米，道路路面凹凸不平。每逢山洪暴发，道路交通就要被迫中断。山西省省内山区较多，山区的道路交通条件较差，主要是以羊肠小道为主，山路崎岖不平，人、车在山路上通行时，时常发生事故，造成不菲的经济损失。尤其是太行山区的羊肠坂，太原北部的十八盘，太原南部的韩信岭，太原西部的薛公岭等地区，均是坡陡弯急的险路，经常发生交通事故，给百姓的生命财产安全造成了重大的破坏。[1]

20世纪20年代山西兴起了修筑公路的高潮，这有力地促进了山西省

---

[1] 吕荣民主编：《山西公路交通史·第一册》，人民交通出版社1988年版，第104页。

内外的煤炭运输。山西省的首条公路是以省会太原为枢纽，南至平遥县，北达忻县南高村的一条干线公路。这条公路全长213千米，民国九年（1920）4月10日开工，当年年底即建成通车，成为山西近代公路修建之嚆矢。民国十年（1921），山西省路工局修筑了数段公路，如平辽公路，北起平定的阳泉火车站，南到辽县（今左权县），途经平定、昔阳、和顺三县，全长121千米。太军公路是从平遥经汾阳到军渡的一条公路。于1921年由美国红十字会捐款，用以工代赈的形式修建了从平遥经汾阳、离石到军渡一段的公路，称为"黄河公路"。同年由山西旱灾救济会拨款修建太原至汾阳段，在汾阳与黄河公路相接，改称"太军路"。忻定台支路，1920年下半年开工，1921年完工，此路以忻县为起点，经过定襄县，终于五台县河边村，在山西地区它是最早由商民集资修建的一条公路。与此同时，山西省路工局动工兴建了省一级的南北两条干线公路，南干线公路是从太原至风陵渡公路，全长688千米，于1920年修筑，民国十二年（1923），该路之一段从运城修至平遥，于民国十六年（1927）全部修通。南干线由太原可南抵黄河，有助于与河南、陕西两省进行沟通。途经榆次、临汾、运城等较大城市，穿过晋中盆地、晋南粮棉产区。北干线公路是由太原至大同，公路全长达292千米，于1920年动工，1923年全部工程告竣。途经忻州、原平、阳明堡、怀仁等县城，止于雁北重镇大同。

从民国十四年（1925）至民国十九年（1930），山西省路工局先后完成了三条重要的公路：其一是河津禹门渡至侯马镇，因此叫侯河支线，全程104千米，民国十四年（1925）修筑，民国十五年（1926）5月完成。东边以侯马镇为起点，经过新绛、樱山、河津，以山西、陕西两省交界的黄河禹门渡为西终点，由于其东西横贯晋南平原，因此成为联系沿线经济社会活动的重要交通路线。其二是从晋城到祁县白圭镇，长达348千米，于1925年10月施工，1930年年末全线竣工，以祁县白圭镇为起点，南达沁县、长治、高平等，终点到达晋城，是太原到晋东南地区的一条主要通道，同时能够以晋东南为基础沟通河南省，公路延伸可达河南沁阳、洛阳等地区。其三是将南干线公路从运城扩修至风陵渡。

山西省的公路干线在布局上，均以其省会太原为中心，向周边辐射至全省的各个交通隘口。一般认为，从1920年到1930年是山西省公路发展的第一阶段,也是民国时期山西省公路建设规模最大的一段时期,集中以大同、太原、平遥、临汾、运城等经济发达地区为枢纽。而从1930年到1937年,由于同蒲铁路的修建和公路主干道的建成,省级公路发展停滞,只有县级公路稍有发展。从1920年至1937年,山西省先后重点建成公路总数达23条,总长约2938千米。

第二节　近代化交通方式影响下的山西煤炭运输量增长及其桎梏

近代化的交通运输方式为交通线沿路煤矿输出煤炭提供了便利,各煤矿内部也相继建立了运输煤炭的轻便铁轨,刺激了煤炭运输量的增长。而煤炭运价过高、山西道路交通布局不合理以及战争期间对交通线的占领和破坏直接或者间接地提高了煤炭运输成本。这种情况直接削弱了山西煤炭在国内外煤炭市场上的竞争力,对外输出量与山西作为煤炭资源大省的客观实际不相符,输出量不足直接影响到煤炭企业的营利水平和扩大再生产能力,间接地导致山西煤炭生产以规模化经营方式的供给能力相对不足,分散的、小规模的土法生产足以在市场竞争中抵抗机械化生产技术的冲击。

一　近代化运输方式的发展与煤炭运输量的增长

《保晋公司报告书》中曾提到,"经营煤矿,发端在产额,尾闾在销路,而枢纽则在乎运输"[1],"中国运煤方法颇为不一,约可分为四种,铁路、高线、水运、陆运如大车牲口或人力车。铁道运输最称便利,不特运费最轻而又能任重载远,故目下各大煤矿不依铁道为惟一之出路,谓铁道为煤矿之灵魂亦无不可。就今所知我国铁路附近俱有重要煤矿,而正太、道清、株萍三路尤不啻为运煤而设。"[2] 近代山西的煤炭开采地区主要集中在山西东部的阳泉、北部的大同、中部的太原以及东南部的长治等地,煤炭主要是从上述几个地区向外输出的。其中由于正太铁路的

---

[1] 大同文史资料研究委员会编:《大同文史资料》第16辑,1988年,第84页。
[2] 谢家荣编:《中国矿业纪要》第2次,地质调查所1926年版,第56页。

缘故，阳泉和太原的煤炭最先被大规模地开采和输出，而长治地区的煤炭开采业在近代一直不算发达，正是由于当地的修路计划一直因种种原因而搁浅。据记载，正太铁路承担了山西省80%左右的煤炭外运量。①

煤炭是铁路运输的大宗物资。"查铁路运输情形，以民国十三四年为最盛时代，就当时国有各路全体而论，所有货运，以矿产品为大宗，而矿产品又以煤为最大部分，以运量及运费而言，每年矿产品，几占全数47%，其中道清路占90%以上，正太路占60%，平汉北宁胶济三路各占60%……矿产品在铁路运输上及铁路材料上所占之地位，既如此重要，可知矿业之盛衰，于铁路营业，实有重要之关系，直接以提携矿业者，间接以发展铁路，欲便利矿业者，不但地方应予提倡，即铁路方面亦应力为促进。"②

随着近代化工业的发展，对原材料和燃料的需求量逐渐增大，如何扩大这些大宗商品的供给以降低生产成本就成为一个根本性的问题。除提高技术水平以实现规模化生产外，大宗商品产量的扩大与运输能力提高带来的运量增长密不可分。时人就认为："煤炭之性质，与其他矿砂殊异，囤积最难，常因天气变迁，改变其性质，遇干则容易自燃，遇湿则其生热能力减低，不堪运用，故煤矿多以运输能力而定其产量。"③ 就铁路而言，一个车皮能装载大约20吨货物，而使用骡马驮运，每头仅能运送230斤。另外，对于长距离的大宗商品运输来说，铁路费用低廉。据汪胡桢《民船之运输成本》中介绍，使用传统的驴车、独轮车甚至肩挑，其运费从18吨/千米到34吨/千米不等，而铁路运费大约2吨/千米。④ 所以，新式铁路带来的煤炭运力的增长提升了煤炭外运量，为煤炭产业的规模化经营提供了可能性，具有正外部作用。

日益完善的交通运输方式使大型的煤炭企业凭借其成本优势能够选择在铁路线通达处布置厂矿，且推动了其煤矿内部轻便铁轨等现代运煤工具的使用。正太铁路和平绥铁路开通之后，铁路沿线的煤矿均是开足

---

① 何汉威：《京汉铁路初期史略》，香港中文大学出版社1979年版，第142页。
② 《铁路与矿业之关系——前实业部矿政司长胡博渊在铁展演讲》，《大公报》1934年5月31日，第4版。
③ 黄伯鲁：《铁路煤运之研究》，《铁道》1933年第4卷第5期。
④ 汪胡桢：《民船之运输成本》，《交通杂志》1935年第3卷第3期。

马力进行生产。平定的建昌公司与保晋公司平定第一煤矿、第二煤矿均修筑了从矿区直达阳泉火车站的轻便铁轨，产量蒸蒸日上。

1907 年成立的山西保晋总公司原址在太原市海子边，于 1916 年在阳泉车站附近重新建址，随后迁入阳泉。保晋公司的六个矿厂均设在阳泉并相继投入机械化设备，井下铺设了轻便轨道，为了提高从井口到火车站的运煤效率，铺设了道岔或轻便铁路。其中第五、第六矿厂因地形和成本限制，尚未铺设轨道，只能以牲口驮运至火车站，因为由此产生的高额运费，相继停产。阳泉另外几个规模较大的煤炭公司比如建昌、广懋、中孚、富昌、平记等都不同程度地采用了近代化的煤炭运输工具。总体来说，传统和近代化的煤炭装运手段在富煤的阳泉地区几乎平分秋色，详见表 5—1。

表 5—1　　　　　　　正太铁路沿线部分矿厂运输方式一览

矿名	所在地	起运站	至起运站的距离	至起运站的运输方法
保晋第一厂	平定阳泉	阳泉	不详	直接装车
第二厂	平定石卜嘴	阳泉	不详	直接装车
第三厂	平定赛鱼	赛鱼	2 千米	轻便路
第四厂	平定石卜嘴	州泉	5 千米	轻便路 3 千米 骡运 2 千米
建昌	平定石卜嘴	阳泉	不详	直接装车
平记	平定赛鱼	赛鱼	0.5 千米	轻便路
广懋	平定黄砂岩	阳泉	9 千米	骡驮
富昌	平定大阳泉	阳泉	3 千米	骡驮
中孚	平定小阳泉	阳泉	0.5 千米	骡驮
寿阳保晋分公司	寿阳陈家河	寿阳	17 千米	骡车
银山	阳曲瓜地沟	太原省城	12 千米	骡驮与大车
民生	阳曲观家谷	太原省城	17 千米	骡驮与大车

资料来源：中国第二历史档案馆藏，档号 28—10652：《全国煤业报告——正太铁路沿线煤矿调查》，1936 年，第 440 页。

平绥铁路沿线的大同煤田也得到了大规模开发。1909 年成立的保晋大同分公司成为大同地区最早的近代煤矿公司，不过由于当时大同没有修筑铁路，运输环境较差，而且煤矿前期勘探工作做得不到位以致选矿不当，该公司的发展经历了不少曲折，1916年因亏损严重而停工，第二年复工。在1918年修筑平绥铁路大同到口泉的支线之后，便利的运输方式有助于大同煤炭的运输。1925年7月大同第一对近代半机械化的竖井建成——忻州窑竖井正式出煤，煤炭开采量可观，之后又铺设了从忻州窑矿厂到口泉站的轻便铁道。1929年5月成立的晋北矿务局铺设了从永定庄、煤峪口矿厂到口泉站的轻便铁道。此外，除晋北和保晋两大煤矿公司外，还有保恒、同宝煤矿等一些规模较大的煤矿进行了机械化改造，铺设了运煤轻便铁道。

表5—2　　　　　　　　平绥铁路沿线各矿厂概况

矿别	矿名	地点	每日产额（吨）
新式大矿	晋北矿务局	永定庄及煤峪口	800
	保晋大同分公司	忻州窑	270
	同宝矿业公司	胡家湾	130
	协兴公司	瓦渣沟	150
新式小矿	恒义公司	树儿凹	50
	同泰公司	挖井湾	50
	大同公司	托平村	50
	三道沟及杨数湾两矿	云岗沟内	100

资料来源：《平绥铁路沿线煤矿调查报告》，中国第二历史档案馆藏，档号：28—10653。

同蒲路的建设为山西大规模生产开辟了新的市场。1929年同蒲公路的修筑使汾西煤田富家滩矿的前身桃钮村煤矿受益颇多。"桃钮离公路不远，只要把煤运到山下，就能远销临汾、运城等附近城镇。销路扩大，杜中窑的煤价立即上涨，每挑田折合麦子二升上涨到四升左右"，"这样桃钮附近的挖煤窑风潮使兴盛一时，迄至1931年在桃钮村向西300亩方圆的沟楼只洞、老窑沟、灿黄屹塔和岭只屹塔等地，先后出现规模大小不等的煤窑38个。……从1928年到1931年短短四年中，桃钮山主几乎全成了窑主。"① 后来甚至成立了桃钮煤矿股份有限公司。1935年同蒲铁路通车，在此建富家滩站，销量大增，全年产煤达4.6万吨，该公司进入黄金时代。② 太原虽是正太铁路之尾闾，但由于长期缺少铁路支线，煤炭生产以土法为主，1933年西北煤矿第一厂在太原西山投产建成，1934年引同蒲铁路中西山厂线进入该厂，便利了该厂煤炭的运输。

从零星的统计数据来看，铁路等近代交通方式在煤炭运输上面的运用，的确提高了山西煤炭输出量与运输效率。平绥铁路"沿线人烟稀少，工商幼稚，客运业务，向不发达"③，可见平绥铁路以货运为主。1930年，平绥铁路货运收入是客运收入的两倍，就足以体现这一点了。货运中的大宗物货以杂粮、杂货、盐碱、药材、煤炭、蔬果、牲畜和皮毛等为主，其中口泉站与门头沟及其沿线各煤矿煤炭运输数量甚多。④ 由表5—3可知，1917—1924年，煤炭运输量逐年上升，1925年因战乱中断铁路交通，煤炭运输量大幅下滑，直到1931年才有所恢复，并呈逐年上升的态势。也就是说，1925年和1931年由于战争导致煤炭运输量呈现一定的下降趋势，就整体而言，煤炭运输量是上升趋势的。

表5—3　　　　　　　　平绥铁路之大同及口泉站起运煤

年份	运量（吨）	年份	运量（吨）
1917	17773	1924	248533
1919	28475	1925	79742
1920	139669	1931	190714
1921	67466	1932	260344
1922	166690	1933	292295
1923	238245	1934	680352

资料来源：谢家荣编：《中国矿业纪要》第2次，地质调查所1926年版，第25页；侯德封编：《中国矿业纪要》第5次，地质调查所1935年版，第79页。

---

① 汾西矿务局矿史编写委员会：《汾西煤矿史》1962年印行，第7页。
② 同上书，第15页。
③ 平绥铁路管理局：《平绥》（第2册），1934年7月1日至1935年6月30日，第77页。
④ 交通部平津区张家口分区接收委员会办事处：《平绥铁路概况》1946年，第14页。

正太铁路正式运营后，以货运为主。总收入的70%左右是货运收入，1934—1935年占比高达83%，主要承担阳泉的硬煤和山西省各县的粮棉等农副产品的运输，另外还有一些生铁制品、布匹、砂货等。从表5—4来看，煤炭始终是正太铁路运输的大宗商品，在货运总量上占据绝对比例。而从图5—1可以看出，正太铁路在1910—1924年运出的烟煤和硬煤呈现整体增长的趋势，这直接说明了由铁路带动下煤炭输出量的增长。

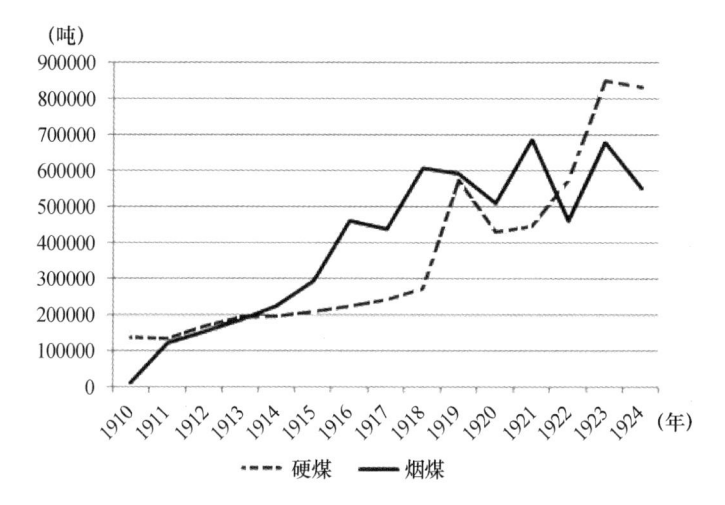

图5—1　正太铁路1910—1924年装运烟煤、硬煤运输统计

资料来源：交通部、铁道部交通史编纂委员会编：《交通史路政编》第12册，1935年，第4055—4056页。

表5—4　　　　　　　　　　正太铁路煤炭运输概况

年份		1912	1913	1914	1915
货运总量	数量（吨）	474975	492936	533499	593863
	运费（元）	1963194	1662327	1624656	1598986
煤炭	数量（吨）	319455	376000	419050	500589
	运费（元）	665283	745258	798740	858341
	数量比例（%）	67.25	76.25	80.04	87.16
	运量比例（%）	33.88	44.83	49.16	53.67

资料来源：[日]同文会编，孙耀等译：《中华分省全志》（山西省志），1920年，山西省地方志编纂委员会办公室1992年版，第105页。

山西煤炭企业也深受正太铁路运力之利。从表5—5可以看出,虽然1930—1932年正太铁路运费不断提升,但这时由于保晋公司尚处于发展初期,重视煤炭的推销,致力于国内外市场的开拓,而且运输条件便利,加上阳泉煤炭的产量还不太多,因而运输量连年增长。而像平定的建昌、广懋煤矿以及阳曲的西山煤矿在20世纪30年代通过正太铁路运出的煤炭数量也呈连年增长的趋势。阳泉和太原作为山西煤炭开采水平最发达的地区,也是煤炭输出数量最多的地区。"平定地区的煤,正太路未通车之前,靠人畜贩运在当地销售为主,最远用骆驼运到直隶的获鹿、正定一带销售。自从正太路通车之后,这些地区的煤便由火车运到石家庄南北各站销售。"[1] 太原地区的煤炭资源以山西省政府开办的西北实业公司中的西北煤矿一厂和二厂所生产的煤炭为主,除供给西北实业公司其他企业使用和附近民间生产、生活外,大多通过正太铁路向东输往石家庄,再经京汉等铁路干线转运。

表5—5　　　　　1930—1932年正太铁路运输晋煤情况　　　　单位:吨

运出地点	矿名	所运数量		
		1930年	1931年	1932年
平定	保晋	163900	218900	217740
寿阳	土窑	107280	90120	93120
平定	建昌	23900	42600	33660
平定	广懋	2800	不详	14700
阳曲	西山	58640	147780	164120
其他各矿		265083	185008	220827

资料来源:《山西之煤矿业》,《中央银行月报》1936年第5卷第2期。

二　运输成本高昂及其影响因素

山西煤炭的运费极为高昂,我们以保晋公司为例进行分析。保晋公司阳泉公司的煤炭运输在省内需要通过正太铁路以出口外销,而煤炭在

---

[1] 山西省地方志编纂委员会:《山西通志·煤炭工业志》,中华书局1993年版,第335页。

全国的分销则需要平汉铁路的支持。但两条铁路的轨道标准存在差异：正太铁路是窄轨而平汉铁路使用标准轨，所以，保晋公司煤炭在抵达河北石家庄时需要重新装卸再运往全国。由于晚清时期保晋公司就已经承受着运费高昂的负担，1909年上任的山西巡抚宝棻奏请降低山西煤炭的运费价格。① 民国初年，保晋公司重新进行人事安排，健全了相关制度，在内部管理方面提高了公司运作的效率。煤炭产量在这时显著增长，即使运费仍然偏高，但铁路机车带来的运力提高客观上为公司的薄利多销提供了可能。到民国十三年（1924），保晋公司在七八年间实现了由亏转盈，基本上补齐了创建初期的亏额且有节余。但随着外部环境的恶化，省内政局动荡，运输成本高涨等的不利影响逐渐制约着保晋公司的销售经营，这在以下保晋公司一线管理层的呼吁和请愿中可以略见一斑。

（正太铁路运费过高）为煤业前途的一大障碍，言念及此甚堪痛心，屡经交涉殊少效果，兹将正太铁路差别待遇诸点，略述如下：

一、世界铁路会议运煤标准原则，为每吨每千米七厘，北宁之于开滦，平汉之于六河沟等矿，均于标准运价大致相符，正太路对晋煤，现虽每吨每千米改订二分（去年十月前每吨每千米二分五厘）若按英里合算则为四分七厘，较世界铁路运煤标准，高出五六倍，比北宁各路，高出四五倍，同为国有铁路，并运同样货物，不当如此悬殊，此为应减者一。

二、铁道部运输会议规定，同一路线煤矿的运价，不得差别待遇，对井陉正丰的煤运轻，对阳泉各矿的煤运重，不仅阻碍晋煤的发展，且亦违反铁道部的决议，此为应减者二。

三、正铁全线几全在山西境内，煤运又占全路收入百分之七十以上……铁路多仰给予山西，其主要的收入更在煤运，此为应减者三。

四、我国铁路制度，所采为国有政策，正太路亦为国有铁路之一，订定运价，应以扶植农工商矿发达为目的，不应籍此操奇计赢为利数，就是运费减低，对于客货不少利益，而路局本身亦因货物

---

① 《邮传部奏议复晋抚等奏运煤减价办法折》，《政治官报》1909年第565期。

增多，自然也更有利，并不发生什么影响，此为应减者四。

综上所述，晋煤储量丰富，品质又佳，特以距离海口既远，陆运又受路局的差别待遇，致使销路滞涩，业务萧条，不惟不能贱价倾销，以扶持产业，致原有的市场地位也日渐衰落，这种影响，不能不归为正太路的有意摧残，愿晋人整齐步骤，妥筹交涉，不达目的，誓不放手，以打开晋煤的出路。①

以保晋公司为代表的山西近代的煤炭企业近代化程度较高，保晋公司的管理层一般都有国外的留学经历，对当时国内外煤炭的市场行情十分熟悉，他们屡屡与正太铁路局和北洋政府、南京国民政府就山西煤炭运费过高的问题进行积极的交涉，但收效甚微。据《中华实业月刊》第2卷第4期记载：另外，由于保晋公司是股份有限公司，因此公司的管理层对该公司的各项成本记录得比较详细，以下是《保晋档案》中关于山西煤炭运输成本的原始档案：

查路矿两政，相为辅车，矿籍路以运输，路赖矿以维系。平定硬煤，富甲全国，煤质之佳，誉溢中外，然所赖以运销外省者，仅恃正太路之窄轨，而运费之奇重，为中国各路所未有。查原章硬煤运价，每吨每千米洋三分二厘，清宣统初年，经渠前总理禀请晋抚咨明邮传部核准，仅将联运京汉路以外者减为吨里五角四分四厘，而不登京汉车者照旧。民国五年以来，崔前总理，迭请减轻，至七年始将普通运价减为吨里三分，联运京汉以外者，将底价定为吨里二分九厘，并按里数之远近，分为八等，按二十吨车，给予三元三角以至十六元之减价。九年二三月间，崔前总理迭向交通部及该路局竭力交涉，待至五月一日，始将普通运价改为吨里二分六厘，联运底价改为吨里二分五厘，而奖励远销之八等减价仍旧施行。似此运价较各路仍属奇重，计由阳泉运至石（家）庄一百二十一千米，按每吨每千米洋二分五厘计，每二十吨车共需洋六十元零五角，而

---

① 《怎样发展晋煤》，《中华实业月刊》1935年第2卷第4期，民国二十四年八月，第134—136页。

公费杂费尚不在内,若与普通国有各路平常运价比较,则吨里运价以七厘为标准,是由阳泉至石(家)庄每二十吨车,仅需洋十六元九角四分,以彼例此,每车二十吨运价竟多四十三元有余,每吨仅多出洋二元有余。再与井径矿务局运价比较,该矿运价以每吨每英里一分核收,即每吨每千米运价为六厘二一四七七,计由南河头至石(家)庄共四十四千米,每吨仅需运价洋二角七分三四五;正丰矿运价,按每吨每千米八厘核收,计由南张村至石(家)庄共五十七千米,每吨仅需运价四角五分六厘。依此计算,若我公司硬煤与井径矿运价享受同等待遇,则每二十吨车,纳运价十九元三角六分,亦可由阳泉运至石(家)庄矣。今竟以高压手段,苛酷办法,而强令缴纳运费六十元零五角,犹佯然语人曰,此为最低之运价,非俟改建宽轨,不能再减,何其待井陉正丰之厚,而待保晋如是之苛耶。同是煤矿,在同一铁路之内,而运价悬殊,若是之巨,此等不平等之待遇,恐任何人断难忍受也。况此项硬煤销路,以正太为枢纽,若运价如此之奇重,实为晋煤发展之一大障碍,欲期晋煤发展,舍将正太运费特别减轻外,别无他法。是宜努力奋斗,务须于最短期间援例核减者也。至于平汉路运价原章亦重,虽经邮传部改定联运价核减一次,然较各大矿核减之数,仍属过重。至民国六年,迭向交通部请求核减,始由交通部饬知京汉路局,比照福中正丰两公司特定晋煤整列车为每吨每千米六厘八二五,计由石(家)庄至天津或北京,每车二十吨较前运价可省十七元有余,晋煤畅销,赖有此耳。乃自民国十五年以来,交通破产,平汉运价忽改四十九款,忽改三十二款,甚至加收极重之军事附捐。今军事附捐虽已取消,而三十二款之运价,亦足以遏止远销,而制晋煤出口之死命。此亦矿业界所宜急起而图之者也。①

就这两段材料而言,我们需要结合历史背景做进一步的认识。民国时期,山西煤炭产量最大的地区是阳泉,一个很重要的原因就是阳泉地区的煤炭能够利用正太铁路向外运输和销售。光绪三十三年(1907),正

---

① 曹慧明主编:《保晋档案》,山西人民出版社2008年版,第75—77页。

太铁路建成通车后，其经营管理的权力一直掌握在铁路的出资者——法国人手里，直到1933年该铁路才被收归国有。法国人控制下的正太铁路局规定：阳泉煤炭的运费是每吨每千米3分2厘，这是世界铁路会议中《万国煤运率》制定的煤炭运费标准——每吨每英里7厘的6倍多，为中国一般国有铁路（如平汉铁路、北宁铁路）每吨每千米7厘的4.57倍。民国六年（1917），北洋政府交通部与京汉铁路局经过磋商，决定将山西省煤炭的运费降低至与河南福中煤炭公司、河北正丰煤炭公司相同的运费，在政策上给予山西省煤炭企业与其他省份煤炭企业相同的运费待遇，这有效地促进了山西煤炭的运输和销售。从民国七年（1918）至民国十一年（1922）这五年时间里，仅山西保晋公司就通过正太铁路向省外运输煤炭105万吨，在铁路运输费用方面的支出为340万元。如果在此期间，保晋公司能够享有与河北井陉煤矿一样的运价率，就可以节约运输费用200万元。① 从民国十五年（1926）开始，中国南北双方均发生了旷日持久的军事冲突，平汉铁路的运输遭受这些激烈的军事冲突的严重破坏，这严重影响了正常的商品运输。有时，交战双方为了筹集军费，会对平汉铁路征收高昂的军事附捐。在北伐军进入北京之后，平汉铁路的军事附捐虽然取消了，但由于平汉铁路路轨有多处损毁，铁路机车大部分遭到破坏，导致铁路运输供不应求。在这样的背景下，平汉铁路局再次提高了运输价格。山西煤炭的外销再次遭受严重的负面影响。

当正太铁路的经营权在法国人手上时，法国人为了促进其控制下的安南（越南）煤矿对中国的出口，为山西煤的运输设定了高昂的运费，以此来打击山西省的煤炭行业，并进而以此来打击山西全省的工业，山西省的煤炭产业乃至全省的工业因此而饱受打击。民国二十二年（1933）11月25日，正太铁路的经营权正式收归南京国民政府铁道部经营，但由于南京国民政府与山西的阎锡山地方当局刚刚经历了中原大战的硝烟，双方积怨已深，为了抑制山西省的煤炭产业乃至整个山西省工业的发展，南京国民政府铁道部控制下的正太铁路局针对山西煤炭的运输费用并没有降低。虽在保晋公司的一再请求下，在民国二十三年（1934）7月将运

---

① 阳泉矿务局矿史编写组：《阳泉煤矿史》，山西人民出版社1985年版，第79页。

费改为吨千米大块硬煤二分,碎末煤一分八厘,但因同时取消了回扣,实际仍与吨千米二分五厘相近。① 于是出现了上述以保晋公司管理层为代表的各界有识之士用舆论形式对降低运价、享受与全国国有铁路一致待遇的呼吁。

运输成本高昂的第一个因素是交通线路布局不均衡造成的整体煤炭运输水平的落后。山西是典型的黄土高原地区,地处内陆,无舟楫航行之便。其东面临太行山区,西面临吕梁山区,北面临北岳恒山,南边被黄河所阻隔,山西全省的山岭地区的面积约占全省国土总面积的67.5%。位于山区的县镇能够通行大车的路很少,主要是以通行牲口的驮运路和羊肠小道为主,交通状况落后,运输条件很差。时人陆世益在《山西修路记》中谈到1920年之前山西省交通运输状况时说:"全省一百零五县,既无航路可通,而陆路除平定、大同原有铁路两段,仅能东达外,其余则山行者崎岖,原行者泥淖,以致转运困难,生产无由发达,人民生计所以日行渐窘。"② 一直到1949年山西全省解放时,在山西省的105个县中,有42个县还未通汽车。就煤炭运输而言,山西省主要的产煤地区阳泉位于崇山之中,因此道路崎岖,交通很不方便。太原桃河附近流域的水流量不多,不能支撑多艘船只同时运输,所以只能使用马等畜力来驮运。直到正太铁路修通以后,山西省的煤炭才开始沿着铁路运往各地。

汽车与铁路的出现及广泛应用,只是表面宣告了近代交通工具的诞生,要完全取代传统的运输工具,这需要一个漫长的过程。实际上,山西省内传统的运输工具直到20世纪80年代才逐渐消亡。民国时期,汽车与铁路相对于传统的运输工具,并不占优势。这主要是因为当时山西省内很多县、市都还没有开通铁路,一半左右的县、市没有开通公路。即使在有公路和铁路的地方,也面临着铁路机车和汽车数量严重不能满足煤炭运输需求的问题。同时,公路需要维护,用汽车运输煤炭对公路的破坏是较大的,公路的道路交通条件经常不能满足正常的通行需要。因此,在山西省出现了近代的铁路和公路之后,传统的运输工具仍然在运输业中起着举足轻重的作用。山区的运输和短途的运输几乎全部使用民

---

① 阳泉矿务局矿史编写组:《阳泉煤矿史》,山西人民出版社1985年版,第81页。
② (民国)陆世益:《山西修路记》,商务印书馆1921年版,第5页。

间运输工具来进行，公路的大宗货物运输业有部分仍然使用传统的民间运输工具。根据1937年的统计，当时山西全省有马车7.1万余辆。这些马车除了极少数的一部分从事专门的运输外，绝大部分是在农忙时节服务于农业，农闲时节则从事运输业以便贴补家用。当时传统的民间运输工具承担了山西省内的公路货运量的70%左右。

运输成本高昂的第二个因素是战争对道路的破坏。民国前期（1916—1924年），中原地区爆发了直皖、直奉战争，不过由于战争持续时间不长，造成的铁路轨道交通破坏程度不大，尚未影响山西煤炭的外运。但从1924年开始，国民政府和北洋军阀政府、各地区割据势力之间的战争不断，国民大革命在南北两地造成了较大程度的破坏，而在山西省，从1925年到1928年，以阎锡山为首的省政府军队先后与奉军、国民军发生大规模武装冲突。这对正太铁路和平绥铁路的煤炭运销造成了极大阻碍，铁轨和机车破坏严重，重要的煤炭外运通道如平汉线、北宁线也相继陷入瘫痪状态。山西平定的硬煤曾经一度能够通过平汉线向南运往广东顺德，向北能运至保定、京津地区，最远可向南出口到香港，向北由天津港远销日本，通过在铁路运输遭到破坏的情况下，只能运到石家庄。大同地区的煤炭在平绥铁路遭到破坏后，其销售陷入僵局。而其他地区如寿阳、晋城等的中、小型煤窑受到交通限制只能在本地销售。煤炭销路的阻塞造成煤炭企业面临严重的存货积压，生产难以扩大，企业经营者为降低成本纷纷压缩生产、解雇工人、降低工资，煤矿工人大量失业成为不争的事实。

1937年，全面抗战爆发，由于其在军事上的重要性，各方实力派人物都将目光投向了山西省。因此，在抗日战争中，山西省的近代公路与铁路遭受了较为严重的破坏。抗战胜利后，随之而来的解放战争又加剧了山西省近代运输业的衰落。1949年4月，山西省全境解放时，能够正常通行的公路只有1288千米，这么有限的公路里程还不能保证正常的交通运输，经常是晴天通行，雨天受阻。

山西省的煤炭不仅储量甚丰而且品质上乘，但上述种种不公平的运输费用方面的待遇致使晋煤的外运受阻。在当时山西煤炭产业近代化程度不断提高，煤炭产量节节攀升的情况下，这已经成为近代化程度不断提高的山西煤炭产业发展的最大"瓶颈"之一。

三 运输成本对山西煤炭产业近代化的制约

在近代社会中,作为一种笨重而且廉价的生活必需品,煤炭的大规模长途运输离不开铁路。著名经济史学家、加州学派的代表人物彭慕兰(Kenneth Pomeranz)教授指出,在18世纪,中国经济最发达的地区——江南与欧洲经济最发达的地区——英格兰在经济发展水平方面不分伯仲,但为什么近代的工业革命首先发生在欧洲的英格兰而不是中国的江南呢?一个重要的原因是,英国煤炭资源丰富且国内有便利的水运条件,而中国江南地区矿产资源稀缺,不足以为工业革命的诞生提供能源基础。[①] 在18世纪,煤炭资源的缺乏造成江南的重工业较英国显著落后,而轻工业在这一时期却有不小的进展。李伯重将这一现象称为明清时期江南经济的"超轻模式"。[②]

由此可知,一个国家的近代化进程离不开作为国民经济支柱的重工业,重工业的产生、发展离不开能源资源的供给,在资源禀赋与经济发展水平明显存在不匹配的地区就迫切需要煤炭等动力能源提升其产业结构,进一步发挥其辐射、带动力量,交通运输则承担了地区之间调剂余缺的任务。以长江中下游为中心的江南地区作为中国经济核心区就是一个典型的资源禀赋与经济发展水平明显存在不匹配的地区。近代山西在煤炭工业逐渐近代化的条件下迫切需要以煤炭的外销推动地区国民收入的提高。民国时期,山西省煤炭企业运输方式的变化体现在主要使用铁路和轮船进行煤炭运销,尤其是以保晋公司、西北实业公司为代表的几家较大的煤矿企业在这一时期修建了从矿区到火车站的轻便铁路,这极大地提高了这些公司的运输能力。运输能力这个"瓶颈"解决了,相应的煤炭产量也随着运输能力的提高而上升,但运输成本过高始终是山西省煤炭产业发展的一大制约因素。

---

① [美]彭慕兰:《大分流:欧洲、中国及现代世界经济的发展》,史建云译,江苏人民出版社2003年版,第107—165页。

② 李伯重:《江南的早期工业化(1550—1850)》(修订版),中国人民大学出版社2010年版,第218—247页。

表5—6　山西平定保晋公司和大同晋北矿务局与全国其他主要煤矿
生产成本和销售成本比较　　　　　　　单位：元/吨

矿名	采煤成本	总成本	运销地点	运费	杂费	销售成本
平定保晋	1.42	2.51	天津	6.84	1.53	10.08
大同晋北	1.16	2.69	天津	6.95	0.63	10.27
开滦	2.9	3.68	天津	2.3	0.44	6.42
井陉	1.43	3.25	天津	5.04	0.14	8.43
门头沟	不详	3.5	天津	3.39	0.47	7.36
临城	不详	3.51	天津	4.95	0.45	8.91
正丰	1.65	2.89	天津	5.25	0.8	8.94
怡立	1.9	3.3	天津	5.39	0.52	9.21
六河沟	3.53	4.12	天津	5.51	0.23	9.86

资料来源：侯德封编：《中国矿业纪要》第5次，转引自张正明《山西工商业史拾掇》，山西人民出版社1987年版，第56页。

从表5—6可以看出，山西平定保晋煤矿和大同晋北矿务局的采煤成本在全国处于较低水平，但是加上高昂的运费以后，销售价格因此迅速上涨。山西煤炭由于运费问题而行销受阻的情况，引起了当时国人的广泛关注："阳泉之保晋煤矿公司，大同口泉之晋北矿务局，虽系新法开采，然因正太、平绥二路运费问题，出口为难，至今货堆如山，销路停滞，此亦为本省经济雕（凋）敝之一大原因。"[①] 西北实业公司、保晋公司、晋北矿务局等山西近代煤炭企业"惟以运费太高，不能尽量开采，供给各地需要"。[②] 争论的焦点集中于中央铁道部对全国煤炭企业制定了差别化的煤炭运费，而山西煤炭运费高的原因也在于此："正太路所定运费，对于各矿悬殊太甚，其最低者为井陉煤，每吨每千米运费为六厘二一四七，其次为宝昌及民兴煤，每吨每千米运费为一分八厘一〇五二七，再次为正丰煤，每吨每千米运费为（一分）九四一二，最高者为阳泉保

---

① 《运费桎梏下的山西煤矿》，《民报》1933年5月15日，转引自陈真、姚洛编《中国近代工业史资料》第1辑，三联书店1957年版，第742页。

② 《晋煤无法推销》，《中行月刊》1933年第7卷第5期。

晋各煤，每吨每千米运费为二分五厘，与井陉煤相比，几高四倍余"。①范师任在《振兴国煤之我见》中评论："紊乱的运输系统，以营利为目的的运输机关，对于国煤之威胁更大，其结果竟使国煤之运费较其矿山成本高至数倍，以至未能与外煤竞销于国内外市场。"②

运输成本过高对山西煤炭产业近代化的阻碍主要表现在以下三个方面。首先是在国内和国际市场上降低了山西煤炭的竞争力，煤炭销售面临成本竞争劣势，由此丰富的山西煤炭资源不能为中国近代工业化发展提供充足的能源支撑。据阳泉煤业公会的统计，5年内全区的煤炭产量及运出数量如下：

表5—7　　　　　　　阳泉煤炭产量及运出数量比较表

年份	出煤量（吨）	运出量（吨）
1929	535155	399340
1930	600200	499220
1931	712648	475200
1932	741911	589580
1933	572000	404180

资料来源：侯德封编：《中国矿业纪要》第5次，地质调查所1935年版，第378—379页。

由表5—7可知，5年内平均煤炭运出量占出煤总量的74%，1931年，仅仅达到66%，是5年内煤炭外销量最少的一年。煤炭的滞销使大型矿厂的机械采煤能力严重过剩，正太铁路不能满足平定地区煤炭的运输需求，因此，平定煤炭有一部分只好就地销售。另外，大同保晋公司理论上的年生产能力为60万吨，而1929年采煤量仅仅为29.4万吨，不足其采煤能力的50%。③如果我们把山西煤炭的运价和运费和外省进行比较，更能发现运费高昂对山西省发展煤炭产业的负面作用。下面以红煤为例进行分析。

---

① 《晋煤无法推销》，《中行月刊》1933年第7卷第5期。
② 范师任：《振兴国煤之我见》，《中国实业杂志》1935年第1卷第5期。
③ 满铁天津事务所调查课：《山西省的产业与贸易概况》，中国第二历史档案馆藏，1936年，全宗号：2024，目录号：2，案卷号：22。

表 5—8　　　　　　　　　　各省红煤价格

地区		红煤价格（元）
河北	北平	12.265
	天津	16.67
山东	济南	8.77
	青岛	15.25
山西	太原	2.73
	阳曲	2.45
河南	开封	7.38
江苏	上海	14.12
湖北	汉口	22.17
热河	承德	8.91
察哈尔	张家口	8.2

注：红煤价格取各年的算术平均值。

资料来源：谢家荣编：《中国矿业纪要》第 2 次，地质调查所 1926 年版，第 94 页；侯德封编：《中国矿业纪要》第 3 次，地质调查所 1929 年版，第 282 页。

据表 5—8 中所列，对比华北地区和长江流域，长江流域煤价整体高于华北地区，比如上海和汉口的煤炭价格普遍高于华北诸市，这主要是北煤南运过程中高昂的运输费用导致的。而就南方城市内部比较，我们发现，汉口红煤价格比上海高 8 元左右，相当于上海煤价的 157%。这主要由于汉口的红煤来自山西，须通过正太铁路和平汉铁路到达汉口，距离较长且较北方其他地区运煤价格，山西煤炭运费最贵。据记载，山西红煤在正太铁路的运费为 1 吨千米 0.025 元，在平汉铁路则是 1 吨千米 0.0129 元。高昂的长途运费造成汉口红煤价格远高于其他城市。

地区之间煤炭价格的差异在华北各城市内部表现得也较为明显。山西省内太原、阳曲的煤炭价格较低，主要是就地生产销售，不需要长途运输，距离短，而且在省内开采成本也较为低廉。其他华北城市，比如北京、天津和青岛煤炭价格普遍较高，但三个城市都邻近主要的矿产区，其煤炭价格较高的原因，除北京外，难以用运输成本解释。北京的煤价高昂主要是由于其消费的红煤大部分来自山西阳泉保晋分公司，要通过正太铁路运至石家庄再转北宁铁路。正太铁路运费较其他铁路为高且铁轨是窄轨①，在石家庄转换标准轨时需要换车装卸，增加了一次装卸费。因此北京红煤价格偏高也在情理之中了。

其次是煤炭销售困难所造成的大型煤炭企业的亏损，这不利于企业积累生产性资金扩大再生产，影响了技术改造和规模化经营。

以山西保晋公司来说，由于销衰产滞，该公司财政经常处于拮据景况。据胡荣铨《中国煤矿》称，该公司"自开办至民国五年七月底，共亏空洋879551元。嗣后虽年有盈余，但至十一年七月底，尚不能弥补，仍亏空洋290273元许，而历年积欠息，1480391元尚不在内"。② 而1925年到1929年亏损额又连续上升，累计达44万元。

表5—9　　　　　　　　1925—1929年保晋公司亏损额

年份	亏损额（元）	利率（%）
1925	-12.881	-0.4
1926	-53.941	-1.9
1927	-355.174	-12.4
1928	-18.941	-0.7
1929	-7.041	-0.2

资料来源：张正明：《山西工商业史拾掇》，山西人民出版社1987年版，第62页。

运输成本的降低对于近代煤炭企业的发展具有重要意义，通过观察保晋公司大同、阳泉矿区的兴衰可以明显得出这个结论。保晋公司大同分公司在早期距离平绥铁路上百千米，不利的运输环境使大同矿区被迫于1916年停产。1918年平绥铁路支线扩修至大同，于口泉镇设立火车站，距离矿区仅仅7华里。与此同时，矿区内部适时地修筑了从矿区到口泉火车站、重达32英磅的轻便铁轨，同时配备110马力的铁路机车和载重10吨和5吨的煤车，运输费用极大地降低了，这对于公司经营状况

---

① 正太铁路与其他路线煤炭运价比较：平汉路最远每吨每千米为0.00773元，平绥路最远每吨每千米为0.013元，津浦路最远每吨每千米为0.00729元，胶济路最远每吨每千米为0.00812元，而正太路运价无论远近，每吨每千米则为0.025元。参见国民政府实业部档案，全宗号：四二二（5），案卷号：63。

② 胡荣铨：《中国煤矿》，商务印书馆1935年版，第200页。

的改善起到了重要作用，一度成为保晋公司唯一赢利的分公司。

保晋公司平定分公司在有条件的煤矿铺设了从矿区到阳泉火车站的轻便铁道以保障其坑外运输。保晋公司平定分公司各煤矿按照距离正太铁路的远近，运输条件也有明显的差异。保晋公司平定第一、二矿由于距离正太铁路较近，矿均购买了铁路道岔。煤炭从这两个煤矿的坑内运至地面之后，马上就装进正太路的火车车厢中，再通过正太铁路转运至各地。因此，保晋公司平定第一、二矿的运输条件十分优越。但保晋公司平定第三、四、五、六矿由于与正太铁路的距离比较远，运输需大量使用驴、骡等牲口，运输条件较为落后。

落后的运输条件和运输成本成为导致山西煤炭产业近代化发展二元特征的基本原因之一，这方面内容会在第六章第三节进行更详细的介绍。

第三节　近代交通方式影响下的山西煤炭销售网络与新型销售方式

民国时期，山西煤炭在销售市场和销售方式上出现了若干近代化的特征，突出表现在山西煤炭借助铁路和轮船将销售范围扩大到海内外。除解决本地民众生产生活需要和保证工矿业消耗外，民国时期山西煤炭企业在开采技术近代化和交通运输方式的改进的支撑下，力图扩大煤炭的行销范围。在北方，主要以北京、天津、河北、内蒙古等为行销地，南方则以上海、江苏等经济发达区为主。向南最远可销售至香港，向东借助天津的塘沽港可海运至日本、北美等地。山西煤炭企业在全国多个城市设立销售网点，与上海、天津等地的企业加强合作，签订供货合同，并通过举办参与博览会、展销会等方式，提高山西优质煤炭在国内外的知名度。

清末民国时期，铁路的畅通，为山西煤炭的大规模外销提供了必要的运输条件。由于正太铁路和平绥铁路的修筑，山西煤炭能够沿着铁路销往外省。在北京，煤铺在商店门口打出"山西红煤，焦作大炭"的广告，用来招徕顾客。当时从山西运往北京的煤炭质地比较坚硬，容易成块，火力旺盛，有的煤块上面结有一层红色的水锈，因此称为山西红煤。煤铺往往会使用"山西红煤"的广告语，以便顾客更有效率地选择煤炭的品种。一般情况下，旅馆、饭店、炼炉房等多烧大灶，因此常常会购买山西红煤；而百姓一般使用小火炉做饭、取暖，因此常常购买河南焦作地区的大炭。

北京与石家庄是山西煤炭最主要的销售区域。这主要是因为北平是元明清三朝的国都，是中国首屈一指的特大型城市，人口十分稠密。石家庄由于地处平汉铁路与正太铁路的交会点，成为华北地区的一座新兴城市。由于正太铁路与平汉铁路的轨距不一致，通过这两条铁路运输的货物必须在石家庄重新装卸一次，因此，石家庄在短时间内就聚集了大量的劳动力，故而该地对煤炭的需求量较大。

民国时期，山西煤炭企业中近代化程度最高的保晋公司平定无烟煤一直作为地方的取暖用煤在市面上销售，但开采时产生的粉煤经常被抛弃。[①] 在正太铁路没有通车以前，平定地区各煤窑生产的硬煤。由于受交通条件的限制，只能依靠驴、骡等畜力运输，运往河北的获鹿、正定等地销售，供当地民户做饭、取暖等使用。

正太铁路正式通车以后，平定地区的硬煤先经正太铁路运至石家庄，除在石家庄本地每年销售的十余万吨外，大部分在石家庄卸货，之后再重新装上京汉铁路，经过京汉铁路再运往铁路沿线各地销售，一小部分煤炭经平汉线运至北京，再上北宁铁路到天津销售。铁路打开了山西煤炭的销路，这有力地提高了山西煤炭的产量。

煤炭产业的开采、加工、销售使各地区之间的经济联系加强，有助于形成以煤炭产业为核心的企业集群，并推动城市化进程，这在铁路沿线城市表现得最为明显。山西东部的煤炭先集中于阳泉，阳泉在发展近代化的煤炭生产的同时，提高了煤炭销售水平，形成了一批专营煤炭分销的商号、公司。在20年代中期，阳泉车站附近集聚的煤栈多达60余家，主要有"阳泉煤业公司""积成厚""合顺长""增和成""常盛合""通顺栈""万积栈""公盛栈"等商号，业务十分繁忙。作为正太铁路重要枢纽的石家庄，是山西煤炭销售的中转站，在30年代初期煤炭销售行业发展飞速。北道岔、南道岔、煤市街等地集中着大量的煤厂、煤店、煤栈、煤炭公司。其中，设在北道岔的就有"同顺意""同意栈""正

---

① ［日］外国矿山及矿业关系杂件／中国／部／山西省／部／阳泉炭坑 B06050546800，研 - 0702，1939年，第283页。

有""同合成""永聚德""协记""恒善""信义恒""益记""复茂隆""复兴隆""郭顺栈""义长永""义聚昌""义胜长"等22家。

保晋公司在保定、北平、天津及华东各地设立了煤炭分销处,以便于煤炭推销。为扩大阳泉煤炭的国内外市场,例如,保晋公司为扩大阳泉煤炭的国内外市场,在天津俄租界建立"海外分销处"。次年,又通过这个分销处,推销于我国广东省及香港地区。根据《平定阳泉附近保晋煤矿报告》记载,保晋公司阳泉各矿在1918年到1924年共销煤163万余吨,平均每年可达23万余吨,外销煤炭数量占其总产量的70%左右,其中销售于北平、天津、上海、汉口的占总产量的14%,远销香港地区和出口日本、南洋的共11.711万余吨,占2.5%。

大同煤炭由"口泉运出有二十六万吨左右,然口泉之煤销于大同以西者三万余吨,最远至绥远而止,运程在二百八十余千米之范围;大同以东十四万吨集中于丰台,三万吨集中于张家口,一万五千吨集中于北平,零售于孔家庄、阳高间者,亦三万六千余吨,里程在四百千米左右之范围",大同煤炭集中到丰台后上北宁铁路运至天津及塘沽。我们以保晋公司为微观的观察对象看山西煤炭销售地点的分布情况以及销售量变化（见表5—10）。

表5—10　　　　　1907—1930年保晋公司各处销煤　　　　单位：吨

时间	平定	大同	晋城	寿阳	石家庄	保定	北平	合计
1907	718	不详	不详	不详	不详	不详	不详	718
1908	5669	不详	不详	不详	不详	不详	不详	5669
1909	22261	不详	不详	4544	不详	不详	不详	26806
1910	37261	1536	不详	4818	不详	不详	不详	43615
1911	48832	8861	61549	3422	不详	不详	不详	122664
1912	27123	10056	36029	6366	不详	不详	不详	79574
1913	69121	14535	37333	6120	不详	不详	不详	127109
1914	74866	18750	38700	8971	不详	不详	不详	141287
1915	75360	931	51723	10050	不详	不详	不详	138065
1916年1月至1916年7月	29800	1393	39601	5967	不详	不详	不详	76762

续表

时间	平定	大同	晋城	寿阳	石家庄	保定	北平	合计
1916年8月至1917年7月	46054	1561	37355	11309	30660	11340	8762	147040
1917年8月至1918年7月	42312	不详	53493	12860	9260	10060	10050	138035
1918年8月至1919年7月	72444	不详	51114	10016	61380	14680	5471	215106
1919年8月至1920年7月	34680	不详	51234	10834	123540	16000	14020	250308
1920年8月至1921年7月	134269	不详	26272	9243	57980	10680	17446	255891
1921年8月至1922年7月	44240	不详	53393	19847	149480	11600	18472	297033
1922年8月至1923年7月	42146	不详	65827	7898	217200	19440	8800	361311
1923年8月至1924年7月	53612	5960	89262	12189	261300	21440	14400	458164
1925	229216	27879	56108	14672	1280	4760	3805	337720
1926	220219	29219	44404	14127	10500	3010	827	322307
1927	93483	52202	2823	13994	3775	1395	1334	169005
1928	87575	54959	34507	11557	28379	2295	90	219361
1929	113999	96627	13756	11168	36507	1705	2475	276237
1930	17347	130422	24033	9697	48725	1395	2322	233941
合计	1776606	427622	893905	219671	1039966	129800	108275	4595844

由表5—10及图5—2可知，北平、石家庄与平定本地是保晋公司煤炭的主要销售地区。除个别年份由于时局不靖，销售量出现低谷外，保晋公司煤炭销售量在这一阶段整体呈现逐年上升的趋势。这主要是由交通运输条件、铁路运费价格以及保晋公司平定分公司的生产能力所决定的。另外，保晋公司平定分公司每年的煤炭产量超过了30万吨，销路也遍及平汉路沿线各地，往南达于香港地区，还通过天津的塘沽港出口至

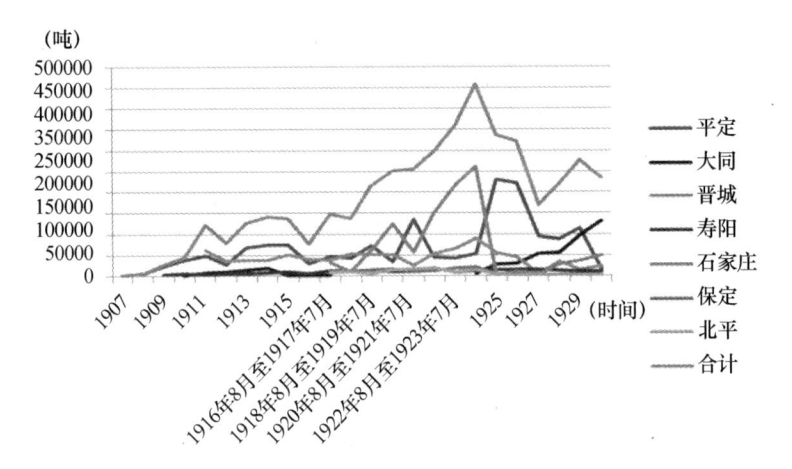

图 5—2　1907—1930 年保晋公司各处历年销煤比较

资料来源：曹慧明主编：《保晋档案》，山西人民出版社 2008 年版，第 70—72 页。

美国和日本。

由此可知，阳泉、口泉等地是山西煤炭的初级集散地，之后会被运送至石家庄、丰台等中级市场，最后再在北京、天津、汉口、上海甚至海外等终级市场上完成销售流程。这表明以铁路为网络、沿海商埠为指向的近代煤炭市场体系已经基本形成。

为了应对日益激烈的竞争，减少晋煤外运的成本，大型煤炭企业采用了新型的销售方式：它们往往会凭借雄厚的资本实力和对运输、销售环节的垄断，强行制定销售配额与各煤炭企业甚至土法小煤窑份额。这就是山西省当局和省内的煤炭企业制定的联合销售、分产合销的销售策略。《山西省十年建设计划书》中提到："山西煤炭，销售不及产量之半。刻下无扩充开采之必要，应提倡分采合销，以免各厂间之竞争。"[①]

民国二十一年（1932）6 月 15 日，山西省政府机关与晋北各大型煤矿企业成立大同煤业公司，于 1934 年改名为"大同矿业公司"，专营该地区的煤炭销售、运输事项，开始实行煤炭的分产合销。山西省营业公社、同宝公司、保晋公司和晋北矿务局是其股东，参与大同矿业公司的董事会决议。董事长是阎锡山，选举徐一清、樊象离、陈敬棠、白象锦、

[①]　山西省史志研究院编：《山西通志》第 33 卷《政务志·政府篇》，中华书局 1999 年版，第 199 页。

梁航标、梁上椿六人为董事,其中,阎锡山的外交处长梁航标任经理,梁上椿兼任经理。供职人员以晋北矿务局营业科的职员为主,固定资本30万元(由省营业公社支出),流动资本70万元。总办事处起初设址于大同,后为便利煤炭的外销迁移至天津。① 其主要销售市场为天津、北京、南京及上海。根据规定,几大煤炭企业将所产煤炭的绝大部分供给大同矿业公司,只有一小部分被允许在各矿区就地零售。另外,大同地区的小煤窑所产的煤炭也可以委托大同矿业公司运销。大同矿业公司限定每家企业每一天的销售配额为:晋北矿务局800吨,保晋公司400吨,同宝公司150吨,其余小煤窑合计150吨,总计1500吨。实际上大同矿业公司每天运输的煤炭量往往低于这些配额的总和。② 在煤炭销售完毕后,大同矿业公司再对销售收入按照配额进行分配。

1936年,大同矿业公司向南京国民政府铁道部申请减少平绥铁路运费。南京国民政府铁道部下令平绥铁路局按照山西煤炭的出口特价,收取大同口泉煨炭的运输费用,即每吨征收3.7元的运费,3月1日起正式施行,先临时征收一年。③ 这是山西煤炭企业联合成集团,对政府施压迫使其降低销售成本的重要成果。仿效大同的做法,阳泉附近的各煤矿也积极筹划分产合销:"阳泉附近煤矿久经保晋公司等各家开采,产量颇丰,然以生产者竞争价格,贩卖者互争销路,致煤业日形衰落,本省当局近为振兴煤炭工业计,提倡煤矿产销合作,十六日特令平定县煤业公会及煤矿事务所组织煤业产销合作社,实行互助,以资推广煤炭销路。"④ 1935年1月1日平定组成立销合作机构——山西晋阳销煤合作社,实行分产合销。该社简章规定,该社成立系以联合同业、分产合销、统一煤价、扩充销路、发展矿业、煤业为宗旨,依据煤矿资本额的不同,推举数额不等的代表成立——该社最高权力机关社员代表大会,代表大会在开会时选举董事,并规定了董事会的职责。分产合销的销售方式一方面表明煤炭产量的增加导致竞争日趋激烈,另一方面股份制专业销售公司

---

① 《地质专报丙种:中国矿业纪要》,《大同矿业公司》1934年第2期。
② [日]南满铁道株式会社地质研究所:《支那矿业时报》第73号,1935年编印。
③ 《公牍批:铁道部批字第九六号:批大同矿业公司》,《铁道公报》1936年第1392期。
④ 《晋煤产销合作》,《大公报》1935年4月23日。

为煤炭销售提供便利条件，加强该企业的竞争能力。

由于民国时期山西煤炭开采已具备了一定的规模，近代化煤炭企业、中小煤窑在利润的驱使下扩大了煤炭的开采，使相互之间存在严重的销售竞争。高昂的运输成本客观上使各煤炭企业时刻面临着基于生产成本的价格战威胁，为了维持生存，企业不得不将利润压缩到最低，这最终损害的是煤炭公司本身的利益，所以采用分产合销的策略组成类似卡特尔的企业组织，这样一方面可以将总体销售的交易费用降低，另一方面可以统一管理销售价格，并在销量配额的基础上保证各煤企获得合理的垄断利润，而且这种管理模式使各公司的职能更加明确化，分工更加细化，有助于提高整个煤炭行业的运营效率。另外，通过大同矿业公司集中大同地区煤炭外销权的例子，我们可以看出，基于分产合销产生的煤炭企业销售集团有助于提高与政府的谈判能力，如通过该公司的努力，最终大同口泉煨炭运价降低，这有力地促进了大同地区煨炭对日本的出口。不过，该公司由于运用省政府提供的经济、军事和政治特权，因此在分配煤炭销售配额时，明显偏向于山西当局经营的晋北矿务局，这对民营的保晋公司和同宝公司来说是极为不公平的，这种弊端在分析类似的企业集团行为时值得注意。

第六章

山西煤炭产业的工业化

山西省煤炭产业的近代化采掘技术在民国时期得到了进一步的应用和发展，这主要表现在大型煤炭企业中。我们将以保晋公司为例具体介绍企业内部应用机械化采掘技术的情况，其中涉及保晋各矿选择近代化采掘技术的历程，相关的耗材、机器以及其他成本。与此同时，山西本地广泛存在以土法技术为基础的中、小型煤窑，我们将以临汾地区、大同地区、晋东南地区以及晋西北地区为例简要介绍土法采掘技术的基本情况，其中涉及有关经营管理方式的内容将在后续章节中具体论述。本书由此认为，民国时期山西省煤炭产业的工业化呈现出明显的二元结构特征并延续了下来，即在近代化的煤炭采掘方式——大机器生产出现的情况下，传统的中、小型土窑仍大量存在。而山西地区小农经济下的消费结构、交通运输水平和煤炭开采技术近代化水平的相互交织对此有深远影响，这从根本上反映的是中国传统农业经济生产方式对中国近代化的阻碍和抵抗。

第一节 大型煤炭企业机械化采掘技术的发轫——以保晋公司为例

在传统社会，由于缺乏近代专门的煤炭勘探技术，煤炭的勘探，主要是在煤层露头的地方进行开采。山西省煤炭开采技术的近代化主要是在洋务运动之后由西方引进到中国的。民国时期山西省煤炭开采方式与明清时期煤窑相比，对地质勘探、坑道采掘、排水通风、电力照明、坑道运煤、采煤方式以及安全保障等方面予以了初步的近代化技术支持，比如各类机床参与生产以及广泛运用电力等。由此，山西省煤炭企业的技术水平有了一个提升，煤炭的开采效率得以提高。在机械化采掘模式引入的同时，山西省近代煤炭企业中雇佣工人的技术水平也有所提高。最后，近代化的煤炭企业在发挥其技术领先优势的同时，也对山西煤炭产业走向近代化起到示范作用带来正向外部性，这从整体上有助于山西省工业的近代化。下面以保晋公司为例说明山西煤炭产业机械化特征。

一　保晋公司各矿区煤炭资源分布、储量与质量

民国时期，山西省最大的民营企业——保晋公司的近代化程度较高。在煤炭资源的勘探方面，保晋公司更是高薪聘请国内外技师为其勘探，勘探后保晋各矿基本分布如下：

保晋公司在平定阳泉附近所领矿区，共计十一处：筒子沟、燕子沟、小南沟、贾地沟、先生沟、平潭恼、汉河沟、四角山、桃林沟、李家沟、龙桥沟，"共面积五十四方里三百五十七亩六分二厘五方丈十五方尺五十方寸"。① 大同保晋分公司的煤矿位于口泉站西北，两者间通过长3千米的简易铁轨连接②，从大同火车站到煤矿运出煤的口泉镇，有大约20千米的运煤专线。③ 大同左云矿区，煤峪口矿区辖三矿：石岩庄、兴旺村、黑龙王庙沟；云冈矿区所辖五矿：吴官屯、马营洼、南姜家湾、北姜家湾、红圈梁，连同黑沟、磨石涧两处共计面积"八十二方里三百四十七亩一分三十方丈二十三方尺"。④ 保晋公司晋城分公司探矿两区：河东村、小张村，共计面积"七方里三百二十二亩二十九方丈四十八方尺"。⑤ 保晋公司寿阳分公司探矿陈家河一区，面积为"四方里三百零一亩一十九方丈六十方尺"。⑥ 保晋公司平定、大同、寿阳、晋城四个分公司共计24矿区，共计面积"一百四十九方里二百四十八亩七分二厘二十四方丈四

---

① 曹慧明主编：《保晋档案》，山西人民出版社2008年版，第35页。
② [日] 外国矿山及矿业关系杂件/中国ノ部/山西省ノ部/大同炭坑 B06050545100，研-0701，《大同炭矿概要》，1938年，第162页。
③ 同上书，第173页。
④ 曹慧明主编：《保晋档案》，山西人民出版社2008年版，第35页。
⑤ 同上书，第36页。
⑥ 同上。

十六方尺五十方寸"。①

由于保晋公司产量最大的平定矿区硬煤在销售上对重量和体积均有所要求（重量在 60 斤以下的块煤不易销售，重量在 60 斤以上的则较容易销售），因此，为提高产量，在煤炭开采过程中的"坑内采掘"这一环节上须择煤层坚实的地方采掘，煤质较为疏松的地方则大多废弃不予采掘。如果必须采掘，则会出现块煤少，碎煤、粉煤多的情况，若将碎煤、末煤运出坑外，不但会浪费人工成本，还会占用大面积的厂区用以堆放。由于运费很高并且销路十分狭窄，对碎煤、末煤的开采不但会增加采掘成本，还会降低产额。另外，在煤炭采掘方式上以煤做柱的房柱法是主流，这客观上就减少了容纳的矿工数量，再加上被遗弃的碎煤、末煤对行道多有阻碍，这进一步限制了矿工的操作效率的提高，这是限制产额有效增加的第二个因素。相比保晋公司其他各矿采掘便利、产额多且块煤、末煤均可销售的情形，平定矿区差距甚远。

保晋公司平定矿区各矿所产硬煤，由于煤炭质地坚硬且纹理密集，因此开采较为困难。"其成块在一寸以上者，平均为百分之七十以至八十。查井陉烟煤矿，半寸以上之块煤，最多不过百分之四十。开滦块煤，比例尚不及此。河南福中无烟煤矿，块煤不及四成。柳江无烟煤矿，块煤最多，亦仅百分之六十九。"② 对比河北井陉、河南福中、柳江等各处块煤主产区，平定矿区依然独占鳌头。如果以块煤来核算各矿煤炭产量，则保晋公司开定矿区硬煤的产量远比上述各矿产量大。

保晋公司大同分公司的"煤峪口矿区之九尺煤，距地表三百四十一尺九寸。曾于民国十年（1921）五月间在距此竖坑之东南五百一十尺处，用钻机探钻，计钻探三百二十九尺，即达现探之九尺煤层，共钻深三百八十九尺四寸，名曰煤峪口矿区第一号钻孔。至十四年（1925）五月，为再探下级煤层计，遂于坑内采煤区，又复钻探，至二百五十七尺十寸下，见煤层四尺五寸，此为第二主要煤层，名曰五尺煤。又至三百六十三尺二寸下，见煤层十二尺十寸，是为第三主要煤层，名曰十二尺煤。共钻一百八十二尺四寸，亦即停止。查此第三主要煤层，距地表共深七

---

① 曹慧明主编：《保晋档案》，山西人民出版社 2008 年版，第 36 页。
② 同上书，第 39 页。

百零四尺十一寸，诚最有价值之煤层也。至第二号及第三号钻孔，或因适遇断层，或因机械力薄，虽未完竣，亦可借以参考，因亦附绘放后。上述为煤峪口矿区之煤层，至云岗矿区，面积较大，煤量更丰。曾于十一年（1922）三月八日，在云岗矿厂之吴官屯区内，开始试探。至五月十一日，钻深二百五十八尺八寸下，见十八尺七寸之第一煤层。十六日又于深度三百五十二尺七寸下，见九尺之第二煤层。二十六日复于四百九十三尺六寸下，见五尺之第三煤层。共钻深五百尺零四寸，而工程告竣，名曰云岗矿区第一号钻孔"。① 从以上描述可以看出，保晋公司大同分公司在采煤过程中，采用"钻机探钻"帮助开采，煤炭开采的机械化程度相当高。

二　保晋公司各矿区机械化采掘技术发展概况

保晋公司的平定第一煤矿，即铁炉沟煤矿，于清光绪三十二年（1906）就已经开凿见煤。该矿共有竖坑口两座，坑口以卷扬机提升煤炭。至民国五年（1916）时，大块煤的日产量已经增加至二百余吨。民国六年（1917）7月，因与邻矿建昌公司经常发生利益冲突，导致竖坑被洪水淹没。幸好保晋公司在旧竖坑之东，曾经另行开凿斜坑口两座，于当年7月见煤，取名为"娘娘庙斜坑"。又在大简子沟内另外开凿第一竖坑，也很快见煤。民国八年（1919）8月，为了进一步扩大产量，保晋公司在斜坑内铺设轻便铁道，积极开采，煤炭产量进一步增加。但因该矿的厂面逼近正太铁路，扩展难度较大。因此，保晋公司与正太铁路局协调，将铁轨轨道向北移动。这项工程自民国八年（1919）9月开始动工，翌年10月完工。保晋公司平定第一煤矿的面积至此共占地三十余亩。民国十二年（1923）7月间，保晋公司为了提高生产效率，又将大简子沟的旧竖坑加以改造，把口径扩大到十四尺，还安装了高车、罐笼、罐道。这项工程于民国十三年（1924）底全部完成。翌年，保晋公司的平定第一煤矿再次将厂面进行扩张，还铺设了铁道道岔。民国十五年（1926）2月，保晋公司的平定第一煤矿为铁炉沟斜坑口的卷扬机更新了七千二百尺的钢绳，把钢绳升级为无极缆式。钢绳循环往复地旋转，煤车随时可

---

① 曹慧明主编：《保晋档案》，山西人民出版社2008年版，第37页。

以挂运。这一方面节约了人力成本，另一方面也方便了煤炭的运输。

保晋公司的平定第二煤矿即燕子沟煤矿，于清光绪三十四年（1908）由英国矿师德监明负责筹划并开始动工兴建。次年（1909）夏季，开始安装采煤的机器，选择在距离铁路四十余丈处开凿一个竖坑，并因遭遇流沙、煤层气频繁燃烧等原因几次停工。1918年1月，该竖坑再次动工，首先由石匠开凿，再安装保险电灯，经过工人们昼夜施工，至1919年9月15日，于井底32丈3尺5寸处终于见煤。工人在煤下继续凿进2丈8尺，共计35丈1尺5寸，井口内径14尺，这就是保晋公司平定第二煤矿的东井。之后，在井底开始挖掘坑道，圈砌井洞，并在煤层气发生的地方另外专门筑壁，垒成空洞，接以铁管，将煤层气引入小井内，再放入井外空气中。保晋公司的矿师曾将煤层气加以试验，每立方英寸的气压为45磅，气外存水，如果在3丈以下，则煤层气沸腾有如开水，声音很大。1920年9月，再次安装罐笼、罐道，并于当年12月5日开始出煤。但是矿井在通风的问题上，必须至少有两口相通，才能供人呼吸。因此，保晋公司在距离东井约六十余丈远的地方，又开凿了一个内径约13尺的竖坑，并将之命名为"西井"。西井于1918年1月动工，在1923年5月底，西井终于圈砌完工，深32丈2尺。在贯通东井和西井的过程中，在东井的坑内，遭遇断层，碰到非常坚硬的石灰岩，将坑道一分为二。如果不开凿石道，就不能到达西井的煤层。所以，当时保晋公司决定马上施工，并很快凿通了东井和西井，还在坑内坑外安装了相应的采煤设备。之后，保晋公司的平定第二煤矿的产煤量蒸蒸日上。

保晋公司于1906年采用土法开办在平定的第三煤矿，即贾地沟煤矿，共开凿东、西两个竖坑，至宣统元年（1909）10月开始见煤。之后，保晋公司在麻地巷开凿两个竖坑，但是因为坑内积水无法排出而被迫停工，此坑口与贾地沟坑口的距离很短，只是因为中间隔有砂岩断层，才将该矿区分隔为两个区域。1909年1月，保晋公司从贾地沟坑道内，将中间的砂岩断层打通，两矿顺理成章地完成了合并。起初，贾地沟煤矿使用土法开采，1918年，该矿制订了煤炭增产的计划：先将西坑口扩大，再安装高车锅炉，出煤日渐增加。1919年，保晋公司又在东庄沟开凿口径为10尺的竖坑口一座，并于1920年完工，还在东部虎尾沟收买马头老窑，用来扩张坑道。1924年，第一坑口安装起重重量为2.5吨的高车，还安装了罐笼、罐道，这极大地提高了煤矿的生产力，坑内的煤炭因此能够得以大量开采。

保晋公司的平定第四煤矿，即"先生沟煤矿"，系1906年9月从同济公司接收而来，当时早已见煤：先生沟有竖坑口两座，名为"中井"；庄庄沟有竖坑口两座，名为东井；段家碑有竖坑口两座，名为"西井"。东井内使用机器提升煤炭，西井则用辘轳绞升。1918年，保晋公司将中井口径扩大到10尺；1919年，保晋公司扩展了先生沟煤矿的矿厂面积；1923年，为了提升煤炭的运输效率，保晋公司在中井坑口安装了锅炉高车。先生沟煤矿东井和西井均与别的公司的矿区相接，因此经常发生纠纷，加上开采的时间较长，坑内的煤炭无多，且坑内的积水无法排出，于是在1924年先后停工。

保晋公司的平定第五煤矿，即"平潭垴煤矿"，于1917年3月开办，在当年6月即见煤层。该矿共有竖坑、斜坑各一座。在斜坑的南方，是原保华利公司的两座斜坑。保华利公司停办数年，该公司的两座斜坑内积水很多。1918年8月，保华利公司的两座斜坑被保晋公司收购。保晋公司将斜坑内的积水排尽，并与平潭垴煤矿相连接，生产出来的煤炭全部用驴、骡入坑驮出，再驮运至大约一里外的阳泉本部。1920年8月4日，平潭垴煤矿坑内突然出水，水势汹涌，虽然想方设法围堵，但均告失败，次日该矿全部被水淹没。1920年冬，保晋公司在平潭垴煤矿附近收购郗氏废煤窑一处（该煤窑由斜坑一座、竖坑两座组成），之后，保晋公司在郗氏废煤窑中开始动工排水，计划采煤。开工一年以后，终于开始出煤。但是由于该矿煤炭质量不高，煤层紊乱，加上坑内积水较多，需要较多的人力、物力进行排水，如果继续经营，就会有亏本的风险，保晋公司被迫在1927年7月关闭了该煤窑。

保晋公司的平定第六煤矿，即"汉河沟煤矿"，是清光绪三十二年（1906）从同济公司接收而来的，当时并未见煤，由保晋公司继续开凿，于1907年11月建成。汉河沟煤矿有竖坑口两座，坑口安装了高车锅炉，坑内还铺设了轻便铁道。该矿所生产的煤炭质量，是北山最好的，但由于交通成本问题于1933年停办。

保晋公司于1909年在大同设立分厂，开采煤炭。保晋公司大同分公司在大同县拥有"永定庄"一个矿区，在左云县拥有"秦家山"和"磨石洞"两个矿区,在怀仁县拥有"树儿洼""黑沟""千金峪""马后岭"四个矿区。以上这些矿区,主要是将旧的煤窑加以简单维修之后便开始开采煤炭。这些煤窑经常由于坑内积水过多而在煤炭生产的过程中遇到较大的阻力。保晋公司在开办之初,遭遇资金的"瓶颈",公司将有限的资金主要用于阳泉地区,在大同地区的投入较少。保晋公司在大同地区的煤窑由于缺乏资金和机器,被迫使用土法开采,因此煤炭产量很少。1918年9月,保晋公司大同分公司在煤峪口黑龙王庙沟矿区动工,先开凿第一竖坑(外径17尺)并安装了锅炉和高车水泵,用来提升煤渣和排水。1921年5月,保晋公司又在该竖坑东南部安装机器进行钻探,1922年3月1日,当机器钻深到329尺时,终于发现9尺煤层;3月8日,保晋公司又在云岗的吴官屯矿区内开工钻探,当钻探到井底500尺4寸时,见到煤层三层;6月8日,保晋公司大同分公司开凿的第一竖坑,也发现了9尺煤层。保晋公司立即圈砌窑洞,安装罐笼与罐道,开掘坑内的行道,以便出煤。1922年11月2日,保晋公司开始挖掘第二竖坑,1924年6月,终于见到主要煤层,该煤层的深度为347尺6寸,煤层的厚度为7尺6寸。坑内的行道十分畅通,煤炭的产量蒸蒸日上。

保晋公司的晋城分公司"五里铺矿"于1911年开始动工兴建,先后开凿了4座竖坑,这4座竖坑的口径均为9尺,坑深均为17尺,并安装了高车锅炉,用来提取煤炭。该矿所生产的煤炭是较高质量的无烟煤,非常适宜于冶炼。民国九年(1920),由于五里铺矿已经被开采多年,继续开采有诸多不便,于是保晋公司在河东村矿区内又建设了2座竖坑。1924年11月,保晋公司又兴建了1座竖坑,该竖坑的深度为19丈9尺,煤层厚2丈。保晋公司晋城分公司主要使用土法开采煤炭,机械化程度不高,煤炭的开采效率较低。同时,由于缺乏铁路运输条件,该矿的运输成本比较高昂。① 1927年5月,鉴于五里铺矿旧坑煤床已经采掘殆尽,再无煤炭可供开采,为了少交矿区税,保晋公司将五里铺矿区注销。

保晋公司的寿阳分公司所经营的煤矿,是在公司成立之初,从寿荣公司接收的荣家沟和收购的陈家河的旧坑组成。几处煤矿依然采用土法

---

① [日]南满洲铁道天津事务所调查课:《北支经济资料》第21辑,《北支那矿业纪要》,1935年,第37页。

开采，后来由于窑底坑道较为弯曲，严重妨碍了煤窑的排水和出坑，工作效率较为低下。为了解决这个问题，保晋公司于1919年8月在陈家河又重新兴建了一个外围8尺的竖坑。1920年秋，终于挖凿到主要煤层，该煤层厚9尺余。保晋公司立即安装了高车锅炉和水泵，以便煤矿排水和煤炭出坑，该矿的煤炭产量为每月一千余吨。

三 保晋公司煤炭采掘耗材、机器与相关成本

近代化的煤炭采掘方式需要相应的机器设备和相关的辅助性原材料，比如机床等挖煤机器设备，照明用的矿灯，通风用的风机，固定煤矿区工作面的坑木，防止地下水渗漏的抽水机以及勘探矿脉、挖掘矿山必不可少的炸药等。对于大型公司来说，它们既是机器化采掘方式的基础，又构成了近代煤炭企业必须列入会计核算的机器设备、耗材、原材料等成本。

（一）炸药

保晋公司在煤炭开采的过程中，经常需要使用炸药。保晋公司各分公司所使用的炸药，主要可以分为"黑火药"及"黄炸药"两种，炸药的引信也有"普通雷管"和"导火线"两种。一开始，炸药与引信全部是直接从国外进口，后来，随着山西本省工业的发展，保晋公司将所使用的炸药及引信均改为山西本省生产的黑火药和炮捻。民国十七年（1928）至民国十九年（1930），保晋公司所使用的炸药数量和金额如表6—1所示。

表6—1　　　　1928—1930年保晋公司消耗的炸药数量与金额

种类	1928年消耗数	金额（元）	1929年消耗数	金额（元）	1930年消耗数	金额（元）
黄炸药（斤）	—	—	1946	145.56		
黑火药（斤）	8935	2291.83	10357.5	2620.02	11678	4314.32
雷管（枚）	—	—	845	98.98	3	9.00
炮捻（把）	226	51.12	486	58.32	1157	95.64

资料来源：曹慧明主编：《保晋档案》，山西人民出版社2008年版，第51页。

从表 6—1 的数据中我们可以明显地看出，从 1928 年到 1930 年，保晋公司的黄炸药消耗量仅 1929 年就高达 1946 斤，该项支出为 145.56 元；黑火药在这三年共消耗了 30970.5 斤，该项支出经费为 9226.17 元；这三年雷管共消耗 848 枚，该项支出经费为 107.98 元；消耗炮捻 1869 把，该项经费支出 205.08 元。这三年爆破的支出共计 9684.79 元。至 1930 年时，保晋公司大体上全部使用当地的黑火药和炮捻。

（二）坑木

在近代的采煤方式中，有时需要用到坚固的支柱。支柱的使用程度与频率，在很大程度上是由煤层顶部的坚固程度所决定的。保晋公司平定矿区各坑内的巷道，由于煤顶较为牢固，因此支柱的使用数量较少；在少数顶盖不牢固的地方，会采用"一梁二柱"的支撑方法来防止煤层崩塌。当遇到干道不坚固时，就用砖石及水泥圈砌。由于保晋公司大同煤矿出产的煤炭是半烟煤，因此顶盖较松，所使用的支柱也比较多。保晋公司所使用坑木的种类，主要可以分为红松檩、杨木檩、杨木板、红杆檩和杆板等，主要是从山西本省林木资源较为丰富的寿阳、宁武等地采购。民国十七年（1928）至民国十九年（1930），保晋公司所使用的坑木数量和金额如表 6—2 所示。

表 6—2　　　　1928—1930 年保晋公司坑木消耗量及金额

种类	1928 年		1929 年		1930 年	
	消耗量	金额（元）	消耗量	金额（元）	消耗量	金额（元）
红松檩（根）	978	880.43	1532	1507.35	2430	2600.84
杨木檩（尺）	766.2	555.38	145.5	161.58	401	447.05
杨木板（条）	6342	15594.60	4799	12688.69	606	2091.42
红杆檩（尺）	1425.8	2074.28	1842.1	2814.56	733.8	1543.21
杆板（条）	5824	2700.03	4345	2929.28	4307	3470.89
其他（条）	30	3.00	2134	4580.37	7431	14700.26

资料来源：曹慧明主编：《保晋档案》，山西人民出版社 2008 年版，第 52 页。

由表 6—2 可以明显得出，1928 年至 1930 年保晋公司各矿厂所使用的坑木主要为红松檩、杨木檩等 5 种。红松檩在这三年的消耗量是 4940

根,总金额是4988.62元;杨木檩在这三年的消耗量为1312.7尺,总金额为1164.01元;杨木板这三年的消耗量是11747条,总金额是30374.71元;红杆檩这三年的消耗量是4001.7尺,总金额为6432.05元;杆板这三年的消耗量是14476条,总金额是9100.20元;其他各项材料的总金额是19283.63元。共计71343.22元。

表6—3 1928—1930年保晋公司平定、大同各矿产煤每吨支柱成本

项别	1928年		1929年		1930年	
	平定	大同	平定	大同	平定	大同
产煤量（吨）	113208.47	62258.00	181695.12	101937.45	212520.09	131005.99
支柱成本（元）	707.28	19723.13	1575.43	21921.12	2506.51	20436.96
每吨煤炭支柱成本（元）	0.0062	0.3168	0.0087	0.2150	0.0118	0.1560

资料来源：曹慧明主编：《保晋档案》，山西人民出版社2008年版，第41页。

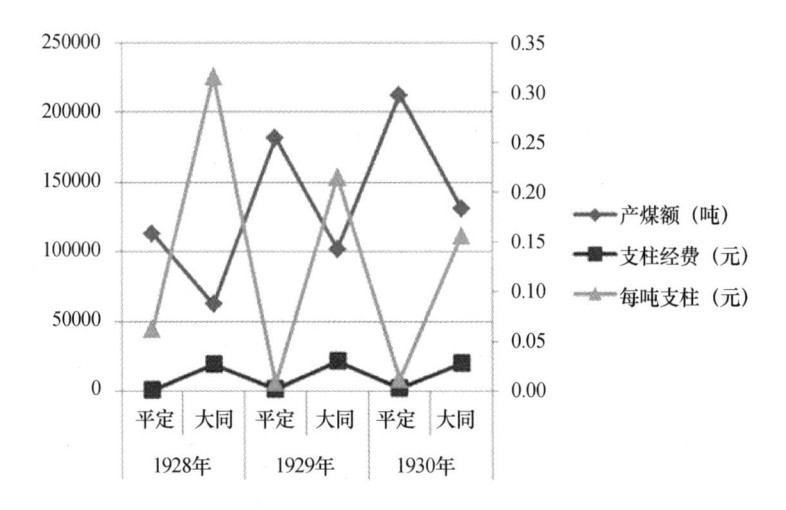

图6—1 1928—1930年保晋公司平定、大同各矿产煤每吨支柱成本①

---

① 曹慧明主编：《保晋档案》，山西人民出版社2008年版，第47页。

表6—3的数据是保晋公司从1928—1930年这三年时间在平定、大同各矿的煤炭生产量、支柱所消耗的资金以及每生产一吨煤炭所需要的支柱费用。其中，平定各分公司从1928—1930年这三年时间的煤炭产量大约是50万吨，在支柱方面的支出大约为4800元。在这三年间，每生产一吨煤炭平定各分公司在支柱方面的支出分别是0.0062元、0.0086元、0.0018元。而保晋公司大同分公司在这三年间的煤炭产量约为30万吨，在支柱方面的总支出约为62000元；在这三年间，每生产一吨煤在支柱方面的支出分别是0.3168元、0.2150元、0.1560元。对比这两处的煤炭产量和支柱经费可以看出，平定各矿在这三年的煤炭总产量约为50万吨，大同矿区在这三年的煤炭总产量约为30万吨，在支柱方面的支出分别大约为4800元、62000元，这两个地方每生产一吨煤在支柱方面的支出相差不止10倍。平定各矿这3年的煤炭总产量大约是大同各矿的1.7倍，然而其在支柱方面的支出费用却连大同矿区的1/10都不到。之所以如此，是因为平定和大同这两个地方的煤顶的坚固程度不同。大同矿区的煤顶相对疏松，因此在支柱方面的支出相对较多；而平定矿区由于煤顶较为坚硬，因此其消耗的支柱数量较少，花费也较少。

(三) 排水

在煤炭采掘业中，排水问题一直是矿难发生的重要原因，直接影响着工人的生命安全和煤炭采掘的效率。山西省从明清大规模建设煤窑以来，其防止地下水渗漏、工作面塌陷等安全保障技术相当落后，矿难不断。进入民国时期，新式的排水机器被引入，这在一定程度上有利于排水难题的解决。这方面我们仍以保晋公司为例。这在保晋公司平定矿区和大同矿区煤顶的坚硬程度明显不同，因此他们的排水方式也略有不同。平定分公司各矿，由于其坑内的煤顶相对比较坚硬，因此其水量比较少，每天因为挖煤而蓄积的水，一般使用三种方法处理：第一，直接用人力将水挑出煤矿；第二，使用机器排水；第三，顺着坑道开凿一条水渠，将水汇集到蓄水池内，再用抽水机将水排出坑外。平定矿区的排水时间在平常为三至四个小时，如果遇上大水，则会延长至十几个小时。保晋公司大同分公司的煤矿由于煤顶比较疏松，因此出水量较多。为了充分地排水，大同分公司采取了三级排水的措施:"在第二井底稍南掘容积二千五百五方尺之蓄水池一处,名曰井底总水站,煤层散水,由水沟及水泵导入总站,是为第一级。又由井底一百四十尺之水层下,掘有容积二千立方尺之蓄水池,总站之水,悉排于此,是为第二级。由此排出地面,是为第三级。"[1] 保晋公司各分公司所使用的抽水机种类、台数、扬水高与1928—1930年每吨排水支出等分别如表6—4所示:

表6—4　　　　1928—1930年保晋公司各分公司抽水机种类

厂别	种类	每分钟排水量	扬水高(米)	出水管直径(寸)	台数(台)
平定第一矿厂	卧式	60加仑	240—350	3	2
	立式电泵	77加仑	170	3	1
平定第二矿厂	双筒卧式	502加仑	500	6	1
平定第三矿厂	卧式	320磅	65	2	2
平定第四矿厂	卧式	60加仑	250	3	2
大同分公司	卧式	9—158加仑	120—230	1—4	12
寿阳分公司	华盛顿式	20—53加仑	200—300	1—3	11
晋城分公司	卧式	—	192	3—4	4

资料来源:曹慧明主编:《保晋档案》,山西人民出版社2008年版,第46页。

由表6—4可以明显地看出,保晋公司中平定分公司、大同分公司、寿阳分公司和晋城分公司共有22台卧式抽水机、1台立式电泵、1台双筒卧式抽水机、11台华盛顿式抽水机。其中,最先进的双筒卧式抽水机在平定分公司第二矿厂,每分钟可排502加仑的积水,扬水可达5米高,拥有直径6寸的出水管。大同分公司拥有最多的抽水机,这主要是为了应对大同矿区地质疏松的开采条件所导致的地下水渗透严重这一问题。

---

[1] 曹慧明主编:《保晋档案》,山西人民出版社2008年版,第46页。

表6—5　　　　1928—1930年保晋公司平定、大同分公司
　　　　　　　　产煤每吨排水经费　　　　　　　　单位：元

项别	1928年		1929年		1930年	
	平定	大同	平定	大同	平定	大同
工资	501.2260	671.4600	805.7860	427.8800	833.6700	912.0300
材料	60.1600	—	698.8200	21.2240	682.7300	54.6000
合计	561.3860	671.4600	1504.6060	449.1040	1516.4000	966.6300
每吨煤炭排水费	0.0049	0.0107	0.0085	0.0044	0.0071	0.0074

资料来源：曹慧明主编：《保晋档案》，山西人民出版社2008年版，第46页。

从表6—5可以明显地看出，保晋公司平定、大同分公司的排水费用主要涵盖工资与材料这两个方面。保晋公司平定分公司1928—1930年这三年排水费总计约为3600元，而大同矿区同期的排水费合计约为2000元。因为平定分公司在1928—1930年的煤炭产量分别是186135吨、225707吨和248320吨，于是，平定分公司在这3年期间，每生产一吨煤炭的排水费用为0.0030—0.0069元。

（四）通风

在煤炭开采的过程中，也会存在瓦斯泄漏的风险，这是导致矿难的因素之一，因此良好的通风设备是防止类似事件出现的重要保障。保晋公司平定分公司第一矿、第二矿采用了通过风扇通风的方法，而其余各矿坑内，自然通风法仍居于主导地位。之所以没有大规模采取通风设备，一是出于成本的考虑，二是因为各矿留有一定的通风口，自然条件下的通风能够满足工人对于新鲜空气的需要。无独有偶，大同分公司各矿内，几乎都采用自然通风的方式，自然风从第二井进入坑底，从第一井排出，各工作面通风口的开关用来调节能够达到矿区内不同区域的空气量以满足工人对空气的需求。但通过相关技术人员的观察和测量，每名工人每分钟的空气需求量大约是21立方尺，这仅仅是一般人最低限度维持生命的呼吸需要。

表6—6 保晋公司平定第一、第二矿厂风机种类

厂别	种类	每分钟抽风量（万立方尺）	水压表（万立方尺）	台数
平定第一矿厂	西罗哥式	16	4	1
平定第二矿厂	西罗哥式	12	3	1

资料来源：曹慧明主编：《保晋档案》，山西人民出版社2008年版，第26页。

（五）照明

在煤炭的开采过程中，照明问题是保证安全和生产效率的重要一环。在明清时期的煤窑技术条件下，工人往往携带明火照明，甚至有人不注意安全而抽烟，极易导致瓦斯爆炸。民国时期，照明技术的近代化趋势增强。保晋公司各矿井的照明工具以油灯、安全灯和电灯最为普遍，并会根据实际需要进行调整。比如，平定第二矿厂坑内煤层伴随着煤层气，为防止爆炸的发生，于民国七年（1918）改用电灯。后来平定第一矿厂和第三矿厂也先后采用了更为安全的电机和电灯。其余各矿往往配置油灯，但会同时引进安全灯以随时备用。

表6—7 1928—1930年保晋公司平定各矿照明工具的使用情况与全年支出

项别	油灯		电灯		安全灯	
	每日平均使用情况（盏）	全年支出（元）	每日平均使用情况（盏）	全年支出（元）	每日平均使用情况（盏）	全年支出（元）
1928年	711	14312.50	380	2937.27	42	231.77
1929年	1102	26762.58	393	2903.29	47	413.02
1930年	1232	28845.21	439	1814.68	56	477.36

资料来源：曹慧明主编：《保晋档案》，山西人民出版社2008年版，第26页。

由表6—7可知，1928—1930年保晋公司平定各矿每日平均使用油灯的盏数的增长率为11%到55%，三年来购买油灯费用约为70000元。电灯使用数量增长率不高，三年来一共支出大约7600元。安全

灯使用数量占比不大，三年来一共支出大约 1100 元。总计照明支出大约 79000 元。

（六）动力与采矿机械

动力输出装备是保证煤炭开采效率，提高产量的重要机器，可分为蒸汽机与电机两种，用于满足保晋公司所属各矿的各类机械动力需求。而作为机械化采掘方式的代表，挖煤机器设备如机床等也是极其重要的，可分为刨床、钻床和旋床三种。保晋公司的原动机与所备机械，如表 6—8 所示。

表 6—8　　　　　保晋公司所属各矿锅炉、喂水泵与烟囱

厂名	锅炉	马力（千焦）	气压（千帕）	台数（台）	喂水泵	台数（台）	烟囱（座）	高度（米）
第一矿厂	拨柏葛卧式	140	120	2	1 寸 5	1	1	80
	4 节卧式	45	100	1	—	—	1	84
	3 节立式	15	100	3				
第二矿厂	拨柏葛卧式	120	120	2	2 寸	2	1	56
第三矿厂	5 节卧式	25	80—90	1	3 寸	3	1	45
	3 节卧式	15	80—90	4	1 寸 2	3	1	15
第四矿厂	拨柏葛卧式	—	220	1	2 寸	2	2	11
	3 节立式	—	120	2	1 寸 2	1	1	31.8
第六矿厂	—	—	100	2	3 寸	3	1	16
修械股	—	—	100	1	1 寸 2	1	1	11
大同分公司	立式	—	80	3	1 寸 1/6	3	1	30
	平式	—	110	2	2 寸	2	1	94
	横式	—	110	2	—	—	—	—
寿阳分公司	苟尼西式	—	100	3	2 寸	2	1	70
	立式	—	100	3	1 寸 1/4	1	1	60
晋城分公司	3 节立式	15	60	3	2 寸	2	1	24
	5 节卧式	30	60	2	3 寸	2	1	48

资料来源：曹慧明主编：《保晋档案》，山西人民出版社 2008 年版，第 60 页。

表6—9　　1930年保晋公司各矿蒸汽机、电机动力输出装备种类

厂名	汽机	马力（千焦）	台数（台）	电机	电量（千瓦时）	电压（伏特）	电流（安）	速度（安/秒）	部数（部）
第一矿厂	卧式	4	1	交流	45	480	68	400	1
第二矿厂	立式单汽缸	4	1	直流	4	110	—	150	1
第三矿厂	—	—	—	直流	15	220	—	80	1
修械股	卧式立式	15 5	2	—	—	—	—	—	—
大同分公司	立式	7	1	交流	122	230	77	500	1
寿阳分公司	立式	3	1						
晋城分公司	立式	3	1						

资料来源：曹慧明主编：《保晋档案》，山西人民出版社2008年版，第61页。

由表6—8和表6—9我们可以明显地看出，在动力方面保晋公司已经开始逐渐运用电力了，但是电机的数量还不多，还是主要使用蒸汽马力。保晋公司在1930年，有蒸汽机37台，其中最大可达140马力，最低的为15马力，而电机只有4台，主要分布在几个规模较大的煤厂。

表6—10　　　　　　　1930年保晋公司各矿各种机器

厂名	品名	大小	部数	品名	大小	部数
第一矿厂	旋床	8尺	1	钻床	—	1
第二矿厂	旋床	8尺	1	钻床	—	1
修械股	旋床	6—12尺	3	刨床	4尺	1
	钻床	—	1			
大同分公司	旋床	6—13尺	3	钻床	—	2
晋城分公司	旋床	6尺	1	刨床	4尺5寸	1
	钻床	—	1			
寿阳分公司	旋床	6尺	1			

保晋公司的采矿机器以旋床为主，辅以钻床和刨床。由于其规格、大小不等，较大的采矿机器仅适用于较大的矿区，其他矿区机械化的程

度还不高。保晋公司这个例子可以反映出民国时期山西省煤炭产业的近代化程度有限。保晋公司在后期出于成本角度的考虑，引进机器的数量稳定，技术和质量甚至停滞。不过从整体而言，保晋公司有较为齐全的机器门类，比如锅炉、水泵、抽水机、发电机、汽机、旋床、钻床、轻便机车、辘轳等。在地处内陆的山西省，这些机械化采掘工具的引进并不容易。首先，清末民国时期，中国国内五金机械制造产业需要投入大量资本，本金回收周期长，因此，民族资本企业数量少以致生产能力不足，必须从国外进口新式的机器。其次，进口机器在海关要交关税，在内地关卡林立又要交厘金，这无疑提高了购置成本。再次，山西省的煤矿主要在山区，交通条件较差，引进成套机械设备需要投入成本高昂的人力物力资源。最后，机器的安装、投产往往离不开外国工程师，之后的操作与日常维护在起初也是依靠他们，因此，雇用外国技术工人的费用也是需要考虑的成本。但是几个典型的山西近代煤炭企业所采用的机器设备为提升山西省煤炭产量做出了巨大贡献，提高了煤炭企业的开采效率，有效节约了人力、物力。同时，对山西省煤炭产业近代化的发展水平具有正外部性特征。比如，就技术扩散效应来看，外国工程师的"帮传带任务"无疑具有重要的示范作用，后来中国技术人员的机械操作技术逐渐熟练，承担起了机器操作与维护的责任。在这些机器采煤的示范作用下，使用机器采煤的思维观念深入人心，这为山西省煤炭产业的进一步蓬勃发展提供了思想解放的武器。

第二节　中小型煤炭企业土法采煤生产的延续

土法开采一般是指采矿工作主要依靠手工劳动方式，以生物力、人力为动力基础，组织规模小且分工精细程度不足。常于煤层裸露处开山取矿，技术落后、设备简单，对于抽水通风，"除简单的水车唧筒及自然通风外，并无适当之设备"①，工作面不能过深，在排水不畅时容易被淹没，只能放弃，寻找新坑。技术低下导致土法采煤的煤窑一般采用斜井而不用直井。民国时期，随着机械化采掘方式的发展，土法采煤模式并

---

① 谢家荣编：《中国矿业纪要》第2次，地质调查所1926年版，第24页。

没有因其传统、落后的技术管理水平而成为历史陈迹，而是在市场需求的影响下进一步延续和发展。

如前所述，早在明清时期，为满足周围地区生活燃料所需，山西各地小煤窑凭借手工开采技术首次在古代社会掀起了煤炭采掘业的一个高峰。进入近代，在旺盛的煤炭需求和高额利润的刺激下，再加上几次实业救国运动，社会各阶层以更广泛的形式投入煤炭产业，山西也不例外。从清末至民国二十五年（1936），山西省手工煤窑出现过三次开采高潮。第一次是光绪年间（1875—1908），甲午战争后，外国资本进入中国市场投资设厂，山西省的一些商人、官僚和乡绅地主在国家鼓励商办实业政策和实业救国思潮的刺激下，开办投资少、收益快的手工煤窑。第二次是在民国初年，山西人民在光绪三十四年（1908）收回了被英国掠夺的平定等地的煤、铁矿权，这极大地鼓舞了山西人民自办煤矿的决心，同时，国民政府制定了一些条例，进一步解除了原清政府对于矿业的若干限制。根据对大同和朔州等地区煤窑情况的调查，这个时期省内已有初具规模的手工煤窑500余处。第三次高潮是从第一次世界大战后到1936年。近代工业、交通的发展进一步扩大了煤炭市场，山西人对煤炭业的投资又有所增加。《中国矿业纪要》中说："小窑之所在，几无县无之。"直到1935年，山西全省包括煤矿公司和大小煤窑共有1425家。

但就大部分民营手工煤窑而言，虽在传统的农副业性质的小煤窑，如被称作"老伙班"的煤窑之外，出现了雇用较多工人、以分工协作为主要生产方式的规模化手工煤窑，但仅就其生产技术而言，无论采掘、井内运输工具，还是坑井的维护和安全设施、排水方法都较为简陋、原始。[①] 土法采掘方式的延续无疑严重影响了煤炭的供给，因其与煤炭的旺盛需求的不匹配而阻碍了近代重工业的发展。1935年，日本人的调查也指出：山西省的煤矿分布非常广泛，并且储量极其丰富，只是由于大部分采用土法进行煤炭开采，所以产量比较低。[②] 下面将以几个地区为例介绍一下民国山西省土法采煤的基本情况。

---

① 张正明：《山西工商业史拾掇》，山西人民出版社1987年版，第16—19页。
② ［日］南满洲铁道天津事务所调查课：《北支经济资料》第21辑，《北支那矿业纪要》，1935年，第162页。

一 临汾地区

临汾自古以来的煤炭开采就是采用典型的传统的小型煤窑的土法采煤模式。在民国初年，有一些财力的小煤窑主成为临汾开发煤炭的主体力量。虽然在阎锡山主政的20世纪30年代和日本占领临汾的时期，现代化煤矿发展迅速，但小型煤矿——尤其在战争频繁、时局动荡的民国中后期——一般仅能维持时停时开的苟延残喘状态。

《山西矿务志略》一书在介绍隰县矿区时，重点突出了采矿所用的是"土法"："隰县矿区所在地，在县城北方，由隰川河北上，略向西北，地势渐渐隆耸，距县城九十里之水头镇，为产煤矿之起点，山峰特立，邱岭（丘陵）旁支，蜿蜒东下，中隔六十里，是为梁家庄，由改庄转折而北，相距三十里，是为大麦郊，距县城一百六十里，其间土法所开之煤矿甚多，而矿质优美，产额丰富，又以由水头镇至梁家庄之一脉为最。由水头镇至梁家庄，经过之村庄有六，如窑庄村，上庄村，铁金村，赵村，永远庄及梁家庄，均有一丈余厚之煤，其他四尺六尺者，产地更多，矿区面积虽有断层相隔，就所见之矿田计之，长约二十余里。矿质露头处，多在崖谷土坡之内，沟涧颇多，水利甚微，附近土田，多属硗薄，矿区所在地，邱阜连贯，向无行车大路，其四围接壤县界，水头镇之西为石楼县界，大麦邱之北为孝义县界，梁家庄之东南迤北为灵石县界，迄南为汾西县界，正南有蒲子山，其山脉遥遥，然与汾西县西方之姑射山相连接焉。"[①]

民国《翼城县志》中记载了翼城县土法采煤的种种弊端："煤炭为翼邑大宗出产，亦民生日用必需之品，近年行销浮山、曲沃、闻喜、绛县等处，颇形畅旺，故本地煤炭之价突高数倍，惜采用土法不用机器，往往为水所占，以致天然美利不能触地，可发一叹。平川煤炭燃料，旧皆取给于东南诸山，近年来物品昂贵，需要增加，平川人民对斯矿产亦甚为注意。本年北橄村民集资在该村南海子沟探采煤矿，果不多时而煤苗

---

① 山西省实业厅编：《山西矿务志略》，民国九年（1920），第101—102页，该书藏于山西省档案馆。

发现，且出炭甚旺，刻几行销邻村，颇称便利。"①

赵祖抃在《乡宁县志》中对乡宁县的煤炭开采有如下记载："煤为乡宁特产，晋、陕、豫三省皆依赖之。煤窑，西乡为巨，东乡次之，南乡又次之。西乡先有三大窑，一在寨沟，二在师家滩，其大百倍于东南乡，又与河近，销路畅而易，今废于水十余年矣。窑所出，以整者为炭，碎者为煤。煤用火炼之则成蓝炭，其价与炭等。窑分平巷窑、井窑二种，平巷窑中又分牛窑、人窑二种。"② 其中的"牛窑""人窑"应该就是土法采煤的两种方式。

根据上述材料我们也可以得出，临汾地区土法采煤方式延续的原因包括当地经济的工业化程度较低和煤炭的传统消费方式的延续等。民国时期临汾地区小煤矿的行销地集中于邻近区域，一半供人们生活所需，另一半是被小规模的农村工业使用。但到20世纪二三十年代，临汾县"西山一带，产煤颇富，然用土法开采，驴骡驮运，窑务不甚发达，现亦有用机器者。"③ 可见，一些中小煤窑也在逐渐使用机器进行开采。

二 大同地区

1914年，北洋政府颁布了采矿条例，对于富有矿产的土地所有权与地下矿产所有权的划分和归属重新进行了界定；1913年，平绥铁路连接到了大同，这极大地降低了大同煤炭外销的运输成本，大同的小煤窑得到了一次发展机会。这些小公司和私人小煤窑多沿用土法采煤，也有安装机器的，但主要还是依靠人工挖掘。但进入20世纪20年代后，随着大同保晋矿务分公司等大型煤矿以新式机械化采掘方式实现了煤炭产业的规模化生产，煤炭产量大幅度提高以致挤占了手工煤窑的销售市场，大同采用土法开采的小煤窑结束了它急剧短暂的辉煌，从此一蹶不振。④ 下

---

① （民国）马继桢：《翼城县志》卷8，民国十八年（1929）铅印本，转引自祁守华、钟晓钟编《中国地方志煤炭史料选辑》，煤炭工业出版社1990年版，第123页。

② （民国）赵祖抃：《乡宁县志》卷7，民国六年（1917）刊本，转引自祁守华、钟晓钟编《中国地方志煤炭史料选辑》，煤炭工业出版社1990年版，第125页。

③ （民国）刘玉玑：《临汾县志》卷2，《实业略·工业》，民国二十二年（1933）铅印本，转引自祁守华、钟晓钟编《中国地方志煤炭史料选辑》，煤炭工业出版社1990年版，第122页。

④ 山西省政协《晋商史料全览》编辑委员会编：《晋商史料全览·大同卷》，山西人民出版社2006年版，第166页。

面我们以几家小煤矿①为例简单说明一下该地区土法采煤的开采方式和经营、组织形式。

宝恒煤矿公司是杨天璋于民国十年（1921），以孔祥熙等私人资金为股本开办的，资本大约3万元，地址在口泉镇西北白土窑附近。在其开办初期很有成效，安装了各式机器设备。比如，其中的一个小煤窑，杨天璋买来一口40马力的卧式锅炉、一架高车、三只气泵，于坑内铺设了轻便铁道，以人工刨煤。用人力把装载煤炭的煤车推到井口下方，再由高车提出坑外。但由于资金和技术缺乏，开办不久后只得仍用土法开采，每日产煤量仅80吨。

广兴公司位于大同县西南的辛庄村干沟内，距大同县城70里，距口泉车站30里，资本3万元。采煤纯用土法，由坑口凿到煤层即在总路两侧各开9尺高的支路（俗名"伙岔"），各岔内分为数段（俗名"堂"），每段由人伙柜包揽开采。工人日背煤炭七八百斤，煤炭产出后，堆积厂内。通年售煤所得，分为十份，公司得二，人伙柜得八。1917年广兴煤矿公司得制钱5000吊，当时人伙柜十二家，共有工人200名，工人每日可得工资制钱400文。

天兴煤厂在拖皮村西，半窑沟内，距大同县城23里，距拖皮村3里，距平旺车站6里。宣统二年（1910）采用土法开采，资本2万元，系集股开办。厂内有梯形横坑一座，斜深280梯，每梯高7寸，约20丈，煤层上级厚3尺，底级厚8尺。天兴煤厂雇佣人伙柜七家，每家工人十四五人，每名工人日采煤1200斤左右，每百斤煤炭可售制钱230文。通年售煤所得之价，分为十份，天兴煤厂得二，人伙柜得八。1917年天兴煤厂共收制钱7000余吊，除去各项开支，净得利钱2000余吊。

同发炭厂位于距口泉车站45里的张家峰沟内，于1917年领取探矿执照，当年开工，资本3600元。厂内有坑口6个：沟南45度，梯形试探型坑口3个，斜深各50余级，竖坑1口，直深5丈，专为提水之用；沟北45度之梯形试探横坑1口，斜深80余级，用于提水的竖坑1口，直深9丈，竖坑口上安有木制辘轳，以藤斗绞水。采煤纯用土法，煤炭由工人

---

① 以下介绍参考山西省大同市委员会文史资料研究委员会编《大同文史资料》第16辑，1988年，第64—79页。

背出煤坑，堆积厂内，以便随时出售。据《山西矿务志略》记载，同发煤厂1920年煤炭产量为500万斤，每斤制钱一文五厘，主要集中销路在阳高、天镇、张家口一带。

三　晋东南地区

保晋公司的成立推动了山西省煤炭产业近代化转型该地区的过程。由于其在晋东南地区投资设厂，因此机械化生产方式开始应用于该地区的煤炭开采之中，但是这一时期传统土窑依然占据不小的份额，土窑的开采能力有限，雇工人数相对不足、煤炭产量低下。少数大型企业可达五千斤的日产量，但绝大多数的小型矿口的日产量只能达到两三百斤，这些小型矿口仅有四五名工人负责采掘、提升等一切工作，产量明显不足。在同时期存在集中采用大型机械化设备、雇用大量工人发挥分工优势的大型煤矿的情况下，大量采用土法采煤的小煤窑能与之并行不悖，这说明了该地区煤炭产业具有十分明显的二元结构特征。

耿步蟾于1916年出版的调查结果显示，晋城、阳城、高平等地区是晋东南地区较为集中的采煤点。"煤田面积甚广，颇利开采。其主要煤层在煤系上部，厚自五公尺至九公尺，煤系下部之臭煤，厚自一公尺至二公尺。上层煤质甚佳与平定之无烟煤相似。……至土法开采之小窑，厥数甚多。"[①] 除保晋公司晋城分公司的6口矿井外，小土窑的数量多达41座。1958年，大同煤校师生在该地区调查历史上的煤炭开采情况，发现数千处民国甚至明清时期的小煤窑的遗迹，其中，镐、锹、锤、轱辘等简陋工具的出土说明了土窑开采技术的落后。[②]

从所有制形式看，大部分煤窑由当地财主投资雇人开办，类似现代"委托—代理"关系的经营形式广泛存在于晋东南地区。就分配关系而言，开发主体不提供劳动工具，工人需自带生产工具以分散的、不完全的分工形式开采煤炭。采出的煤炭采出的归投资方所有，一般是地主或者窑主，但以煤矿土地出租形式获得收益的地主一般只取得地租而已，

---

① 耿步蟾：《山西矿产调查化验成绩报告书》《中晋东南各县矿产化验报告》，山西大学图书馆藏1916年版，第121页。

② 山西煤炭工业志编委会编：《山西煤炭工业志》，煤炭工业出版社1991年版，第46页。

煤窑工人取得工资。如襄垣县北乡正沟煤矿规定："工价一百二十文，工头钱二百文。"①

另外，就是当地农民为共享煤炭生产、销售收益，共担风险合股开办的土窑。农民全体既是投资者又是生产者，或者说既是煤窑主又是煤炭工人。如壶关县南乡黄山村煤矿因是采用农民合股经营形式，收益平均分配："工价皆作股份，并无雇工，每日所卖之钱，按股均分，日出炭一万六七千斤，得钱三四千文。"② 但较之更为普遍的是，为供给家庭生产生活而进行的零星的煤炭开采和贩卖活动。由于农民往往利用农闲时间经营副业，缺乏现代企业人力资源管理的集中性和雇佣制度约束，以及劳动分工不彻底，因此，这种土窑生产能力和生产效率低下，时开时关，难以维持稳定的合伙关系。

晋东南地区煤炭产业发展缓慢的原因有两点：一是山西省近代工业的起步较晚，当地的工业遭受其他先进省份及国外物美价廉的工业制成品的冲击，加上战争等外部因素，这些都制约了山西省的近代化进程；二是山西省的地理环境使晋东南煤炭的运费过于高昂，高昂的运费抬高了煤炭的出售价格，使晋东南的煤炭不具有市场竞争力。

四　晋西北地区

晋西北地区的民营中小型煤窑几乎整个覆盖了该区域，民国时期开辟煤窑的地点在记录中也更加明确具体。1923年，《中华工程师学会学报》中这样描述晋西北的矿治："晋省煤场，星罗棋布，第其产量，每日无一能超过百吨者，煤井有竖立者，有倾斜者，亦有仅坑道者。若为坑道者，其煤多盛于筐内，置于木轮之上，然后拽出。"③ 而且大多数斜井的坡度在三十度到四十度，斜井里有方便往来的阶梯，出煤后的煤炭大多用麻袋装出井外，或者由两个人肩扛出井外。就是因为采矿技术的限制，煤窑规模一般比较小，一般由三五人合办，用于贴补农业收入的

---

① 耿步瞻：《山西矿产调查化验成绩报告书》襄垣县第94号煤矿，山西大学图书馆藏，1916年，第305页。
② 同上。
③ 《中华工程师学会学报》第10卷第11期《矿治》1923年，第1页。

不足。

  煤矿手工开采一般采用较为简陋的工具，如斧、撅、锤、拖筐等。当时打井技术可分为"横井"和"竖井"两种。"穿地至三四十丈者"讲的是横井，宽三四尺、高五六尺。在晋西北地区，到清代"西北山中多穿山为穴，深或数丈及数十丈，取者携灯鞠躬而入，背负以出，至大路始以畜驮坦道始能车载。"① 选用横井的一般经验是，在距山比较近且煤层距地面较浅处打井。竖井主要被运用于煤层埋藏较深的情况，其特点是挖掘程度较深，技术要求高。"竖井系正方形，每边之长，自四英尺至六英尺，井壁除最不结实之井外，无有用木板或砖石为壁护之者，井口置横枯（轱）辘。直径自十五英寸至五十不等，每次可绞上煤块之筐，约重三百磅左右。大同有竖井，深至三百英尺者。"② 直至民国时期，由于窑内狭小坑道未曾改变，"以木材支柱之处甚少，采煤场中，煤柱与木柱并用，煤柱形不一定"。③ 当时的支撑手段较为原始，坑道宽的大多用木板，窄的一般用木柱支撑。

  与晋东南地区一样，这些土法煤窑一部分是地主投资开办的，若是有人在山地上发现有煤炭的痕迹，这些山主们便出资伙同会开窑的人一起开采煤炭。民国时期当地开煤窑的人越来越多，从一两个人合伙到四五个人合伙，从包山开煤窑到买地开煤窑，且后来契约中加入"百步之内不许别人开土皮打窑"的规定，足以说明开窑竞争的激烈。位于晋西北西部的玉井村闫氏保存的 40 纸契约文书中有 10 纸契约涉及包山开煤窑④，保存完整，内容主要涉及当地人在当地开土皮打煤窑的情形。在契约的订立时间上，从一开始的每年冬季订立到后来不限时间的订立，说明晋西北地区煤炭开采已经成为人们主要的赚取家用的方式，而不只是局限于农闲时的事业了。

---

  ① （清）邓必安修，邓常纂：《孝义县志》卷 1，《物产·民俗》，清乾隆三十五年刻本，转引自祁守华、钟晓钟编《中国地方志煤炭史料选辑》，煤炭工业出版社 1990 年版，第 115 页。
  ② 《中华工程师学会学报》第 10 卷第 11 期《矿冶》1923 年，第 11 页。
  ③ 同上。
  ④ 几份契约的具体内容参见闫晓婷《清末至民国中期晋西北地区煤炭业探究》，西华师范大学出版社 2015 年版，第 27—31 页。

第三节　山西煤炭产业的二元结构及其影响

从第一节、第二节我们了解到民国时期山西省在煤炭开采技术上已经出现了近代化因素，这主要是被应用于富煤大矿并且伴随着交通运输方式的改进而日益兴盛。但同时以传统土法采掘的中小型土窑依然大量存在。蒂姆·赖特曾经指出：要利用铁路运输方面规模经济的长处，就需要大规模的生产设备或者至少是大规模的装载设备。[①] 这刚好从反面说明，山西省煤炭产业中土法生产占很大比例且保持持续活动的一大原因是铁路运输的相对落后，但本书认为这并不是根本原因。供给方生产方式的选择，离不开需求的拉动，尤其是需求结构的影响，而根据本书第四章的分析，土法生产其实是有其深厚的社会经济基础的。传统的农村煤炭消费在较为落后的地区占据着能源消费的主导地位，从根本上来说，这反映出中国传统小农经济模式的特色，交通运输的落后在一定程度上也是其衍生的问题。所以，传统消费结构、落后交通运输以及土法生产的延续，其实共同影响了山西省煤炭产业的二元结构。

一　山西煤炭产业二元结构的定义与特征

所谓煤炭产业的二元结构，就是指在近代化的煤炭采掘方式——大机器化生产出现的情况下，传统的中小型土窑仍大量存在，两者分庭抗礼的局面，而这种二元结构的延续主要是指产业结构未能从二元转向一元，即全部机械化生产的状况。具体到民国时期的山西省而言，从图6—5、图6—6中我们可以看出，1933—1934年按产量比重计算，山西省煤炭开采方式中土法采煤占据绝对比重，而即使是集中采用机械化手段开采煤炭的几个县，土法采煤仍占有大约40%的比重，且相对于1933年，无论是山西全省，还是集中采用机械化生产方式的几个县，土法采煤的占比甚至有上升的趋势。这明显说明山西省煤炭产业二元结构及其长期的延续，也说明了煤炭产业从传统土窑向大机器生产转化的艰难。

---

① ［澳］蒂姆·赖特：《中国经济和社会中的煤矿业（1895—1937）》，丁长清译，东方出版社1991年版，第45页。

这种二元结构的第一个特征就是长期的延续性。一方面是生产技术手段的延续，与机械化采掘技术不同，土法形态主要采用生物动力和人力开采，多采用明清以来的传统生产工具；另一方面是组织经营模式的延续，这在之后《民国时期山西煤炭产业的经营管理》中会有更详细的阐述。土法模式向机械化的转变，在时间上，与中国近代化历程一样是漫长而曲折的，在空间上则存在内地和沿海、东西南北的地区性差异，因其在近代中国具有深厚的社会经济基础。

第二个特征是两种生产模式的竞争性。毫无疑问，机械化大生产具有投资规模大、生产能力强、规模经济以及技术和经营管理模式先进等诸多优点，但土法采煤却也具有投资小、成本低、见效快、对传统煤炭需求适应性强以及生产经营较为灵活等优点。在煤炭市场上，双方凭借自己的优势分割市场份额和利润空间，形成较为激烈的竞争。

第三个特征是两种生产模式的互补性。近代中国的工业化历程曲折而艰难，多种经济成分并存，二元结构的延续就是这种复杂性的体现，它能够在优势互补的基础上为每种生产方式提供合适的生存空间。首先，煤矿企业中的手工生产会在矿场内的生产环节中，与机械化手段产生劳动技术性互补。其次，小煤窑和现代煤矿在市场销售方面会出现关联性互补。最后，总体而言二元结构下两种生产模式实现了一定程度的劳动力、资金等资源配置的互补。

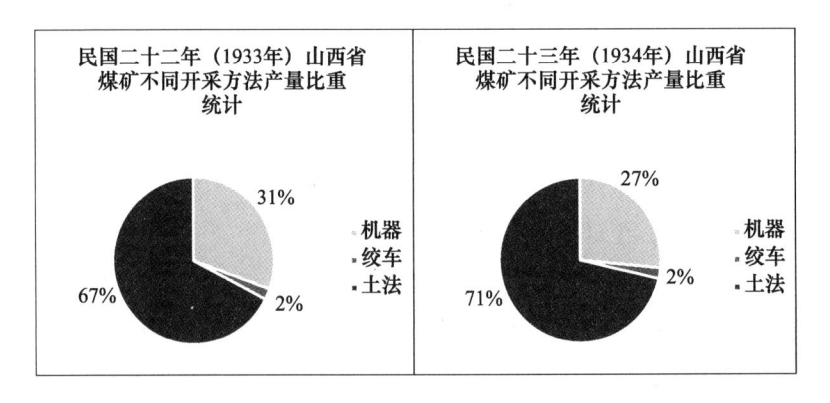

图6—2 1933年、1934年山西省煤矿不同开采方法产量比重统计

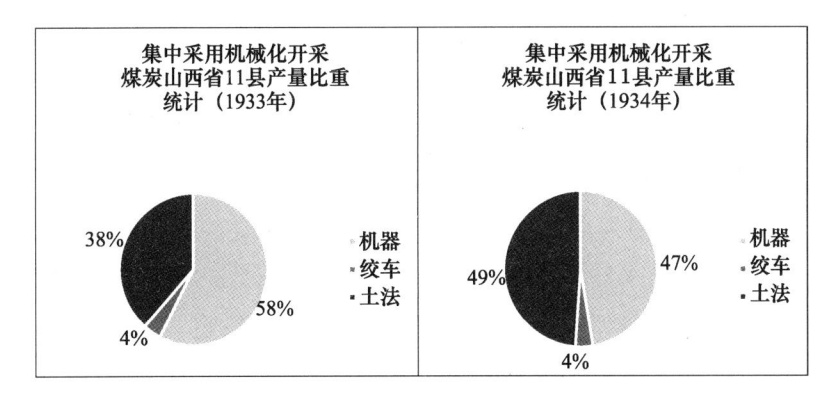

图6—3　1933年、1934年集中采用机械化开采技术的山西省11县不同开采方法产量比重统计

资料来源：两图依据《山西省统计年鉴》（下卷），《山西各县煤矿开采方法按户数面积产量分类统计表》，山西省政府秘书处刊本（民国二十二年、二十三年）绘制而成。

二　山西煤炭产业二元性的影响因素——以收益和成本分析为视角

对于民国时期山西省近代与传统煤炭开采模式并存的解释，学术界形成了很多说法和观点，本篇在广泛搜集相关研究成果的同时，以收益和成本分析为视角，从资源禀赋、劳动力成本、资本投入与运输成本四个方面重新对这种二元结构形成的原因予以分析，力图深化对这个问题的解释。

（一）资源禀赋

民国时期，对山西省煤炭资源的勘探进入了一个全新的发展时期。山西省煤炭资源的主要勘探调查者是山西省政府、山西省煤炭企业、国内外地质学家。他们的勘探结果大同小异，均认为山西省的煤炭资源极为丰富，煤炭种类齐全，极适宜大规模的开采。这为当时山西省的煤炭企业节省了大量的资金，有效地降低了各大煤炭企业进行地质勘探的成本。1949年之后，这批地质专家所勘探的煤炭资源为新中国的现代化建设提供了重要的能源支撑。民国初年，山西省实业厅组织地质专家对省内的煤炭资源进行了一次全面的调查，调查的最终成果汇编成《山西矿务志略》一书，该书对山西省境内的产煤县都作了非常细致的勘测。

民国时期，一批专业的地质学家，如瑞典地质学家新常富、日本矿师门仓三能、中国地质学家王竹泉等对山西各地的煤炭资源做了详细而又科学的调查。民国十七年（1928），中国地质学家王竹泉来到山西省进行实地考察。他将山西省的煤田划分为七个煤区，分别是：平孟潞泽煤区、汾临煤区、河兴离隰煤区、太原西山煤区、宁武煤区、大同煤区、浑五煤区。① 按照王竹泉先生的估计，山西的煤炭储藏量大约有1271亿吨，相当于英国煤炭储藏量的94%，美国的4%，是法国的28倍，德国的2倍，日本的18倍。② 另外，根据日本人在二十世纪二三十年代的调查显示："山西省的土地一般都是属于高原性气候形成的土地，这种土地作为农业用地并不是很肥沃，但地下矿产资源丰富，其煤炭储量闻名世界。"③

由于山西省煤炭具有矿藏丰、分布广和埋藏浅的特点，能较为容易地被勘探和开采到，某些地区的煤层甚至裸露在地表外面，稍加挖掘便可使用。煤炭常常在农民挖水井、打地窖的时候被挖到。当时阎锡山西北实业公司协理彭士弘在文章中这样形容山西："山西幅图约六十万方里，即三百二十余万顷，就中除河川、坟墓、住宅、道路约占二十余万顷，可耕之田，仅有六十万顷，所剩二百数十万顷，悉为山岭坡地，荒芜不毛；虽然，此山岭坡地非即石田也，乃实藏千丈，埋存无际，沃野万里，一碧万顷之矿田焉。良以吾晋石炭之埋藏，甲于天下，几于无山不藏炭，踢土便是煤，极而用乙足供全世界二千年之用。……以是观之：较之费力多而受益少，不堪贫瘠之农田，相去不知几千万里也。"④ 在彭士弘看来，山西人民已认识到开窑挖炭较耕田种地收益高，从明清时期开始煤窑的大量出现也就不足为奇了。

（二）劳动力成本

在以土法方式开采的煤窑中，雇佣工人多以当地农民为主，人工成本低，而且煤炭开采作为农民的一种副业，其生产和销售往往具有一定的季节性。民国时期徐昭俭对山西省新绛县有如下描述："本县地势平坦，

---

① 王竹泉：《山西煤矿志》，《农矿公报》1928年第9期。
② 同上。
③ ［日］南满铁道株式会社地质研究所编印：《支那矿业时报》第79号，1931年12月15日。
④ 《山西煤矿与造产前途》，造产救国社编《造产救国》1933年第1期。

山陵绝少,煤炭一项,多取之乡宁县属之姑射山中,以故山麓各村,每于秋冬农隙时,驼取煤炭与焦炭,俗名岚炭,以供全县之用,盖亦农家之一种副业也。"① 可见,当时煤炭的销售主要以秋冬农闲时节为主,而煤窑工人绝大部分是煤窑附近地区无地或者少地的贫苦农民。当时专门靠在煤窑打工为生的人数较少,煤窑工人的流动性也较大,但在秋冬农闲时节,农民的空闲时间较多,能够到煤窑从事煤炭开采和煤炭的运输与销售。

传统土法煤窑不需要专业的矿师勘探,投资主体往往是窑主一人,间或会雇用把头等类似包工头性质的人员,而矿工往往是当地无地或者少地的农民,有时一些从事耕种的农民在农闲时也会外出到煤窑做临时工。由于农民自备锤子、铁镐、铁锹等采煤工具,不用购买和安装机器,因此可以随时招工投产,开办成本低廉。相比于采用机器化生产的大矿,民营小煤矿的矿工工资相对较低。比如,满铁调查部曾在《山西省煤田调查资料》中记录大同三个大矿的矿工工资为 50 分,而其余小型煤窑的工人工资是 30 分或 40 分。而劳动力工资的差异并没有导致不同规模煤窑之间开采量和效率的差异,根据记载,大同的 29 座典型的小煤窑里有 13 座报告称,他们每人每年的产煤量高于 3 座大矿,因此,采用土法开采的煤窑的人均原煤产量甚至能略高于采用机器化生产的大矿。我们计算一下,当时每个工人平均的煤炭开采量为 1000—2000 斤,煤炭售价为 100 文、200 文到 4000 文、5000 文不等。对于大多数煤窑而言,工资为每人每天 200—300 文,由此煤炭产业的暴利可以略见一斑。日本学者手塚正夫在《中国煤矿的土法形态》中指出,在分散而广泛的土法煤窑生产形式中,低廉的劳动力成本是它们能够与机械化的大矿进行价格战的重要基础。在民国初期,山西煤窑获得巨大发展且在总体上获利丰厚:保德县铁匠铺村中贾五常开办的一个煤窑,投入资本不过制钱 256 吊,1917 年一年收入即达 1294 吊,除去各项开支外,盈利可达 509 吊。② 河曲县河西榆树湾中刘起迎开办的煤窑,投入资本 351 吊,1917 年收入达

---

① (民国)徐昭俭:《新绛县志》卷 3,《生业略》,民国十八年(1929)刊本,转引自祁守华、钟晓钟编《中国地方志煤炭史料选辑》,煤炭工业出版社 1990 年版,第 95 页。

② 耿步蟾、成元治:《山西矿务志略》,山西省实业厅 1920 年版,第 275 页。

718元，除去开支210元4角，盈利几乎达到资本的1倍。①

(三) 资本投入

山西省煤炭的蕴藏和开采特征使投资者容易以最低的投入资本获取最大的利润，民国时期，山西省投入工业建设的资金依然紧张，这使很多民族资本家选择投入成本少、见效快的中小型煤窑。根据北京民国政府时期《山西矿业类档案》（缩微胶片）中记录的矿主身份和投资规模，申请开采手工土煤窑和小型煤矿的具有明确身份和职业的216人中商人占大多数，且多为本省商人，一般而言，投资规模为10000元以下。民国初期，煤炭开采较为集中的几个区域，比如汾阳、孝义、临汾、平定、洪洞、太原、榆次和赵城等有81处煤窑投入资本额为500元以下，而资本额上万的煤矿仅仅14处。由此我们认为，地方中小商人、农村地主和乡绅多以传统手工煤窑为主要投资形式，在民国初年成为山西省早期民族资本家实业兴国精神的重要体现。比如，太原县的马森曾经营晋源钱庄，而在1919年申请勘探开采左云县吴家窑村的大坡顶矿；担任山西晋商大德恒票号的经理阎天禄也于1919年勘探晋城县的河东村矿；李锦升曾在宁武县开办钱庄和布庄，在1919年申请开办大同县的南羊路村煤矿；何子诚在1919年开办怀仁县的韩家岭煤矿，以前则在五原县经营绸缎庄和洋货庄。类似的例子还有很多，但这些手工煤窑在其发展的中后期往往经营不善乃至转让给别的公司，甚至破产。

与机械化开采的大矿相比，采用手工土法采煤形式的中小型煤窑不需要耗费购买机器设备的成本，在规模经济尚未以绝对的优势占据山西省近代化发展方向的主导地位时，成本优势是土法采煤能够在山西省煤炭产业经营形式中占据绝对比重的重要基础。手工土法采煤可直接在煤层露头处挖掘，或者在矿山上以不过十余丈的深度挖凿直井，即能探测到大量的煤炭。土法开采无须进行大规模的基础设施建设，劳动工具比如镐、锹、筐等需要矿工自备。就出煤而言，在斜巷或平峒时往往用牛、马等牲口驮运或者人力肩挑背扛，而对于铺设了轻便铁轨的煤窑来说，也需要用人力推送煤车。对于采用了竖井开采煤炭的煤窑，则多数用辘轳将煤炭绞出坑外，即使使用绞车也是以人力驱动。无论从动力、挖掘

---

① 耿步蝉、成元治：《山西矿务志略》，山西省实业厅1920年版，第277页。

设备还是运输机器方面比较，煤窑在运作效率上当然不如那些投入使用卷扬机、蒸汽或者电动绞车的采用机械化生产的大矿，但是其在投入产出量上并不弱于大矿。澳大利亚研究煤矿史的专家蒂姆·赖特就认为煤层露头处接近地面，在该区域投资的煤矿公司能够节省提升费用和矿建等辅助性成本，相比较于近代化的煤矿，这无疑是资源禀赋较高地区以廉价煤获取巨额利润的普遍手段。

（四）运输成本

从理论上讲，山西省内工业化产煤区、交通发达区可能在铁路运输成本方面比省外其他地区高，但与省内仍使用"肩挑""独轮车"等传统运输方式位于山区的小煤窑相比，运费开销则绝对低廉。

表6—11　　　　　　各种运输方法运费之比较　　　　　　单位：分

运输方法	吨千米运费	运输方法	吨千米运费
肩挑	34	轻便铁路	2.4
公路汽车	30	铁路	2.0
独轮车	19.2	内河民船	1.2
驴车	18.0		

资料来源：汪胡桢《民船之运输成本》，《交通杂志》1935年第3卷第3期。

但是，与近代交通方式并行产生的采用机械化生产的煤炭企业出现较晚，最早的近代化煤炭公司——保晋公司于民国初期获得大量发展空间，但大型矿厂仅分布于平定、大同等几个县。在20世纪30年代阎锡山为发展军工企业和扩大晋煤外销的规模，开办了晋北矿务局和西北实业公司中的一些煤炭企业，但这些企业并不服务于省内的煤炭市场，皆因山西地形复杂，交通条件先天不足，即使同蒲铁路贯穿了山西省南北，而民国时期全省的铁路网尚未构建起来，公路发展也尚未遍及各县，因此平定、大同等大型煤矿集中地区的煤炭在省内的运销也往往需要借助手工煤窑中人力、畜力以及传统车辆等运输工具。就运煤费用而言，根据史料记载，机器采煤"晋北大炭二炭混煤三种，平均每吨

2.1元至2.5元。"① 而在李培开办的兴县上王家里的手工煤窑，年销售煤炭50多万斤，以供给附近地区农家用煤，运输成本不过360000文。民国初期，1银圆可兑换制钱1300文②，就度量衡而言，山西1吨折合1693斤③，经计算每吨成本约0.94银圆。所以采用机器采煤的公司在尚未发挥规模经济、薄利多销的优势时，在运输成本上难以与手工煤窑竞争。总体而言，在山西省内各县，煤炭生产往往会因运输成本问题，选择以供给当地市场为主，或者说仅能在当地维持生存，这在一定程度上会形成生产和销售垄断，大型机器生产的煤炭没有价格优势，外省的河北、辽宁煤矿则更难在山西省占领市场。

即便是在20世纪30年代山西铁路网已经颇具规模之时，手工煤窑的传统运输方式相对于那些采用机器采煤的公司，在满足省内分散但广泛的县级农村煤炭需求上，仍具备一定的竞争优势，尤其是针对非大宗交易的家庭生产生活用煤，土法采煤的运输成本就相对低廉，于是，山西各地的小煤窑就获得了生存发展所需的市场空间。

根据史料记载，民国时期，山西省有超过60个产煤县④，其中广泛存在手工煤窑，以供给当地煤炭市场为主，除按一定比例供应近代化的工商业外，大部分为农家生活生产所使用。其辐射范围大多是当地的县城和村镇，或者邻近产煤区的部分外县，都是为了便利而就地产销⑤，各县农户多分散居住（非都市化），因此适合零售式的运销方式，运输距离最长不过一百里，本地人用传统的骡马车作为运输工具成本低廉。这样的运输模式所对应的生产方式就是本地小煤窑。各煤窑的煤炭往往是当天生产、当天销售，最多在两天之内就能售罄，而像河曲县、大同等靠近塞北边疆的地区，一部分煤炭要经东、西两口销往内蒙古等地区，由于运输距离较长，较为费时。而多数县域内小规模的运销方式，早在明清时期，甚至更早就有了，在民国时期与土法采煤一样被延续了下来。

---

① 陈真、姚洛:《中国近代工业史资料》，三联书店1957年版，第744页。
② 萧清:《中国近代货币金融史简编》，陕西人民出版社1987年版，第59页。
③ 山西省史志研究院:《山西旧志二种》，中华书局2006年版，第603页。
④ 山西省图书馆藏:《山西省统计年鉴》，1933年，第120页。
⑤ 耿步蟾、成元治:《山西矿务志略》，山西省实业厅1920年版，第290页。

三 结论

从表面上来看，煤窑采煤在山西省较为普遍的原因是矿藏丰、易开采、投资少、见效快，无须基础设施和大型机器成本，劳动力成本低廉。因此众多士绅在高利润率的刺激下纷纷投资中小型煤窑，其暴利情况在前文略有提及。比如，在民国初年，太原市麻市街十几家掌柜投资入股开办了西山白家庄附近的庆丰窑，煤炭质量较优，民众争相购买。由于该煤窑低廉的生产成本，开办几个月后该煤窑的利润率已达60%多，这不仅超过了当时山西省其他的近代采用机器生产的大矿，而且根据严中平《中国近代经济史统计资料选辑》统计，20世纪30年代，全国棉纱、棉布业作为轻工业利润最高的行业，利润率为21.37%、20.5%，就厚利的铁路行业而言，利润率在30%以上。山西省的民办煤窑虽然技术水平落后，组织经营模式传统，但是凭借成本优势，在经营尚可的情况下，大部分能赚回本金甚至营利，除非在前期对煤矿勘探不佳，或者在开采过程中发生严重的矿区坍塌以致矿难等情况。根据《山西实业志》，晋中、太原、清徐、交城、文水等地区的煤窑，在一般情况下，其年利润可达总资本额的30%左右，或者更高，有的甚至在一年内可以赚回本金。因而，投资手工土窑被当时人视为生财之道。

更进一步来看，山西省煤炭产业的二元结构实质是中国近代以来农业、农村文明向工业、城市文明曲折转型的缩影，根深蒂固的小农经济模式成为山西省煤炭产业走向近代化乃至整个中国经济迈向近代化的最大障碍。这一点在第四章谈到需求结构时就已经隐约指出了。

具体而言，机器化生产主要占据规模经济优势，虽然设备厂房等固定成本投资巨大，但一方面利润增长快，甚至能薄利多销；另一方面也可以逐年摊销。但就是因为运输成本相对较高，销售受阻明显，造成（单位）产品利润呈现负值。

而中小型煤窑土法开采模式的延续实质上是传统小农生产模式的延续，尤其适应经济相对落后的地区。由于生产、挖掘成本绝对低廉且本身小农生产投入资金少，虽不占据规模经济优势，但煤炭产业是一个暴利产业，在因产量微小而无须动用现代交通的情况下，利润的获得可以相对地、波动式地，有时甚至绝对地实现，类似于传统农业的自给自足性质，家庭生产以至发展起来的农村手工业是为了保障家庭成员的稳定收入，总产量的提高是最终目的①，无论付出多大的成本（在农闲时为保证充足就业被廉价地雇佣开采煤矿、采取成本较高而分散的交通方式），都被收入绝对增长的选择所取代。

煤炭需求的增长在民国时期是全国工业化发展的必然结果，山西省几经勘探，其作为煤炭资源大省的名号被人们所认同，资源的丰富使运输成本、不利的开采条件等更不足以成为土法煤窑遍地开花的障碍，对于收入增长的追求使（农村）家庭为单位开矿采煤成为理性选择。类似于晋商走西口做贸易，身处非资源禀赋（茶、粮食等）的地区尚能得到丰厚利润，何况是山西省这样富煤地区。无论是商业还是手工业的繁荣，都是传统农村家庭理性选择的结果。在世界市场、国内市场不断扩展，外国工厂、机器、技术不断被引进的近代社会中，所有变革的获利因素都被传统家庭生产方式与劳动力利用模式所包围、运用以至异化。具体到煤炭生产，就是造成了中小型煤窑的延续及其与大机器采掘相对峙的煤炭产业的二元结构。

---

① 参考［美］黄宗智《华北的小农经济与社会变迁》，中华书局2009年版。

下 编

民国时期山西煤炭产业的现代化管理研究

尽管山西省煤炭产业的近代化时间较东南沿海地区晚，但其呈现出了自己独特的发展模式。因其受制于传统自然经济模式，存在这样、那样的弊端，难以形成大规模生产的大煤窑，比如由于借贷领域的机构化程度较低，筹措的资金不足以维持产业的正常运转，受运输条件、科学技术限制，煤炭的销售范围有限，发展潜力不足；资源禀赋优势和强大的政府干预使重工业领域近代化程度较为明显且发展较快，尤其是煤炭产业。而且，随着现代金融思想在国内的广泛传播，尤其是西方股份制思想，煤炭开发的前期融资有更好的解决方式，资本构成和资本运作也呈现出新的特点。另外，民办保晋公司的成立，成为民国前期山西省工业近代化的代表，其经营管理呈现出近代化特征。

第 七 章

山西煤炭企业资本运作与经营绩效

近代中国企业主要是效仿西方企业的组织管理模式，民国时期出现的新兴煤炭企业就是按照近代企业的模式运行的，其采用机器化生产模式更是区别于传统煤窑，资金的运转和变化时刻反映着企业的发展而股份制作为一种资本的组织和管理方式，就十分值得我们来研究。在这里我将介绍一下山西煤炭企业股权结构的变化与资本运作，主要是阐述煤炭企业用近代新式生产方式代替传统的生产方式，用近代新式制度代替传统落后的旧制度的过程，以及这一过程中所体现出的人的意识形态所发生的相关变化。

第一节　民国以前山西煤炭开发的资本构成及股权结构

"资本运作"和"股权结构"是现代商业的运营术语，资本运作是指利用市场法则，通过资本本身的技巧性运作或者资本的科学运动，来实现资本增值、效益增长的一种经营方式。股权结构则是指股份公司中，股东所持股份占公司股本的比例及其相互关系。尽管民国时期山西省的煤炭企业呈现出近代化的特征，但民国以前，几乎没有资本运作和股份公司，故仅探讨这一时期山西省煤炭开发的资本构成情况。与资本构成相关的是煤炭企业的运营模式，即要清楚民国以前的煤炭开发的资本来源、资本分配以及在社会中的存在状态。

宋元时期是我国大规模开采及普遍使用煤炭的时期，也是煤炭产业的初步发展时期。这一时期煤炭作为生活和手工燃料被普遍使用，如

"汴都（今开封）数百万家尽仰石炭，无一家燃薪者。"① 明清时期是我国古代煤炭产业普遍发展的时期。明清时期统治者的矿业政策大体来说主要有两种倾向，即鼓励开采和封禁。明代以来，农业、手工业生产技术有了很大的进步，商品经济有了一定程度的发展。随着国家统一，国内市场也进一步扩大，社会各个领域对于金属制品的需求很大，统治者出于满足庞大社会需求和扩大税收的考虑，也曾颁布了一些允许、鼓励、扶植矿业开采的政令。但是，出于维护中国传统统治和社会安全的考虑，统治者对这种关系国家财政挖军事安全的金属矿又采取了牢固掌握的策略：对金银铁矿或收归官有，严禁地方私采，或课以重税，或常以破坏"风水""龙脉"为由，禁止开采。这在很大程度上阻碍了矿业的发展。这两种政策的交织体现了中国传统社会的阶级矛盾。

但总的来说，明朝对于煤炭产业的管制较其他金属矿业尤其是金、银、铜、铁更为宽松，煤炭开采一般不需要十分严格和繁杂的手续，在大多数情况下听任小民自行开采，从而形成了多数是由民间经营，政府抽分或者收取课税的民间煤窑。明嘉靖至万历时期，是采煤业发展的高峰期。天启年以后，社会动乱频繁，煤炭产业受到冲击，步入衰退期。

清朝初期，统治者为了整顿明朝矿税之乱及恢复社会经济，厉行矿禁政策，但也意识到煤炭对于民众生活的重要地位和作用。随着煤炭资源的广泛使用，康熙中叶以后，逐渐放松矿禁政策。乾隆五年晓谕全国各地，应因地制宜地开采煤炭资源，且鼓励民间开办煤窑，促使有开办煤窑追逐利润，使民营煤窑在山西省有了迅猛的发展。

民国以前，矿业主要有官营和民营两种类型，总的发展趋势是官营逐渐衰落，民营发展迅速。正如史料记载，明代煤窑中，"自备官赀开挖，月进煤利以供造作"②的官窑只占一小部分，产生这种趋势的原因主要是统治者逐渐认识到诸如煤炭一类的矿产资源与民众的日常生活密切相关，同时官窑低下的效率和滋生的贪污腐败也不利于矿业的发展。

---

① （宋）庄绰：《鸡肋编》，上海书店出版社1990年版，第100页。
② （明）文秉纂：《定陵注略》卷5，《忤奄诸臣》，北京大学图书馆1985年版，第21页。

民营煤窑多是作为农业的一种副业而存在的,从生产的组织形式来讲,大部分煤窑是由附近村里几个略懂煤窑出煤流程的农民凑帮搭伙开办的挖取出的煤炭会被行销于附近地区,以补贴家用。农闲则开,农忙则关,矿旺而取,矿衰而止。一年中开采煤炭的时间仅仅是6个月左右。这些农民之间只是简单的合作关系,不存在雇佣—被雇佣的经济强制关系,与商业无关。例如,清末时期的山阴县:"山阴地脊民贫,一岁一收,农家遇旺有之年,一秋之收不比南方之半季,故农闲之际有往当地煤窑服苦力者,有资之家养车运货维持营生,小户以驴牛驾车,贫户则以肩扛。"① 只有一小部分煤窑是由有财力的窑主出于商业目的,向地主租地来经营煤窑生产的。这些窑主会雇佣工人挖取、运输煤炭,但其雇佣关系方面存在中国传统色彩,且其内部的组织形式也不是很明确。也有由地主自己出资开发经营的煤窑,即地主也是窑主。

相应地,不同组织形式的煤窑筹措资本的方式也有不同。总的来说有两种:多人出资形式和个人出资形式。具体来说,前段提到的第一种生产经营模式对应的就是多人合伙凑出开窑资本。也可以是由地主、商人合伙投资开办煤窑。如乾隆时,凤台县梁太和、孙有乾、李进国、张永奇、赵文瑄等投资者就是既有粮地又有窑产的地主,而任廷瑞、李权、甄六寿等人则是租地开窑追逐利润的商人。② 乾隆年间,阳曲县民姜万雨和张天有、孟加库合伙开办煤窑,每年共摊窑费四百文。③ 另外,商人租地开挖煤窑更为普遍。例如,乾隆年间,太谷商人李某携资至晋祠明仙峪"凿山开窑,采取煤炭,矿极精良,获利甚厚"。④ 第二种模式对应的也是多人出资形式,但其投资者从以传统商人为主,逐渐转变为与政府、官僚、地主和乡绅等合股创立为主。第三种模式对应的是独资形式,即地主个人出资开发。

---

① 李志斌:《山阴县志》,中国华侨出版社1988年版,第48—49页。
② 山西巡抚鄂宝奏《朱批奏折》(乾隆三十五年),转引自《山西煤炭史志钩沉》,煤炭工业出版社2002年版,第152页。
③ 刑部尚书舒赫德等题《刑科题本》(乾隆四十六年六月初十日),转引自《山西煤炭史志钩沉》,第162页。
④ (明)刘大鹏纂:《晋祠志》附录《明仙峪记》卷1,《水窑》,山西人民出版社2003年版,第816页。

明清时期投资于煤炭产业的传统商人尤以晋商为主。特别是在开中法①实行之后，晋商积累了大量的商业资本，并将之广泛地投资于煤炭行业。

清代的笔记小说《娱目醒心编》②，第三卷记载了在土木堡之变后，一个山西煤炭商人一次就贩运了十几船煤炭去北京的故事。这十几船煤炭的本钱为二万八千两，利润是十多万两。从中可见，山西煤炭商人的资本之充裕，利润之丰厚。明清时期，由于山西煤炭长年累月地销往北京，北京当地还出现了两句俗语："烧不尽山西之煤""出煤的地方尽在山西"。清代后期，山西票号商人崛起，他们在积累了大量资本之后，也大量投资于煤炭行业。保晋公司的主要大股东渠本翘、刘笃敬、祁县乔家便是其中的代表者。

光绪三十年（1904），山西近代工业的先驱者之一刘笃敬在太原西山创立了王封磺矿公司，后来又在冶裕投资开设了庆成窑和永春煤窑。另一商人韩父仁在樊永沟、山神湾、老窑上等地开凿了三孔煤窑。由此可见，商人是民国以前山西煤炭开发的主要资金来源。这从保晋公司的首任经理渠本翘的家庭背景中也可以看出来。

渠本翘（1862—1919），字楚南，是山西省祁县著名的票号商，渠家是祁县的票号世家。渠本翘幼年是在舅舅家——山西祁县另一大票号商乔家长大的。在"保矿运动"期间，渠本翘受到了原任山西巡抚胡聘之的影响，积极投身于"保矿运动"中。1906年2月9日，胡聘之带领渠本翘来到黄守渊家中，捐赠白银二十万两，用来解决保艾公司购买矿地所需之费用。而后，渠本翘又拿出一万多两白银交给张士林，以解决民众在平潭演出等活动的燃眉之需。

因此，民国以前，山西煤炭开发已经实现了普遍发展，其资本构成主要是多人合资和个人独资两种形式，资金主要来源于财力雄厚的大商人及少量的官办资本，而民间筹资特别是农村筹集资金，几乎可以忽略不计，

---

① "开中法"是明清政府实行的以盐、茶为中介，招募商人输纳军粮、马匹等物资的方法。

② 《娱目醒心编》原刊于乾隆五十七年（1792），每卷分2回或者3回，故事占有1回以上篇幅者计有23则，但卷目除卷四、卷九外均只标明一则故事的内容。

从目前发现的史料来看,还没有关于民间筹资的翔实记录。

第二节　民国时期山西煤炭企业的资本构成及股权结构

明清时期的煤炭产业受制于中国传统生产方式,存在这样或那样的弊端,阻碍着煤炭企业的进一步发展。就山西地区而言,受传统自然经济模式的影响,山西煤炭资源主要用于家庭燃料和手工业生产,以小煤窑居多,几乎没有可以进行大规模生产的大型煤窑,所以也不可能进行系统性的生产技术改进。另外,受运输条件的限制,山西煤炭的贸易范围有限。虽然明清时期山西煤炭已经远销外省,但也仅限于华北地区,很少涉足江南地区。而且传统的采煤技术缺乏严密的科学技术基础,融资方式和生产方式落后,因此在以小煤窑为基础的中国传统社会,这一时期的煤炭产业始终处于小手工作坊的阶段,发展的潜力明显不足。

资金困难的问题仍然是阻碍山西煤炭企业发展的重要因素。煤窑的开凿周期长,且需要投入大量的资金,同时还具有一定的风险性。在传统技术条件下,存在许多不可预知、难以解决的意外情况。

资源型重工业对资金的依赖程度是相当高的,源源不断的资金供给对资源型重工业的长期发展是不可或缺的。[①] 除了前期的购地、地质勘探,开办一家煤炭企业还需要购买配套的机械设备、建造工厂、聘请员工、购买机车等,另外还需要铺设煤矿至火车站的轻便铁轨,方便运输。这一系列的准备过程均需要大量资金,且存在很大的风险,可能出现前期投入很多,但开采不出煤炭,功亏一篑的情况。所以,为了筹措到大量资金,规避风险,煤炭产业采用股票融资的形式是大势所趋,也是煤炭产业进一步发展的必要条件。

近代中国金融的发展与渗透进程是不平衡的,新式金融机构和各种金融工具主要集中在通商口岸与大型城市,而煤矿矿区主要位于中国的广大乡村。当时,乡村主要是实物借贷,私人尤其是有血缘关系的亲人之间的融资状况较为常见,而金融工具的不发达,导致高利贷在广大农

[①] 马伟:《煤矿业与近代山西社会(1895—1936)》,山西大学出版社2007年版,第89页。

村较为普遍，这种状况甚至一直延续到 20 世纪上半叶。清末民国时期，山西农村金融发展的基本特点为：农村借贷的机构化程度偏低，且分布不平衡，各县甚至同县同村的金融发展状况都是非常不同的；近代化的新式金融机构在广大乡村没有得到推广；农民的借贷利率总体而言是较高的，同时由于借贷的期限较短，无法满足农民为了开发煤矿而需要的贷款；山西农村地区各种各样的高利贷较为普遍。这些情况说明，晚清民国时期山西乡村的金融环境还不能支撑广大乡村正常的资本积累和技术进步，还不能满足山西广大乡村经济的近代化的资金需求。直至晚清民国时期，乡村地区借贷的机构化程度依旧较低。

20 世纪三四十年代的一些调查显示，在当时被调查的农户当中，至少有一半以上的农户需要依靠借债为生，但是他们很少能够从银行等近代化的金融机构获得贷款，只能以较高的利率从熟人那里获得贷款。据南京国民政府中央农业实验所在民国二十二年（1933）对全国 22 个省区 850 个县的农民借贷调查的统计，现金借贷均主要从私人和店铺中获得。民国二十三年（1934）该项调查进一步扩展到全国 1200 余县，其所显示的农村金融状况大体相同。从现金借贷的来源来看（见表 7—1），私人和商店提供贷款的比重在八成以上。

表 7—1　　　　　　　　1933 年全国 22 省现金借贷状况

省名	报告县数（个）	借贷户数（户）	合作社	亲友	地主	富农	商家	钱局	其他	月利（%）
察哈尔	7	79	0.0	8.3	8.3	41.7	33.4	0.0	8.3	3.2
绥远	11	48	0.0	8.3	16.7	37.5	12.5	12.5	12.5	3.2
宁夏	6	51	0.0	0.0	7.1	50.0	35.7	0.0	7.2	3.7
青海	6	56	0.0	7.2	7.2	35.7	35.7	0.0	14.2	2.7
甘肃	21	63	0.0	0.0	3.2	43.6	17.8	4.8	30.6	5.3
陕西	45	66	0.8	3.0	5.2	41.0	40.2	1.6	8.2	5.1
山西	71	61	0.4	3.0	1.1	48.1	26.9	14.5	6.0	4.6
河北	109	51	10.5	5.8	1.2	34.8	20.2	19.7	7.8	2.9
山东	82	46	2.2	7.0	2.7	41.6	15.0	27.0	4.5	3.4
江苏	50	62	2.5	10.1	6.5	40.3	8.3	26.2	6.1	3.5

续表

省名	报告县数（个）	借贷户数（户）	合作社	亲友	地主	富农	商家	钱局	其他	月利（%）
安徽	32	63	2.3	10.2	7.0	50.0	6.3	5.4	18.8	4.1
河南	63	41	0.0	9.0	10.6	41.2	13.5	9.0	16.7	3.5
湖北	22	46	3.7	11.1	11.1	46.2	14.9	3.8	9.2	2.9
四川	56	56	0.0	19.5	20.5	32.5	12.0	8.0	7.5	3.8
云南	25	46	1.9	17.0	9.4	43.4	11.3	5.7	11.3	3.5
贵州	25	45	0.0	4.2	10.4	64.6	6.2	4.2	10.4	3.6
湖南	37	52	2.3	12.5	19.5	46.9	8.6	2.4	7.8	3.3
江西	27	57	1.2	7.6	8.9	53.2	13.9	2.5	12.7	2.5
浙江	42	67	1.5	15.3	6.1	43.5	7.6	19.8	6.2	2.0
福建	26	55	0.0	8.9	12.5	51.8	16.1	5.4	5.3	2.1
广东	49	60	0.6	10.2	5.8	52.9	16.6	5.7	8.2	2.7
广西	38	51	0.0	3.8	16.2	52.3	7.7	16.9	3.1	3.4
平均	39	56	1.3	8.3	9.0	45.1	17.3	8.9	10.1	3.4

说明：①本表中的富农主要是指乡村的小康之家和较为富裕的农民；商家主要有粮食行、各种店铺等；钱局是指典当行、放账局、银楼等；其他主要有各种会所、积谷仓、县立借贷所、教会、学校教员等。②原文中提供的现金借贷利率为年利率，但根据实业部银价物价讨论委员会编《中国银价物价问题》（商务印书馆1936年版）中所使用的同一材料，这里应为月利率。

资料来源：中央银行经济研究处编：《中国农业金融概要》，商务印书馆1936年（民国二十五年）版，第9—10页。原据《农情报告》公布的数据整理。

从表7—1可以看出，1933年山西省农村借贷的月利率为4.6%，这个利率在当时全国农村借贷的月利率中处于一个较高的水平。山西省只有0.4%的现款借贷来自合作社，这个比例在有报告的12个省份中是最低的。山西乡村的民众主要从富农、商家、钱局借贷，这三者所占的比重分别为48.1%、26.9%和14.5%，这表明当时山西农民融资与借贷的困难较大。

煤炭产业作为资源性行业，其对资金有很高的要求，普通的资金借贷难以满足，势必会对金融机构和新的融资方式，产生很大的需求。上文所述，当时大多是民间借贷，民间借贷金额小，风险大，机构化程度低。且煤窑大多坐落于交通不便的山区和农村，因此可以说农村私人借贷占比高，金融机构的程度较低，直接影响了煤炭企业的投资，是制约煤炭业近代化进程的一个重要因素。

煤炭企业对资金的庞大需求以及西方股份制思想在中国的广泛传播致使近代山西省的煤炭企业广泛采取了股份制的融资方式。如前文所述。具体来说，民国时期山西煤炭企业股权结构主要有以下几个部分：

（1）工人工资折作股份。民国时期工人的工资既有计件工资，也有计时工资。《山西矿产调查化验成绩报告书》中记载凤台县鱼儿头煤矿的情形："工人在井上者，一日钱一百二十文，下井者一日钱一百八十文。"而阳城县西乡张庄煤矿则有："工价每拉碳一驼三十文，拉煤一驼八文"。也存在劳动与资本合作，将工资折作股份的情况，如壶关县南乡黄山村煤窑"工价皆作股份，无雇工，每日所卖之钱按股均分"，风头县南治头村"工人八人，工价无定数，按股分钱"。①

（2）民间募股。保晋公司是山西近代历史上，第一个真正意义上的民族资本主义煤炭企业，其采用向民间发行股票的方式来筹集资金。1908年，由公司请示当局允其在山西发行股票，计划先集100万股，之后再集60万股，每股白银5两，共集股白银800万两。股票分公股、商股两种。其中"公股"是指政府的拨款，当时山西省巡抚将本省的亩捐划给保晋公司，作为公司的公股。另外，山西省政府也曾在1906年和1907年两次给保晋公司拨款，共计20万两白银，以维持保晋公司的正常运转，这20万两白银也是保晋公司的公股，并明确规定："唯收华股，不收洋股。附股者如私将股票售与外人……立将所入之股，注销不认。""限定三个月，一律报齐。"但实际上保晋公司从1907年到1914年共集私股340000余股，公股10000股，外省股36000股，合计386000股，合白银193万余两，仅为原计划集股数的24%。②

（3）官方资本。政府或是直接拨给煤炭企业资金，或是拨给其他政府收入。例如上文中的保晋公司，山西省政府划给其白银20万两，同时也给了其本省的亩捐。另外，民国时期还出现了国营煤矿，例如和林格

---

① 耿步蟾：《山西矿产调查化验成绩报告书》，民国四年（1915年），山西省图书馆藏。
② 张正明：《山西工商业史拾掇》，山西人民出版社1987年版，第35页。

尔城北炭窑的全部资本是由公款专拨的，并且使用火药轰炸的方式进行开采。

（4）民间多人合资。这一形式以订立合同为前提的矿山出租、资本合营等方式最为典型。山主出租有煤炭的土地，并以土地入股，承担原材料以及山路修建的费用。窑主承包土地，并且承担修建、开发煤窑的费用。

位于晋西北地区西部的玉井村闫氏保存有40纸契约文书，其中有10纸契约涉及包山开煤窑，时间从民国八年（1919）到民国三十三年（1944），保存较完整，内容主要涉及当地人在当地"开土皮打煤窑"的情形。文书原采用体字，用字繁体和简体混杂，今转为一般通行字，并转写为横体字，特殊俗字和错别字予以保留，对于脱漏，残缺的文字以[　]标示。以前山村居民文化水平较低，人名往往有音无字，不同撰写人或相同撰写人在不同的时间记录同一人名时，往往会使用不同的同音字，或者是方言。文中"闫礼仁"和"闫履仁"为同一人，是闫祥的叔叔。

> 立出包山约人郭介隆，今将自己黄土梁沟，情愿出包与玉井村闫铭、闫履清名下开土皮打煤窑，口坐北向南风正。用窑内花费银钱出与窑户；山场道路不通、花费银钱出与山户；窑房窑内所用木料出与山户。凡山户地丈，不许诸人开口打窑。每一暗三十三日行窑，每一有山户干窑三日，每一窑户毛日三十。空口难凭，立包山约为证用。
>
> 　　　　　　　　　　　　知见人　幕有贵
> 　　　　　　　　　　　　　　　　程　进
> 　　　　　　　　　　　　　　　　孟杰英
> 　　　　　　　　　　民国八年十二月初十日

这个契约讲述的是土地所有者以自己的土地入股煤窑的开发。郭介隆以土地、部分木料以及山路的修建作为参股资本，同另外两人合伙开发，他的收益为每33天"行窑"3天。根据文件中的描述，可以发现，所有的参与者均以"行窑"为利益分配的标准。根据文意，可以推断，当时的山主的收益为 1/11。

闫铭和闫履清为承包人，他们的成本为建窑的花销，同时包括窑户所需的费用。其收益为每 33 天"行窑"30 天，两人共享收益，但是并未写明，两人收益各是多少，总的来说，收益为 10/11。

从契约的签订来看，这是一份明确合同出租与承包土地的契约，签订的双方分别为出租人与承包人。从契约中的规定可以明确以下几点：

1. 出租人收益为 1/11；
2. 承租人收益为 10/11；
3. 出租人主要承担窑外的建设成本，以及一部分木料供给；
4. 承包人承担窑内绝大部分费用；
5. 未经允许，不得擅自开窑。

从这个契约中可以看出，这是煤窑建设初期，参与双方对未来义务与责任的一份书面约定。虽然不如当代合同那样条理明晰，但是依旧明确了双方的部分权利与义务。不足的是并未明确山主是否对煤窑拥有管理权。导致这一问题的原因不明，有两种可能：一种为当地人有不成文的规定，即煤窑的出租人不得干涉煤窑管理实务；另一种则是当时的人们对煤窑这个"企业"的管理权还没有明确的认知，所以并没有在文中进行规定。

> 黄土梁煤窑，口坐东北向西南，连原……立空口无凭，立征煤窑，约为证用。
> 公同人　程　進
> 韩凤鸣
> 民国十年十月二十七日

这份契约是残缺的，但是经过多方求证，这份契约和民国八年（1919）出租与承包土地的契约的出租人与承包人是一致的。所以是在上一份契约签订的两年后又新开了一个煤窑。

> 立合股开窑约人闫礼仁、闫祥、朱紫贵三家议定开采，其地址坐落地各西沟。山主朱紫贵修场道路。山主承应言明：闫祥五天、

山主三天，计合三十三天行窑。其开窑所用花费按日筹借。山主概不出办。空口无凭立开窑约为证用。

知见人　刘谟
刘殿贡
孟杰英
民国二十五年十月初九日

这份契约为出租人朱紫贵与承包人闫礼仁、闫祥的合作契约。从契约内容分析，本契约与第一分契约基本相似，但是在几个地方略有不同：

（1）本契约中明确了其中一个承包人的收益；
（2）本契约中并未明确写出窑口朝向。

　　立出包山约人朱紫贵，今因将自己西沟，情愿出包与玉井村闫礼仁、闫祥名下，开土皮打煤窑，口一坐東向西风正一筒。窑内花费大洋出与窑主；山场道路不同花费大洋出与山主；房窑内所用木料出与山主。凡山主地丈不许诸人开口行窑。每一暗三十三天行窑，每一有山主行窑三天，每一窑主毛日三十。空口无凭，立包山约为证用。

知见人　刘殿恭
刘　谟
孟杰英
民国二十五年十二月初九日

这份契约与第一份基本相似，其中合作的细节均没有差异。出租人为朱紫贵，承包人为闫礼仁与闫祥。其中，租包人承担的责任为山路的建设以及窑内的木料供给，而承包人则需要支付窑内建设的费用。收益分成的模式总的来说并没有变化，租包人获得 10/11 的收益，而承包人总计获得 10/11 的收益。

而此煤窑距离黄土梁沟煤窑的开窑时间已经过了 17 年，如果以这两个契约为分析基础，可以统计得到下述的表格。

表 7—2　　　　　　　　晋西北民国开窑合作统计

时间	地点	窑口朝向	身份	姓名	义务	收益
民国八年	黄土梁沟	坐北向南	山主	郭介隆	修路、窑内木料	1/11
			承包人	闫铭、闫履清	窑内花费	10/11
民国十年	黄土梁沟	坐东北向西南	山主	郭介隆	—	—
			承包人	闫铭、闫履清	—	—
民国二十五年	西沟	—	山主	朱紫贵	修路	1/11
			承包人	闫礼仁	开窑费用	25/32
			承包人	闫祥		5/33
民国二十五年	西沟	坐东向西	山主	朱紫贵	窑内木料	1/11
			承包人	闫礼仁	窑内花费	10/11
			承包人	闫祥		

从这两个煤窑的开窑契约中我们可以发现，土地出租方主要承担的责任是山路的建设以及窑内的木料提供，承包人主要承担的责任则是窑内的建设。双方的利益分成模式则是出租人享有 1/11 的收益，承包人享有 10/11 的收益。但是需要注意的是，契约并没有明确双方对煤窑的管理权的边界。

同时契约中明确写着"凡山主地大不许诸人开口行窑"，这反映了当时开煤窑的人非常多，从一两个人合伙到四五个人合伙，从包山开煤窑到买地开煤窑，而且不同煤窑之间的竞争也非常的激烈。从时间上，一开始的每年冬季订立到后来不限时间的订立，说明民国时期的晋西北地区煤炭开采不仅仅局限于农闲时，虽然部分仍为当地的一种副业，但更多的是出于商业目的，形成一种独立的行业。

从股份合作的角度分析可以发现，在当时的股权合作模式之中，出租人有更大的主动权，对整个煤窑的发展有较为明显的掌控力。这一方面来自出租人的土地所有权，另一方面是由于当时土地所有者大多为本地有一定能力的人。虽然他们并非官员，但是，整体上来说，他们相对于不一定是本村人的外来"开发商"是有很大的优势的。而其契约之中并没有明确双方的管理权限，这导致出租人可以对煤窑发展进行诸多干涉,而煤窑的承包人却力量微薄。

另外,土地的出租人获得的收益相对于经营者来说非常少,而出租人需要承担一部分的道路建设费用以及木料的供给。当时的山上是有一定数量的树木的,所以,出租人的投入其实相对较少,而承包人不仅仅需要承担开窑的费用,同时还需要承担开窑之后开采的费用,这也体现了出租人在合作之中其实是处于相对优势地位的。除此之外,出租人可以以"风水"的名义对当时的承包人进行额外的要求。这不仅仅加大了出租人的权力,同时也可以以另一种方式增加出租人的收益。[①] 根据《大同煤矿史》中的记载,雁北地区有一种"短命租契",即山主仅在有限的时间内出租其山地,一般为1—3年,很少有5年以上的。不管煤窑生产状况如何,到期收回。若煤窑出煤状况好,窑主不忍放弃时,须再与山主商议续订契约,通常山主会趁机高抬租价。同时,山主还有权指定井口位置,由于山主只考虑所谓的"山价"和"风水",其所指定的窑口常常不利于生产和运输。山主凭借其山权坑害窑主的事情时常发生。这样的合作方式使出租人虽然不对煤窑负责,但是对产生管理却有不小的权力,可以对煤窑产生较为重要的影响。史料中记载民国二十六年六(1937)月,闫祥三人原本租赁了山主朱紫贵的包括煤炭和煤场在内的山地,后朱紫贵见煤窑出炭的炭质好,销路快,利润大,就准备将煤窑转让给自己的族人朱紫富,强行收回了已出包于闫祥等人的炭场,导致煤窑因无处存煤而停产。后来窑主要将炭场一起买下以方便继续开采,可山主朱紫贵故意刁难,使窑主被迫将煤窑出让给了自己族人。

通过以上契约可以看到,虽然民国时期出现了保晋公司这样的近代化煤炭企业,而且这些企业无论是在生产规模、生产手段,还是在管理、经营上都有了长足的发展,但是,他们在很多方面仍然保留着中国传统的管理经营模式:

(1)窑主把煤窑出租给工人,窑主从出煤量中抽钱:若产量增加,抽分额度也相对增加,若产量减少,则工人自负亏损。并且生产工具由工人自备,安全维护也由工人自行负责,窑主对于任何自然意外事件概不负责。

---

① 张正明:《山西工商业史拾掇》,山西人民出版社1987年版,第20页。

（2）山主（土地所有人）向窑主出租出产煤炭的山地，享有坐地股，从而可以对煤炭出产量进行提成。正如上文所述，山主还会因为"风水"等理由，对窑主提出无端要求，变相增加自己的权力和收益，但这也损害了煤窑的效益，增加了成本。

这些落后的经营管理模式，都不利于资本的集聚和煤矿的科学合理地生产，更不利于煤窑的规模扩大和生产设备的更新。

从以上资本构成来看，股票融资相比其他筹资方式具有的明显优势，尽管当时用股票融资遇到了一些困难。例如，史料记载保晋公司在招股过程中遇到不少困难。当时山西风气未开，民性守旧，对兴办实业多不重视。刘大鹏抱怨说："吾邑集一万五千金，纷扰闾阎，万民咨怨，在局绅士，办得不得平，富者集股反寡，而饱暖人家集股反多。"① 为此当时山西的《晋阳公报》还发表了劝说集股的文章，但尽管经过多方劝说，又有地方官绅的协助支持，却始终未能筹集到原计划的数额。②

第三节　民国时期山西煤炭企业的经营运作

1911年辛亥革命和1914年爆发的第一次世界大战，把中国的民营资本主义工业带入了长足发展的黄金时期。这一时期，新的民营资本企业如雨后春笋般地涌现，"几乎每天都有新公司注册"。③ 各埠公司呈请保护、注册、立案、给示等事务，纷至沓来，实业部应接不暇，一反民国成立前几年的门可罗雀的惨淡光景。据农商部统计的辛亥革命前后的历年设厂数：1910年986家，1911年787家，1912年1504家，1913年1373家，1914年1123家。④ 采矿企业在民国初年也有明显的增长。向农商部领取矿照的各类采矿企业，在1912年为21家，1913年增为32家，1914年达58家。在

---

① 刘大鹏著，乔志强编注：《退想斋日记》，山西人民出版社1990年版，第173页。
② 侯德旺、王思贤：《山西保晋矿务公司和大同地区煤矿企业》，《山西文史资料》第4辑，《山西文史资料全编》第1卷，第298页。
③ 汪敬虞：《中国近代工业史资料》（第2辑），中华书局1962年版，第849页。
④ 《农商部统计报告》，第365页，转引自黄逸平、虞宝棠主编《北洋政府时期经济》，上海社会科学院出版社1995年版，第96页。

保护开办者权益的《矿业条例》颁布以后，民族资本家的热情进一步高涨。我国采矿业向来以煤矿为主，向农商部领取煤矿矿照者，1912年有14家，1913年为19家，1924年达24家，1915年增至56家；煤炭产量由1912年的906万吨增加到1914年的1418万吨，仅三年时间产量就增长了一半以上。① 民国八年（1919）成书的《山西矿务志略》一书记载了民国初年山西省煤矿产业的繁盛情况。该书由时任山西实业厅厅长的赵炳麟筹划，耿步蟾、成元治担任总编，就民国四年（1915）以后历年调查所得之矿务实况，如矿田位置、交通地质、矿床采炼、运销等情况进行分类收集，共分八卷六篇编撰。赵戴文在序言中写道："山西之着手于矿务自丁未与英商福公司交涉始，烈士殉争，拒资回赎，历斯创痛，觉悟陆增，于是绅商学界人人知开采之不容稍后也，坞股注册、购械设厂者，踵肩相接，调查测勘、分析化验者络绎相望焉。光复以来，档牍日以繁，图籍日以移，豪贾日以输誓，劳工日以存活，亦足规晋矿之燕燕有起色矣。"

与此同时，山西煤炭企业资本运作方式的近代化进程也有民国时期明显加速。一些新式的煤炭企业不仅发行股票，成立了股东大会，还有董事会用来负责公司的经营管理，还设立了监事会用来监督公司的各级管理人员是否营私舞弊。

一 民国时期山西煤炭企业资本运作的变化分析

煤炭是工业革命兴起的原动力，在工业生产中意义重大。鸦片战争以后，西方资本主义国家纷纷来到中国寻求煤炭资源。山西省作为我国的煤炭资源大省，也开始被西方资本主义国家觊觎。

早在1896年山西巡抚胡聘之就计划修建正定到太原的铁路，以便运销晋煤，清政府也认为周妥，予以应允。沙俄和英国都认为这条铁路的修建将连通新疆及西伯利亚一带，可形成包围北京之势，有利于对中国进行进攻。故纷纷以借款的形式将其资本介入铁路的修建和煤矿的兴办之中。通过借款合同，英俄两国不仅剥夺了华人的投资权利，而且分割了铁路盈利，其中具体的盈余比例为清政府占25%，商务局占15%，晋

---

① 农商部总务厅统计科：《第四次农商统计》第812、813页，转引自黄逸平、虞宝棠主编《北洋政府时期经济》，上海社会科学院出版社1995年版，第97页。

丰公司占10%，福公司占50%，山西路矿权就这样被英俄两国瓜分了。之后，山西当地民众、山西学界、山西留日学生相继掀起了保护路矿权运动，地位高、影响力大、经济实力强的山西商界也加入其中，成为"保矿运动"的领导者和组织者。他们要求清政府主动撤销与福公司的续订合同，拒绝福公司"民间禁止开矿"，并且组织收回矿权，要求自办，福公司转而进行讹诈，经过多方商谈清政府以275万两白银的价格从英国福公司手中收回了山西矿权。山西"保矿运动"也从侧面反映出"这一时期"，山西煤炭企业已经出现了股权投资的近代企业资本运作方式，清政府在一定程度上也映射出了山西省经济近代化的逐步转型。

山西省近代煤矿产业的产生晚于中国近代煤矿产业，山西近代煤矿业的产生是以保晋矿物公司的诞生为标志的，它是晋商在"保矿运动"中被动投资的，是山西近代煤矿业中开办最早、规模最大、影响最为深远的企业。

资源型重工业对资金的依赖程度是相当高的，源源不断的资金供给对资源型重工业的长期发展是不可或缺的。① 在光绪三十四年，山西商务局与福公司签订了《赎回开矿制铁转运合同》，以赎银275万两的代价赎回全部矿权。保晋公司总经理渠本翘以山西省亩捐作抵押，向山西票商借款，还清赎银的一半，之后陆续将其余还清。因此，保晋公司在创办之初就面临着资金筹措的问题。② 保晋公司在成立之初以亩捐5万两白银作为初始资本，之后山西当局发放亩捐15万两白银以表支持，1908年保晋公司察向山西当局申请发行股票，但是要求购股之人必须为华人，不能为洋人，如若将股份私自专卖给外人，则注销其股份。由于这一时期山西风气尚未开化，保晋公司在股份集资的过程中遇到了诸多困难，百姓多守旧，对于兴办实业缺乏重视，为了劝说民众购买股份，《晋阳公报》刊登了多篇文章来宣传鼓励。③ 尽管进行了多方鼓励，但集股效果仍无法完成

---

① 转引自马伟《煤矿业与近代山西社会（1895—1936）》，山西大学出版社2007年版，第89页。
② 张正明：《山西工商业史拾掇》，山西人民出版社1987年版，第36页。
③ 如《说集股修路之利益》1908年10月13日；《矿务集股浅说》1908年12月2日；《矿务招股与赔款之难易》，《旅奉晋人第二期劝集矿股演说词》1908年12月22日；《说集股与捐输之区别》1909年1月7日、10日。

原计划。

保晋公司作为一家具有近代企业性质的股份有限公司，公司最初设定的股本额为白银 300 万两，每一股为白银 5 两。公司的股份分为公股与商股两种类型。公股是指山西省政府的财政拨款，当时山西巡抚将本省的亩捐拨给保晋公司，作为公司的公股。商股是指保晋公司向山西省内外的商人募集到的股份。保晋公司在草创之际，面临着巨大的资金压力，山西省政府在 1906 年、1907 年两次共拨款 20 万两白银，以维持公司的正常运转，这 20 万两白银也是保晋公司的公股。

1908 年，山西巡抚同意保晋公司发行股票。保晋公司计划分两期发行股票，第一期发行 100 万股，第二期发行 60 万股，每股按照白银 5 两计算，计划两期股票共融资 800 万两。"嗣经当道通饬所属，劝募股份，分绅学商社四大组进行"① 但由于当时前期的宣传工作做得不到位，招股效果并不理想。"……惟当时风气未开，对于新创实业，多抱怀疑，虽经意图劝募，迄未足额"②，据刘大鹏的《退想斋日记》记载："吾邑集一万五千金，纷扰闾阎，万民咨怨，在局绅士，办得不得平，富者集股反寡，而饱暖人家集股反多。"③

"统计先后所募银两及接收寿荣晋益等公司股份连同亩捐，共收股本银一百九十二万八千八百零六两六钱，填发股票息共计三十八万五千五百五十五股，股东户名三万四千余名。民国五年改用银圆为本位，遂将上项股本银两折合大洋二百八十六万三千六百四十元零六角零三厘。（民国）九年（1920）股东会议决，继续招募，期足三百万两之数。"④ 从 1907 年到 1914 年，保晋公司一共募股 193 万两白银。⑤ "本公司所集股本，经营四处煤矿，似可力图进行。乃赎矿之款，原恃各县以亩捐拨用，迨至宣统元年（1909），山西大吏因亩捐收数，年仅三十八万两，不敷按批交付赎款之用，欲向商家借垫款项，利息多在一分以上，因向本公司，

---

① 曹慧明主编：《保晋档案》，山西人民出版社 2008 年版，第 28 页。
② 同上。
③ 刘大鹏遗著，乔志强标注：《退想斋日记》，山西人民出版社 1990 年版，第 173 页。
④ 曹慧明主编：《保晋档案》，山西人民出版社 2008 年版，第 28 页。
⑤ 转引自马伟《煤矿业与近代山西社会（1895—1936）》，山西大学出版社 2007 年版，第 49 页。

将所集股本暂时借用一百一十七万九千三百零五两九钱三分,即照本公司股息八厘之数出息。"①

保晋公司在招股之后,将所筹集的资金先借给山西省政府,用以支付赔偿福公司的赎金。"总理渠本翘京卿,顾念矿案为地方公益所开,慨允借垫,又以指定亩捐为交还本息的款,有奏案及赎矿合同为保证,约计三年内,本息即可完全收回,于公司损失尚不甚钜。乃自民元后,亩捐挪作别用,垫款难以归还,经本公司迭向省宪交涉,直至民国九年(1920)五月,始行陆续收回。而所欠利息七十余万元,经省长指定,作为报效地方公益之款。"② 资金被山西省政府挪用长期不归还,这使保晋公司在创立之初,便面临着巨大的资金压力。但随着近代金融业的发展,当时的山西省银行为包括保晋公司在内的新式企业提供了巨额的贷款,使其在渡过难关之余,还有充足的资金为公司购置各项机器设备。③ 曾在保晋公司工作30多年。矿师侯德旺说:"(大同分公司)到民国十年(1921年),窑底见炭后,白象锦冒险由山西省银行借款12万元,才逐渐发展起来。""民国十八年(1929),白象锦继任阳泉保晋总公司协理,仍兼大同分公司经理,……欠省银行贷款120万元(原系赵铮和白象锦负责借的),于十九年(1930)阎锡山战败后,省银行票价跌落,以所贷款的半数现洋就能还清。于是着大同分公司预售煤炭10万余吨,收到现洋30余万元,又措借现洋10万余元,就把欠省银行的贷款还清了。"④ 从中可以看出,保晋公司为了公司的信誉,积极归还了其欠山西省银行的贷款。一方面,这有效地维护了公司信用,为公司的长期发展奠定了良好的基础。另一方面,公司抓住中原大战之后山西省钞票发生剧烈的通货膨胀的有利时机,为公司节约了60万元左右的资金。

保晋公司的资金除亩捐外,其余的都是从省内外募集而来的股银。所有入股的都是股东。《山西保晋矿务公章程》对股东是这样规定的:"本公司既为商办,附股者,无论何人,均认为股东一律看待。保公司的

---

① 曹慧明主编:《保晋档案》,山西人民出版社2008年版,第28页。
② 同上。
③ 《矿业周报》1934年5月28日,第54页。
④ 《山西文史资料》第4辑,《山西文史资料全编》,第1卷,第302页。

股银以五两为股,凡力以矿地作股者,按地作价,按价分股,仍以五两为一股,一律填给股票息折,毫无歧视。"① 保晋公司的股东以省内人居多,外省人较少。表7—3为保晋公司入股人的具体情况:

表7—3　　　　　　　　　保晋公司股本情况

姓名	籍贯	股数	金额	备注
棻宝	蒙古正蓝旗	四百股	二千两	—
澹远堂	江苏山阴县	五千股	二万两	民国八年该堂来函已抵押盐业银行一千五百股
志森	满洲正蓝旗	八百股	二千两	曾任以商务试用道参与晋丰公司创办
曹受培	广东番县	四百股	二千两	—
不详	祁县	一万股	五万两	民国七年让出积善四百股佩五堂四十股清余堂二百股和合堂三百股同和堂六十股
不详	祁县	一万股	五万两	原附股之名系属俨民国六年来函易
集义堂	祁县	五百股	二千五百两	—
互感堂	北京	一千股	五千两	—
不详	安徽怀宁县	四百股	二千两	民国七年让出丁增厚二百股,余二百股,嗣又全行抵押刘亦之
谢桓武	河南	三百股	一千五百两	—
不详	江苏山阳县	一千股	五千两	—
刘福受	四川	四百股	二千两	—
刘福隆	四川	三百股	一千五百两	—

---

① 《山西保晋矿务公章程》第26条,载曹慧明《保晋档案》,山西人民出版社2008年版,第13页。

续表

姓名	籍贯	股数	金额	备注
张九章	平定县	一千股	五千两	民国十年三月五日据来函声称将原附股名改注张赞日后召集开会及送报告等件送义井村
刘玉福	新都县	六百股	三千两	—
李少川	陕西米脂县	八百股	两千两	—
有恒堂	湖北	一千二百股	六千两	—
正业堂	湖北	八百股	四千两	—
吴养泉堂	江西	八百股	二千两	—
刘躁生	四川	三百股	一千五百两	—
刘衡三	四川	三百股	一千五两	—
不详	北京西桥香饵胡同	八百零五股	一千二十五两	—
乾莱行公	阳曲县	四百股	一千两	—
不详	大同县	一百股	五千两	此项认股后即归作散股
王萝渔	山东	一千股	五千两	民国十三年六月八日让出升昌股本
郝永寿	平定县	三百六十股	一千八百两	—
当行	忻县	三百六十股	一千七百两	—
务本堂	忻县	三百六十股	一千八百两	—
郜徒义堂	忻县	三百六十股	二千八百两	原付股之名系郜承章七年来函改易

资料来源：山西省政协《晋商史料全览》编辑委员会，阳泉市政协《晋商史料全览·阳泉卷》编辑委员会编：《晋商史料全览·阳泉卷》，山西人民出版社2006年版，第570—699页。

二 民国时期山西煤炭企业经营绩效分析

（一）保晋公司的资本运作情况

民国时期，山西煤炭企业的资本运作的近代化进程明显加快，其绩效也相对良好。保晋公司虽然在初创时期就在筹集资本上遭遇了"瓶颈"，但其生产效率并没有因此受到太大影响。在总公司之下，先后设有平定、大同、寿阳、泽州四个分公司。各分公司创建、生产情况分述如下：

平定县保晋煤矿分公司，成立于1906年，是保晋公司中成立最早的分公司，其经营的六厂座煤八个坑口，均设在阳泉市桃河两岸山区。其中，一厂设在铁炉沟，是清末由刘懋赏（道员）等创办的，总投资236万元。有两座竖井，1916年出煤，出煤以后次年遭水淹，遂移至筒子沟。四厂先生沟及六厂汉南沟，系1906年接收同济公司旧井恢复起来的，次年便开始进行小规模生产，五厂平潭垴1917年开办的，后又收购华利窑，共三口井出煤。民间和煤炭界长期将9#、10#、11#煤层俗称为"丈八煤"。以一厂和六厂规模稍大，设备较齐全，有蒸汽绞车、气泵、矿车、轻轨等，属半机械化开采，大厂日产煤80—100吨，小厂日产30—50吨。二厂燕子沟，三厂贾地沟均于1907年开井，前者因瓦斯，后者因渗水严重，中途停建。麻地沟亦因水停工，均未出煤。

大同县保晋煤矿公司成立于1910年，共经营了7个坑口，均在大同市西南山区，其中，以秦家山规模最大，有提升、排水设备，日出煤20吨。千金峪次之，有绞车、水泵，日产25吨，中途曾一度因渗水严重，至1915年秦家山接收旧井并复工，日产80余吨，千金峪于1916年复工，继续出煤。黑沟开办最早，因遭遇水淹停产。其他如树几洼、马石岭、水定庄等坑口，均曾停井，未出煤，是后来陆续转移到煤峪口村的，黑龙王庙沟、石炭庄、兴旺庄和云岗沟的马营洼、吴家屯等处开井经数年后始出煤。

寿阳县保晋煤矿务分公司成立于1909年，在寿阳县城北四十里的荣家沟开井，投资41万元，属半机械化矿井，采9尺煤，日产30吨，后因坑水过大，铁路有限停采，于1912年亏损停工。1915年该公司转移到距县城东北30里的陈家沟，并装有抽水泵、锅炉、汽绞车，日产煤炭30余吨。

泽州县保晋煤矿分公司成立于1907年，次年停办，1911年重办。因无铁路运输，据《山西矿务志略》记述，在距县城东北15里铺一处开井，分东、西两厂：东厂由晋益煤矿公司经营，配备了汽绞车，日产碎煤40吨，块炭30吨；西厂由协振公司经营，日产碎煤40吨，块炭30吨，是保晋公司较大的矿。但是，由于该公司负责人缺乏近代资本主义企业的经营管理经验，加之机构庞大，非生产人员超过了生产人员，且工作人员的工资过高，开支过大，造成煤炭成本高，使分公司连年亏损，不得不呈请总公司停采歇业。

保晋公司在成立之初产煤量相对较小，以保晋平定分公司为例：1907年平定各矿厂产煤量2000吨，1908年为5000吨，1909年为20000吨，1910年为40000吨，1911年为40000吨，1912年为20000吨，1913—1916年年均产煤70000吨。① 从1916年起，保晋公司的煤炭产量迅速增加。以阳泉各矿厂为例，据保晋公司各矿历年产煤比较表记载②，1916年1月至7月，阳泉各矿厂产煤36480.280吨。崔廷献任职期间，即1916年8月至1917年7月为90655.620吨；1917年8月至1918年7月为77257.790吨；1918年8月至1919年7月为127791.625吨；1919年8月至1920年7月为203179.410吨；1920年8月至1921年7月为213896.070吨；1921年8月至1922年7月为249877.800吨。其间，除1917年8月至1918年7月稍有下滑外，其余均为一年一个新台阶。综观其他分公司同时期的产煤量，大体上也均呈现出节节攀升的态势。

由于民国时期整个社会政局的不稳定，民族工业发展状况艰难，从1925年到1929年期间，保晋公司连年亏损，5年亏损累计44万多元，如表7—4所示。

表7—4　　1912—1930年民族资本经营下保晋煤矿历年账面盈亏

年份	盈亏额（元）	资本额（元）	盈亏对资本的比例（%）
1912	75263	2863640	2.6
1913	10246	2863640	0.4
1914	—	2863640	—
1915	30797	2863640	1.1
1916	430188	2863640	15
1917	91445	2863640	3.2
1918	90363	2863640	3.2

① 张正明：《山西工商业史拾掇》，山西人民出版社1987年版，第38页。
② 常旭春、白象锦：《保晋公司报告书稿》，阳泉市档案局馆藏，转引自曹慧明主编《保晋档案》，山西人民出版社2008年版，第69—70页。

续表

年份	盈亏额（元）	资本额（元）	盈亏对资本的比例（%）
1919	119007	2863640	4.2
1920	47492	2863640	1.7
1921	26979	2863640	0.9
1922	—	2863640	—
1923	—	2863640	—
1924	—	2863640	—
1925	12881	2863640	0.4
1926	53941	2863640	1.9
1927	355174	2863640	12.4
1928	18942	2863640	0.7
1929	7041	2863640	0.2
1930	433219	2863640	15.1

资料来源：严中平：《中国近代经济史统计资料选辑》，科学出版社1955年版，第166页。

这一时期时局极不稳定，先是经历了国内军阀混战，之后又有外国资本进入，试图进行资本渗透。1924年，第二次直奉战争爆发，运输停滞，保晋公司各个矿厂的煤炭堆积如山，无法对外销售，产品无法转换为资本和利润。1926年，煤炭运输的运费开始增加，这造成保晋公司资本周转失灵，被迫关闭了一部分矿厂。1927年，经营状况仍未改善，正太铁路的运输中断，煤炭无法输出销售，而税捐数量也有增无减，该年税捐达到十几万元，为缓解资金困境，保晋公司只能向山西省银行借款求助，贷款120万元。1926年，保晋大同分公司又先后受到国民军和奉军的侵扰：战乱之年各地军阀趁火打劫，在占领口泉以后以各种借口要挟、刁难保晋公司，甚至直接抢夺煤炭和银圆。保晋公司在这一时期不仅受到军队的侵扰，还受到政府以及同行业官僚资本的欺压：北京实业部以保晋公司拖欠煤税为由强行查账，未查出有何拖欠之后强行要求大同保晋矿务分公司预交1928年税款4000余元。1930年中原大战后山西钞票贬值，保晋公司抓住时机偿还了银行借款，暂时缓解了公司的经济困境。

金融危机缓和之后，公司又进行了第二次改革，对公司管理层以及基层员工录用方式和绩效考核方面都更加严格，采用了新型的、更加科学的管理方式。但在其经营状况稍有好转之时，日本发动了侵华战争，公司煤炭的出口业务全部停止，国内市场也逐渐缩小，公司亏空达上百万元。1937年9月，日军侵占大同，公司煤矿也被侵夺。

（二）西北实业公司煤矿厂资本运作情况

除保晋公司之外，这一时期山西还有很多规模较大、资金较多的煤炭企业。阳泉地区发展速度比较迅速，范围相对集中，这一时期出现了建昌、广袤、庆泰、汉河沟、裕公、宜昌、中孚、晋华、永兴、平顺、中兴、济生、义立、晋祥厚等企业和煤矿。建昌公司是由土法开采的私人小煤窑转变而来的采用大机器生产的煤炭企业，投资资本一开始为60万元，1920年增加至120万元，工人数量达到八九百人，经营状况远在众多小煤窑之上，甚至可以压倒规模最大的保晋公司。

大同地区是煤炭产业发展较早的地区，主要有同宝、宝恒、晋北三家，加上规模较大的保晋公司，合称大同的"四矿公司"。同宝公司是阎锡山和梁士诒合伙创办的，投资资金100万元，矿区面积占地139万公亩，聘请了曾任清政府总矿师的有留学美国经历的邝荣光来负责经营。但由于经营不善，投资巨大的同宝公司最终经营惨淡，这是山西煤炭企业中的一个失败案例。宝恒公司是由孔祥熙投资1万元，又集资1万元，由留学日本学习采矿业的杨天章负责经营，该公司是以小煤窑为基础进行改造，其规模较小，因而成本也较低，再加上妥善经营，每年产煤七八万吨，盈利两三万元。晋北矿务局是阎锡山以军队集资兴办，最初被称为"军人煤厂"，后改名为"晋北矿务局"。由于其官僚背景，在大同一带颇为嚣张跋扈。除此之外，大同地区兴办的大小煤炭企业有47家，矿区总面积达到280万亩。

在太原地区，有曾任山西商务局总办的刘笃敬于1906年在西山冶峪、王封附近开办的庆成窑和永泰窑，有资本家韩宏于1917年投资两万元开办的天成窑。后来，清政府的"运粮官"，铜元局总办殷明开办了正湾窑，阎锡山的亲信旅长黄国梁和营长胡莲村分别开办了神底窑和莲村窑，阎锡山的炮兵司令荣立黑的本家荣合子在晋祠附近与当地地主贾绪合伙开办了晋丰公司，太原城庆丰赏的掌柜们合资开办了庆丰公司，到1934年阎锡山的西北实业公司又在白家庄开办了西北煤矿第一厂。

以太原西山的庆丰窑的资本运作及绩效可以看出这一时期山西煤矿企业的运作情况。坐落于太原西山的庆丰窑是由民间资本采用合股的方式筹集资本经营的一座规模较大的煤窑。庆丰窑于民国十八年（1929）端午节动工修建，历时三年多，终于在1932年7月建成投产。就庆丰窑的经营规模而论，它不但已经开凿了深达121米的竖井，垂直地打到了地层之下，见到了优质的九尺煤，而且已经拥有了一百三十多名掌握了一定的凿井、采煤等作业技能的工人，还修建了柜房、工房等相关基础设施，采购了一批必备的采煤工具和机械设备。建成投产之后，庆丰窑每天出煤平均达600—700笼，每笼大约重100千克，即每天生产60—70吨。由于庆丰窑生产的九尺煤具有可燃性大、能炼焦的优点，加上庆丰窑所处的地点交通便利，因此，庆丰窑的煤炭售价在当时太原西山一带是最高的。一般的小煤窑一驮块炭重约100千克，售价为0.2元，1吨才卖2元，但庆丰窑的煤炭每吨售价则在2.6元以上。同时，由于煤炭工人的工资较低，因此，庆丰窑的股东获得了较为丰厚的利润。煤炭按吨计，庆丰窑当时的获利情况是：

平均每吨成本（材料费＋管理费）为1.08（元/吨），工资为0.52（元/吨），售价为2.6（元/吨）。

每吨利润 ＝ 售价 －（工资＋平均每吨成本）

$\qquad$ ＝2.6－(1.08＋0.52)

$\qquad$ ＝1(元/吨)

利润率 ＝ 每吨利润/(工资＋平均每吨成本)

$\qquad$ ＝1/(1.08＋0.52)

$\qquad$ ＝62.4%

由此可见，庆丰窑的利润率是相当高的。[①]

在资本筹集方面，庆丰窑的股份共有12股，每股1000元，总资本为12000元。这些股东除山主张永财之外，都是太原麻市街庆丰当的资本家。他们主要是中小地主、中小资本家和手工业者，在庆丰窑建成投产之后，他们想进一步采用新式机器，扩大生产，但是缺乏资金。庆丰窑的总资本只有12000元，在开凿竖井的过程中，已经支出了其中很大的一

---

① 景占魁：《阎锡山与西北实业公司》，山西经济出版社2002年版，第180—182页。

部分。开工生产几个月之后，又支出了一部分充当工人的工资，在资金捉襟见肘的情况下，采买新的机器已经是有心无力了。因此，庆丰窑只好采用土法开采煤炭，搬运煤炭，这导致庆丰窑的生产能力比较有限，生产效率也比较低下。庆丰窑每名工人每天平均工作12个小时，每天生产煤炭数百斤。在井筒打到121米正式出煤之后，涌水量不断增加。在以前施工的过程中，在井筒打到几十米处时，井里虽有出水，但水量不大，用牛皮包、辘轳绞尚能勉强解决井下排水的问题。但在井筒打到121米正式出煤之后，由于涌水量较大，每台辘轳每天用16名工人往外绞水，都很辛苦，但如果涌水无法排出，将直接威胁井下的煤炭开采。庆丰窑的股东想使用机器排水，又无资金购买，处于进退维谷的两难境地。

在无法克服资金"瓶颈"的情势下，庆丰窑的股东经过商量，推举出最大的股东曲树义，由他主动拜访阎锡山的堂弟阎锡珍，表示愿意将庆丰窑转让给西北实业公司"呈奉公家开采"。阎锡珍对庆丰窑的处境掌握得一清二楚，他十分看好庆丰窑的生产潜力。于是，阎锡珍花费数千元，把庆丰窑买下，并在庆丰窑的基础上成立了西北实业公司煤矿第一厂。1935年西北实业公司一号井改建完成后，产煤量达到日产100吨左右，为满足西北实业公司各厂煤炭的需求，立即开凿了二号井，日产量由100吨增加到500吨。西北实业公司煤矿第一厂成立之后，花费巨资购买机器，解决了原来庆丰窑无法克服的排水问题。后来，西北实业公司煤矿第一厂在河涝湾至大虎峪之间铺设了轻便铁轨，并与新窑背等八九个窑口之间架设了高线，这有力地提高了煤炭的运输效率，极大地释放了该厂的产能。[①] 西北实业公司煤矿第一厂生产的煤炭，年产量可以达到将近20万吨，大多都供给西北实业公司所属各工厂使用，有力地促进了山西省近代工业尤其是军事工业的发展，特别是为即将到来的全面抗战做了较多的物质准备。

三 运费及煤税对企业经营的影响

山西煤炭质量比较好，所以销售状况一般都不错。地处山区、交通不便的零散小窑大部分是就地销售，供当地手工业生产和老百姓做饭、取暖之用。阳泉、大同、太原等地煤矿所产的煤炭则可以通过正太铁路、

---

① 景占魁：《阎锡山与西北实业公司》，山西经济出版社2002年版，第180—182页。

京绥铁路和南北同蒲铁路销往外省和省内各地。据记载，1934年阳泉、平定地区所产的煤炭销往外地的就占3/4左右。当时，许多规模较大的煤矿都在外地设有推销处，比如，大同地区的煤矿设有大同矿业公司和康包（康庄至包头）同煤总销处，阳泉、平定地区的煤矿在石家庄、保定设有推销公司。通过这些推销处，山西省各地的煤炭可以经销于包头、张家口、北京、天津、济南、青岛、汉口、上海等地。据《山西矿务志略》记载："从1907年至1915年的9年中，保晋公司生产672900吨，几乎全部销售殆尽。"《北支炭矿概要》对阳泉、平定煤炭销售情况是这样记述的："平定分公司从1918年至1922年的5年中煤炭运销省外约110万吨，其中，以运到石家庄销售最多，达251380吨，北平（北京）次之66000吨，保定65000吨，汉口41360吨，海外2500吨。"

这一时期煤炭的昂贵的运输价格是制约其销售的重要因素。1934年正太铁路的运费为每吨二分至二分五厘，京汉铁路为二分六厘，京绥铁路为二分五厘。而这一时期阳泉地区煤矿所产块炭价格为每吨2.7元，碎煤价格为2.1元。从阳泉运至石家庄后块炭的价格为每吨6.5元，增长率为158%，碎煤价格增为4.6元，增长率为119%。若将煤炭从阳泉运至北京，块炭价格每吨为12.5元，碎煤价格为10.5元。运到济南块炭为每吨18元，碎煤为16元。1940年以后，阳泉块炭每吨为6元，碎煤每吨为4.5元，运到石家庄后，每吨块炭的价格是13.5元，每吨碎煤价格12元。运到天津每吨块炭为19.5元，每吨碎煤18元。可见，民国时期昂贵的运输价格是影响煤炭资本绩效的原因之一。山西省的煤炭运费也是全国各煤矿中最重的。

表7—5　　　　　　　　　　　各路运煤费率[①]

路别	矿名	吨千米运费（元）
平汉	各矿	0.02116716
北齐	开滦煤矿	0.008004
	北票煤矿	0.006667
	阳泉煤矿	0.012043

① 《帝国主义控制下的中国煤矿业》，《中国经济论文集》第一集，1934年12月，第59页。

续表

路别	矿名	吨千米运费（元）
津浦	中兴煤矿	0.0005
	华东煤矿	0.0070
	汉冶萍煤矿	0.00742
平绥	晋北煤矿（出口专价）	0.01002
	（现改）	0.009181
胶济	各矿	0.00630
正太	井陉	0.00821477
	正丰	0.008769
	阳泉各煤矿（特价）	0.025000
	阳泉碎末煤	0.01875
	阳泉硬煤（甲种回扣）	0.023131
	阳泉硬煤（乙种回扣）	0.022967

"全国煤运费率，以正太路为最高，而该路所定运费，对于各矿亦甚悬殊，最低者为河北之井陉煤，正丰次之，最高者则为晋煤，其费率与井陉为4与1之比：……铁路运煤每吨英里7厘运费，为英国运价之标准，北齐之于北票矿，湘鄂之于汉冶萍矿，胶济之于鲁大矿，虽未能尽合七厘之运率，然亦不甚悬殊。但正太铁路对于晋煤，每吨每千米以0.024元收价，若按英里推算，则为0.074元，实较英国运率增至五六倍之多，即较中国各路运率，亦增至四五倍。……阳泉煤由阳泉至上海，每吨成本及杂费不及五元，而一加运费，则需18元以上，晋煤在上海市价仅售17.2元，每吨须赔本一元有奇。大同运煤至天津，合本十元左右，上海为17元上下，广东为21元左右，与各地市价比较，亦属有绌无盈。"①

民国初年出台了一系列关于矿业的相关法律来征收煤炭税，如《矿业条例》的出台规定了采煤者需要缴纳两种税，分别是按照矿区面积来征收的"矿区税"和按照煤炭产量征收的"矿产税"，矿区税的起征点是

---

① 山西平定煤矿事务所调查：《运费桎梏下之晋煤》，《天津大公报》1934年1月5日。

矿区面积为两百七十亩，这一规定在一定程度上减少了小型煤窑的运营成本，而增加了大煤窑的税收负担。

政府为了实现煤炭企业的整合，减少了小煤窑的数量，实现了煤矿企业的统一管理，1915年又针对小型煤窑出台了《小矿业暂行条例》，这一条例出台主要是针对矿区面积小于两百七十亩的煤窑，承认了这类煤窑的合法地位，同时也规定了这一类煤窑应当合法履行的纳税义务。

煤炭税的征收主要由各县的财政科和煤厘局负责[①]，每个县有专门负责征收煤炭税的煤厘委员，煤厘委员主要是与煤窑的窑主对接联系。由于各地煤矿的矿区并不是独立、明确的，有很多煤窑相互之间存在重叠和有的煤窑甚至已经被废弃，因此矿区税难以被统计和征收，很多地区对于矿区税征收的记载鲜少。矿产税的征收类似于现代经济中的营业税，与各地煤炭市场煤炭的价格密切相关，是根据各地的煤炭平均价格确定一个单位煤炭的征收比例。但是，由于各地煤炭价格不等以及煤窑产量没有准确的记载和估算，因此实际矿产税的征收多未遵循此规定，在大多数情况下，矿产税的征收主要是按照煤窑的产量采取一种"包税"的方式，煤窑产量则是根据运煤工具来估算的。

"包税"主要是通过估算煤窑每个月的产煤量，每月征收一定数额的矿产税，各地具体的征收依据也不同，因此也没有一个统一的征收税率。有的地区的征收方式比较简单，如平定县的征税依据是日产煤达到1万斤的煤窑，每月征收1000文矿产税[②]，如果按照煤炭市场不同等级的煤炭价格不同来看，价格高、质量好的煤炭的征税比例较价格低、质量差的煤炭低；有的地区将煤窑分为不同的等级，规定不同等级的煤窑每月所交的煤炭税不同，如隰县有大窑、小窑之说，大窑每月征收大洋6—7元，小窑每月征收2元；[③] 还有一些地区征税方式相对比较复杂，寿阳县根据煤炭日产量将煤窑分为四个等级，规定上等煤窑每月缴税3800文，中上等每月2800文，中等每月2000文，下等每月1000文。[④] 除这种煤窑

[①] 刘大鹏著，乔志强标注：《退想斋日记》，山西人民出版社1990年版，第280页。
[②] 耿步蝉、成元治：《山西矿物志略》，山西省实业厅1921年版，第119页。
[③] 同上书，第106页。
[④] 同上书，第152页。

包纳的征税方式之外，还有一种个人包纳的征税方式，指煤厘委员指派专门人员或者商人甚至煤窑主，进行煤窑的征收。

作为煤炭税征收依据的煤炭产量主要是通过煤窑运输工具来进行估算的。清源县多采用车辆进行运送，单套车、一套半车、二套车和二套半车分别缴税35文、53文、70文、88文。牲畜运送则主要有骆驼、骡子、驴，分别缴税24文、18文、9文。一般情况下，煤炭运输量越大，则煤炭的税率越低。比如，翼城大车运煤1300斤，缴税30文，而骡子运煤200斤，缴税15文，驴运煤130斤，缴税10文。可见，当时根据煤炭运输的交通工具来收税的规则标准并不统一，《矿物条例》中所规定的15‰的税率也并未完全被执行，大车运煤的税率低于这一税率，而骡和驴运煤税率则要高于这一标准。根据煤炭运输工具来进行收税的方式，在一定程度上减小了煤矿企业资本运营的压力，无须对囤积滞留的煤炭缴纳煤税，这降低了企业资金投入成本，同时减小了企业的运营风险。

民国时期虽然已经有了相关条例，制定了关于煤炭税收的明确规定，但由于客观条件的限制，在征收过程中无法与规定完全一致，而且煤炭税征收的具体情况各地不同，因此尚未实现规范化、制度化。煤炭企业的煤炭税的负担与其资本循环有密切关联，不同性质的企业煤炭税的征收方式和征收金额不同，民族资本企业这一时期的煤炭税负担与官僚资本企业、外国资本企业并不一致，通过比较1915—1922年保晋、中兴、开滦三个煤炭企业的运费税捐负担（见表7—6）可以看出，这一时期税收负担对于企业资本运作的影响。由于税负沉重、运费高昂，保晋公司发展后期逐渐衰落，1936年其年产额不及当年开滦煤矿年产量的1/6。

表7—6　1915—1922年保晋、中兴、开滦运费税捐负担比较

	阳曲保晋公司	枣庄中兴公司	唐山开滦公司
资本性质	民族资本	官僚资本	外国资本
每吨产煤成本（元）	2.021	2.025	1.500
吨千米运费（元）	0.02500	0.00501	0.00812

续表

	阳曲保晋公司	枣庄中兴公司	唐山开滦公司
主要销售地	石家庄	济南	天津
运至主要销售地每吨运费（占成本比例）	3.206（159%）	1.258（62%）	1.180（79%）
每吨税捐（占成本比例）	1.7310（86%）	0.2000（10%）	0.02675（18%）

资料来源：严中平：《中国近代经济史统计资料选辑》，科学出版社1955年版，第167页。

保晋公司、中兴公司、开滦公司分别是民国时期民族资本、官僚资本和外国资本控股经营的企业，通过表7—6可以发现：保晋公司和中兴公司的产煤成本相差无几，而开滦公司的产煤成本则较低；从运销运费来说，保晋公司运费最高，中兴公司和开滦公司运费相对而言极低，保晋公司运费占煤炭成本的159%，且运费数额是中兴公司和开滦公司的近2.5倍；保晋公司的税捐成本是中兴公司和开滦公司的8倍多。通过比较可以发现，运费成本和税捐成本的高昂不仅导致保晋公司竞争力极低，而且严重影响到其正常的生产经营和资本运作。

第八章

人力资源管理模式的变迁

进入近代社会，企业是市场活动的重要主体之一。而企业作为一种组织，也是人力资源管理的载体和工具，人力资源管理也涉及企业人力获取和利用的一切活动。近代化的人力资源管理模式要达到的是企业利益和员工权益的"双赢"效果。山西省真正意义上的近代企业建立时间比东南沿海地区晚，但呈现出了自己独特的发展模式：传统的家庭手工业和手工作坊在山西省占据较大比重，而资源禀赋方面的优势和强大的政府干预使山西省在重工业领域近代化程度较为明显且发展较快。煤炭行业作为山西省的重要产业当然不能例外。一方面，伴随着清末振兴实业的运动和山西、四川省发生的保矿、保路运动，民办的保晋公司成立，成为民国前期山西省工业近代化的代表。而以保晋公司为例，其经营管理的近代化主要体现在创办了股东大会、董事会、监事会等现代化的管理机构，以及在企业的员工招聘方面，由传统的举荐制逐渐转变为考试制。另外，在对煤矿工人的管理方面，取消封建把头制度，建立了近代工人制度。这些改革措施在一定程度上提高了企业的专业化水平，避免"外行领导内行"现象的发生，提高了企业的管理效率。同时也间接改善了煤矿工人的待遇，减轻了煤矿工人的负担，提高了他们的生活水平。另一方面，以简单分工、手工劳作为开采方式，在工人组织管理上具有一定的传统人身依附式雇佣关系的中小型煤窑从清代延续到了民国时期，煤窑的生产生活环境均较为恶劣，而且由于窑主、把头的粗暴管理和压榨，雇佣工人更是苦不堪言，种种不公平的待遇使他们被迫奋起反抗。在清代各种争讼案件频发，这在一定程度上阻碍了煤炭的生产活动，由于开采成本和劳动力成本低廉，煤窑往往获利颇丰但效率较为低下。进入民国时期，煤窑这种经营形式的数量和规模逐渐扩大，而且内部分工也更为明确、细化，资本主义式的雇佣关系尤其在中型煤窑中得到了进一步发展。在阅读本章时要注意山西省煤炭产业人力资源管理模式近代化的这种二元特征。

第一节　民国以前山西煤炭企业的管理方式

明代和清代前期，山西省的煤炭开采模式以个体农户开掘的小型煤窑为主，数量多但独立、分散。由于清代中前期政府采取鼓励招商、鼓励承办煤窑的政策，一些中型甚至大型的煤窑得到了较快发展。其组织经营模式大致为一些商人、地主和官僚掌握着矿山等的所有权，自己雇工经营或者雇佣懂得煤炭勘探、采掘技术的窑头、把头进行管理。煤炭工人是一些无地破产的农民，间或有一些拥有土地，在农闲时期出卖劳动力的农民。不过，在农闲时从事煤炭的开采和销售的农民大多进行个体生产，主要以农村副业的形式补贴家用。总之，清代的煤窑组织形式是研究近代山西省煤炭产业人力资源管理模式的主要参考对象，在清末发生的变化一方面是大量民族资本投入成本小、见效快的煤窑，使煤窑的资本主义经营管理特征更加明显；另一方面就是出现像保晋公司这样的近代股份制公司，它很好地代表了山西省境内人力资源管理模式近代化的最高水平。

一　民国以前山西煤窑的经营管理绩效分析

山西煤窑的经营管理绩效从人力资源管理水平上说，就是各主体之间的利益分配关系和与之相关的煤窑整体经营状况，因为人力资源管理的最优状态是人力资源配置合理状况下的企业利润最大化和个体利益分配最优化。

从管理规范上分析，当时的煤窑中已经形成了从窑主到窑头、把头等中间管理层再到工人的层级明确的管理机制。煤窑将煤炭的产地、柜房、销地连成一体的产、运、销一体化的管理，可以提高生产效率。而由于分工的不同，各个工种所掌握的技能以及得到的报酬均不同。

煤矿工人的劳动报酬由窑主与煤矿工人当面商定。同时，在法律上，工人与窑主是平等的。煤矿工人是自由出卖劳动力的劳动者。

窑主是煤窑的产权所有者，煤窑的收入除支付土地租金、上缴国家税收、付给工人工资外，其余都归窑主所有。但窑主仅仅是出资人，未必懂得经营管理，例如柳峪新筒窑窑主张武新因不善经营，使煤窑入不敷出，最终无奈将煤窑事务交给窑头承办。因而古人有言："窑本山人之职业，川人攻窑则不敌山人，何况川外之富翁乎？"事实上，窑头负责所有煤窑事宜，管理着具体的生产、经营事务，因此熟悉窑务，也就最容易把持煤窑。他们有权聘用和解聘矿工，因此在煤窑专横跋扈，随意打骂甚至克扣工人工资，残酷地剥削和压迫工人，这一过程中难免会引发冲突、命案。

由于劳动生产率的低下，当时煤窑工人的生活水平及社会地位都是比较低的。特别是煤窑的工人六七人住在一间"土室"中，生活环境极其恶劣。落后、不科学的管理模式导致极低的劳动效率以及极不完善的安全保障设施，因此频频出现煤矿事故，这样的生产状态对于煤炭产业中生产工具的改进、生产技术的引进以及生产规模的扩大极为不利。

各主体之间的利益冲突在清代中期的煤窑争讼矿案中为可以略见一斑。"山窄峒多，坟茔遍地，或甲窑与乙窑凿通彼此争闹，或地主之族瓜分不匀以有碍风脉，呈控每年矿窑词讼不下数十百起，纠葛百端。"① 例如，因不能平均分摊利益而引发的命案。乾隆三十九年（1774），阳曲县商人孟加库、姜万雨和张天有三家合伙开办煤窑，后来张天有因为不满意姜万雨取煤但不出钱的行为而与之起了冲突，由此引发了一起命案。还有商人企图非法占有煤窑的案件，如乾隆年间凤台县商人常以顺、聂全假借疏通煤窑水渠之名，妄图占有煤窑，而被官府识破阴谋，因此聂全、常以顺被判处流放之刑。② 除此之外，窑主与矿工之间的矛盾突出，冲突频繁发生，也最容易引发命案。例如，乾隆四十二年（1777），乡宁

---

① （清）葛士达纂：光绪《平定州志补》卷1，《艺文》，清光绪十八年刻本，第6页。
② 《朱批奏折》，乾隆三十五年，山西巡抚额宝奏，转引自吴晓煜编纂《中国煤炭史志资料钩沉》，煤炭工业出版社2002年版，第151页。

县窑主薛管子将窑工庞小圭殴打致死,起因只是口舌之争。①

二 晚清时期山西煤炭产业近代化管理方式的初步产生

清末,山西省煤矿产业衍生出"新兴矿主"这一新阶层。这一时期的矿主与之前的矿主有很大区别,所以用"新兴"一词来形容。矿主大多财力雄厚,身份显赫,多是地方士绅、政府官员或者大商人,如著名的晋商。另外,这一时期的煤矿相比之前的煤窑,在设备、生产技术等方面都更加先进,规模也更大。清政府于光绪二十四年(1898)制定了《振兴工艺给奖章程》,于光绪三十年(1904)颁布了《矿务章程》,鼓励和提倡采煤冶铁,对正在兴起的民营采煤业起了相当大的促进作用。山西军政界官绅富豪、商人、地主纷纷将资本投向投资少、见效快的手工煤窑。如光绪三十年刘笃敬在阳曲县开办了"王封磺矿公司",之后又在西山冶峪投资开设了"庆成窑"及"永春煤窑"。另一商人韩父仁也相继开办了樊永沟、山神湾、老窑上三孔煤窑。西山地区的九沟十八峪"峪峪走马车,沟沟有煤窑"。阳泉、平定地区的民办煤窑也是星罗棋布,其中,仅阳泉荣村一地就有煤窑十余座,环居蒙村的二百户居民中,从事"窑冶者十有八九"。据平定、阳泉、太原、潞城等45县的不完全统计,从咸丰到光绪年间(1851—1908),山西共开办稍具规模的手工煤窑达240余处。其中,仅光绪年间(1875—1908)新开的达215处。在清中期占据主导地位的仍然是雇用三至五人的小型煤窑,但到清末、民国初年,拥有几十个人甚至上百人的大中型煤矿、煤窑逐渐产生。

这一时期的煤窑除了规模可观外,其内部的组织管理也逐渐趋于标准和规范。例如,张武新于光绪十一年(1885)开设的柳峪新筒窑。该筒窑由上下两截组成,共深二十丈,每截深十丈。产煤需要用辘轳绞出,再用牛将其驮运到煤场。绞辘轳的工人分四人为一班,总共设有两班,轮流在每截口外绞靶。口外还有挽绳汲煤的人,每一班有两人,每一口共有十二人。管理他们的有一人,被称作"把头"。还有窑头,管理着筒窑内百余名挖煤工人。另外,还建有另成一座院宇的账房,卖煤的房子,

---

① 《刑科题本》,乾隆四十二年一月二十五日,山西巡抚觉罗巴延三题,转引自吴晓煜编纂《中国煤炭史志资料钩沉》,2002年版,第168页。

以及矿工居住的卧室，称为"牛号房"。① 由此可以看出，煤窑的建制基本形成，即由上到下的窑主、窑头、把头、矿工这一层级分明的管理体制。另外，柜房、煤舍、员工宿舍、煤场等企业建构基本都有，在一定程度上具备现代企业特质，这提升了工人的生产效率，进而增加了煤矿的利润。同时，这一时期的煤窑以追逐利润为目的，商业气息很重。故新筒窑是清末煤窑的发展趋于成熟的一个标志。

另外，从清末山西人民对于开矿态度的变化和矿主社会地位的提高我们也可以看出清末政府政策和民族资本实力增强对煤炭企业实现近代化的合力作用。尽管清末近代化进程明显，但山西省地处内陆，民智未开，重农抑商的思想依旧存在，因此煤矿商人的社会地位依旧低下，尤其是政府引导的社会主流意识对于煤窑主的排斥：山西太原一带一直流传着"开窑的，领戏的，不是好人家子弟"的说法。同时统治者对于矿业多存封禁想法，甚至制定了一些打压矿业的政策。例如，规定矿山由官府"督办"，所出产的煤炭矿物的20%作为税收上缴，官府低价购买其中的40%，而剩下的40%才能由商人自行贩卖。最后，大多数矿商都惨遭破产的命运。② 山西省甚至出现了"历百余年未闻政府开采晋矿之风论"③ 的惨局。这一观念在清末民初有了很大的转变。统治者开始着手重视和保护国内矿产，也曾就从事实业者的地位表态："向来官场出资经商者颇不乏人，惟纽于积习，往往耻言贸易或改姓名，或寄托他人经理，以致官商终多隔阂。现在朝廷重视商政，亟须破除成见，使官商不分轸域。"④

综上所述，由于近代山西省局势和民众观念的转变，越来越多的人开始投资煤矿产业。而当时山西省煤炭产业中资本的来源和投资者的类型，在一定程度上可以作为山西区域经济变化的表征。因此，新兴矿主集团的发展壮大无疑会对近代山西省煤炭产业的经营管理模式产生重大的影响。

---

① （清）刘大鹏纂：《晋祠志》附录《柳子峪志》卷5，《北岔》，山西人民出版社2003年版，第1015页。
② 李沟：《明清史》，人民出版社1956年版，第190页。
③ 耿步蟾、成元治：《山西矿务志略》，山西省实业厅1921年版，第3页。
④ 马敏：《官商之间》，华中师范大学出版社2003年版，第81页。

近代中国煤矿的诞生，是以引进西方先进的采煤技术设备为主要标志的。19世纪70年代中期，才开始出现以使用蒸汽机为特征的近代煤矿。由于近代煤矿的技术和设备是从西方引进的，因而当时人们把使用机器采煤叫作"新法开采"或"西法开采"，而把使用传统的手工工具采炼，叫作"旧法开采"或"土法开采"。需要指出的是，当时所谓"机器采煤"，仅仅是在提升、通风、排水三个生产环节上，使用以蒸汽为动力的提升机、通风机和排水机，而其他生产环节仍然是靠人力或畜力。山西省的近代煤矿业是从近代煤矿发展的第二阶段（1895—1936）[①]才起步的。"保矿运动"中，由晋商为主力的绅商阶层被动投资于近代煤矿产业，创立了山西商办全省保晋矿务有限公司时，就煤矿产业而言比中国其他地区的近代化进程已经整整慢了一个节拍。尽管如此，它仍然是山西省近代民族资本机器采煤业开办最早、规模最大、影响最为深远的企业，标志着山西煤矿工业进入机械化半机械化开采阶段。

1895年，山西巡抚胡聘之到任后，积极谋划开采山西煤铁资源。1896年4月3日，他在上奏清政府的奏折中说："山西省煤炭和铁矿的利益是全国之内最大的，太原、平定、大同、泽潞等府州均有煤炭储存，且蕴藏丰富，几乎取之不尽。当前国家正处于财力匮乏之际，正好适合开采煤炭以获取收益，进而为国家使用。臣去山西后，四处拜访考察，发现大多数煤窑都是本地人开采，且开采方法落后，多采用人工，因此获得利润很微弱。要想使矿业发展，需要改用机器设备，尤其是按照西方的方法去开采，短时间内能生产大量煤炭，可以达到事半功倍的效果。"[②] 政府在实地勘探调查后，积极筹借资金包括外国资本，鼓励山西省商办近代化的煤炭企业。1897年，刘鹗与方孝杰组建了晋丰公司，向英国福公司借款白银1000万两。后来英国福公司和华俄道胜公司通过办矿章程和草约，紧紧把持着山西省的开矿权，在20世纪初期山西民众掀起夺取矿权的"保矿运动"。

山西巡抚张曾敭曾写信给清政府的商部说："抵制之法，未有华商出

---

① 《中国近代煤炭史》编写组：《中国近代煤炭史》，煤炭工业出版社1990年版，前言。
② 郭廷以编：《中国近代史资料汇编：矿务档》（山西省），中央研究院近代史研究所1978年版，第1883页。

名买矿自办……遵照二十七年（1901）上谕，另招股实绅商，集股开办。"① 祁县绅商渠本翘率先发出了筹款的倡议，大家共同出资，最终从英商福公司手中赎回了矿权，成立了保晋矿务公司，山西人从此开始自主开发矿产资源。保晋公司是山西省近代史上第一个股份制民营企业，股份制是"一种与传统不同的、主要产生于西方的新型资本组织运行形式，一般具有以下几种主要特点：得到政府有关部门批准；有企业章程；发行等额股票面向社会公开筹集资金；股票可以转让买卖；是法人组织；等等。"② 保晋公司成立之初，就开始在山西省内募集股银："本公司股本，按章定为库平银三百万两，每股五两。分为公股及商股，公股系各县亩捐经官厅发充股本者，商股系绅商各界向本省外省募集之股。……统计先后所募银两及接受寿荣晋益等公司股份，连同亩捐，共收股本银一百九十二万八千八百零六两六钱，填发股票息折，计三十八万五千五百五十五股，股东户名三万四千余名。"③ 在认股名单中，"有以人名、堂名认股的，有以村、社、保、甲、会等名义认股的，有以行业认股的，如布行、估衣行等。"④ 可见，由绅商阶层为主所创办的保晋矿务公司的成立是得到了山西社会各界人士的支持的。

第二节　民国时期山西煤窑经营管理方式的嬗变

清末发展的实业救国运动，在民国中前期刺激了民族资本和官僚资本投入近代实业，就民国时期全球重工业发展趋势来看，资本的发达程度已经成为近代重工业发展水平的决定性因素，但由于民国时期山西省分散的、小规模的资金结构，需要发展投入小、见效快的产业，由此以煤窑这种组织经营模式始终占据着煤炭产业的主导地位。山西煤窑的经营管理方式在这一时期的变化主要体现在两个方面：一是煤窑的数量和

---

① 山西同乡会务所编辑：《山西矿务档案》，山西晋新书社1907年版，第19页。
② 朱荫贵：《中近代股份制企业研究》，上海财经大学出版社2008年版，第328页。
③ 《保晋公司报告书稿》，载曹慧明主编《保晋档案》，山西人民出版社2008年版，第65页。
④ 刘存善：《从争矿运动到保晋矿务公司》，《文史月刊》2000年，第7页。

规模的增长和扩大；二是煤窑内部的管理层设置和雇佣关系更加趋于合理化、近代化，分工水平也更加细化。我们将通过对晋东南煤窑的考察来进一步认识上述问题。

一 民国时期山西煤窑经营管理方式变化概况

根据第六章对民国时期土法采煤和机器采煤方式所占比例的统计可以判断，在民国时期山西省中小煤窑作为主导的组织经营模式长期存在。

时至民国四年（1615）山西省在册的小煤窑已经有三百多个。就土法采煤方式来说，"开采之法甚属简单，相度地势开凿矿坑，坑分横坑竖坑及平坑三种，高约一公尺半，宽约一公尺，利用煤层斜坡，挖成台阶以便人工附运煤觔出坑。或用人力负煤至坑底，再用辘轳绞出坑外。通风利用自然，于主坑之旁凿一小坑，以流通空气，至较大之窑，亦有专开通风坑者。坑内之水，大都用辘轳绞出，用泵排水之矿，百不一二。坑内所用灯光，皆用磁壶盛胡麻油，燃棉作灯芯点之，用以取光。煤觔出坑之后，用人工选分为大块及末煤二种，以备估价出售。"① 其效率是低下的："兴县全境皆山，矿产仅有煤之一种，亦属无多。民国八年（1919）七月在北区发现铁矿，是知矿产甚多，特无专门学术之人详加勘验，以致利弃于地，殊可惜耳。……惟各窑资本甚微，多以人力合办，仅敷附近数十里居民之用。东山一带多以柴为燃料，沿河一带则烧保德之煤……"② 翼城县"二、三二区煤炭，为翼邑大宗出产，亦民生日用必须之品，近年行销浮山、曲沃、闻喜、绛县等处，颇形杨旺，故本地煤炭之价突高数倍，惜采用土法不用机器，往往为水所占，以致天然美利不能出地，可发一叹。"③ 浮山县"城东北三十里之贾家挖塔沟八窑毗连，炭质不一，年产一万零三百七十六吨。惟以土法开采，成本颇昂，近前交里村别开窑口。烟煤，矿床仅尺许。前北政府派员考验，在该矿区发

---

① 胡荣铨：《中国煤矿》，转引自张研、孙燕京主编《民国史料丛刊》619《经济·工业》，大象出版社2009年版，第229—230页。

② （民国）《合河政纪》第4章《矿业》，转引自祁守华、钟晓钟编《中国地方志煤炭史料选辑》，煤炭工业出版社1990年版，第121页。

③ （民国）《翼城县志》卷8，《物产》，转引自祁守华、钟晓钟编《中国地方志煤炭史料选辑》，煤炭工业出版社1990年版，第123—124页。

现红煤矿苗，但土人无力开采。"①

与之相比，由于清末民初土法采煤的煤窑大量存在，因此，其在一定程度上也延续了清中期的人力资源管理模式。对于个体农户而言，煤炭开采在很大程度上是一种副业。不过随着商业发展，逐步发展为一种独立的行业，窑主与工人之间的雇佣关系更为明显，在煤炭生产过程中形成的劳动关系更加细致。一般分为井下的挖掘工，井上用辘轳将煤炭运出的搬运工，负责煤炭运输、销售的人员，还有管理工人和工程进度的工头。工人的工资既有计时工资，也有计件工资。《山西矿产调查化验成绩报告书》评价说："山西小型煤窑星罗遍布，规模狭小，资本微薄，土法挖掘，时作时辍，所产煤觔仅足供附近居民之燃用。小窑组织，各县大致相同，由人力财力及山主，酌量情形，分作股份，其资本自十元至七八百元不等。小窑开凿见煤后即设账柜，稽核每日产量及窑工工作事项，年终结账，按股分发盈余。亦有开凿见煤后全盘租让他人开采，按窑情形以定租价，各股东坐抽余利。"下面具体分析。

管理层的管理水平和煤炭工人生存状态在民国时期有所改进。这一方面体现在对煤矿工人的管理上：民国以前是封建把头制度，即企业通过把头招募工人，而不直接与工人联系，而近代的煤炭企业大多数取消了封建把头制度，逐渐转变为直接招募工人并且企业直接给工人发工资。这免去了封建把头这一中间环节，有助于煤炭企业降低生产成本，相应地也改善了煤炭工人的待遇。另一方面从山西周边的煤窑的开采状况上看，煤炭的开采的分工已经非常的完善且规范。民国初期，稍具规模的煤窑就要雇工，工人从三四人到十几人不等，设置如同工厂，煤场里都筑有房屋。煤窑分工明确："管理人员分为掌柜（经理）、先生（财会）、米面掌柜、卖炭人（推销员）、窑头（技术员）、拖头（运输头目）；生产工人分为砍手（采煤工）、走尺寸（掘井工）、坑下杂工、背手（运煤工）、照巷（维修工）、绞手（竖井提升工）"。② 同时，民国时期煤窑中

---

① （民国）《浮山县志》卷12，《实业》，转引自祁守华、钟晓钟编《中国地方志煤炭史料选辑》，煤炭工业出版社1990年版，第125页。

② 张正明：《山西工商业史拾掇》，山西人民出版社1987年版，第17页。

已经有了关于雇佣关系的相关法律。1914年山西当局规定，窑主须在工人本人了解并且经得他的同意后才能雇用他；煤矿工人被雇用后应该按日或月计算酬劳，双方自行商定受雇日期；在受雇期间，窑主如有苛待情事，则准许矿工自行退工；若窑主仍蹈故习非法凌虐矿工，则由该管地方惩办。这些规定虽然在实际执行中不能完全实施，但是此法的公布从另一个侧面反映了新的雇佣关系的产生。① 从参与煤炭开采的各方合作的关系来看，当时的雇工与雇主之间已经有了符合现代雇佣劳动合作的雏形。根据史料记载，"山西煤业……小窑组织，各县大致相同，由人力财力及山主，酌量情形，分作股份，其资本自十元至七八百元不等。小窑开凿见煤后即设账柜，稽核每日产量及窑工工作事项，年终结账，按股分发盈余。亦有开凿见煤后全盘租让他人开采，按窑情形以定租价，各股东坐抽余利。"② 所以从这个角度来看，煤窑这种组织形式在人力资源管理的变化也在一定程度上体现了当时山西煤炭产业在企业管理方面的发展。

我们通过大同地区一个村的煤窑组织管理模式可以窥见这种延续中的变化。根据王竹泉对山西大同左云怀仁右玉煤田地质的调查，"韩家窑村北桂枝窝煤窑。有斜洞一，洞口长宽各五尺，斜向东北，深约三十余石梯，洞下曲道长约二百余步，始达采煤处。曲道殊狭，仅通一人，两旁皆用碎石砌成。盖曲道所经之地，从前即为采煤之区，后因煤层采去，遂用碎石代之，以为支柱。至考现在之采煤处，系沿倾斜方向采取，先采西南之低处，渐及东北煤层，旁置一小井，使水由沟渠流入井内后，十人复用水斗将水掏出使入于西南已采之废地，煤层厚约四尺，中间夹有页岩，厚寸许，采时亦同杂于煤内。至窑内工作，凡采煤者每采取长五尺，宽深各一尺之煤量，工钱一百五十文，掏水者每日工钱450文，由窑内往外背煤者，每筐工钱20文，工人伙食虽由窑主供给，但皆在工钱内作价。又煤井山煤厂之组织，普通皆分货房及人伙柜两部，货房为窑主所居，凡开井洞见煤后货房即将雇工采煤售煤等项一皆委之于人伙柜，

---

① 张正明：《山西工商业史拾掇》，山西人民出版社1987年版，第18页。
② 胡荣铨：《中国煤矿》，转引自张研，孙燕京主编《民国史料丛刊》619《经济·工业》，大象出版社2009年版，第229页。

而已则坐享其利。人伙柜售煤所得之钱，货房得分其十分之二，但井内修补出煤路线，以及吸水等项，须货房任之。故货房恒养有土矿师，称之为把总，人伙柜者，即由售煤所得钱之十分之八，除将雇工人采煤费用开销外，从中取所余利者也。煤窑之大者，人伙柜往往有数家以至十数家，在井内分区而采，于货房人伙柜之外，更有所谓山主者，盖有煤山者不必能开窑，故煤井所在之山，窑主每年内必将货房让于山主若干日，令其取利，名之为干窑。"①

煤窑工人干着最繁重的工作，出着最多的力，但是待遇一般，甚至有的地方待遇很差，而且其社会地位低，仍然处在社会最底层，经常受到工头的欺凌和虐待。表面上矿井工人的工作时间是从早上六七点到下午六七点，大概十一个小时。但实际上窑主往往会给窑工下达任务，除非完成任务，否则不能休息。这样矿工的实际工作时间就远比十一个小时要长。尤其是冬天煤炭需求旺盛的时候，加班变成了常事。有的时候，煤窑工人需要连续工作十几个小时，对于工人来说，劳动强度尤为巨大。而工作时间如此长，工作环境却比较差，不仅仅没有合理的保护措施，甚至基本的生产措施是都是缺乏的。有的煤窑一味追逐利润而不顾矿工的工作感受，尤其是很多煤窑为了缩短出煤时间，大幅压缩巷道空间。例如，1922年阳城县郭沟煤窑，工人只能匍匐出入于仅有0.7米高的采煤巷道中。② 煤矿工人就是在这样极其恶劣的环境下，从事着繁重的体力劳动。除此之外，受技术的限制，井下作业纯靠人力，利用人力去挖掘坚硬的石层，切割煤块。背炭工人需要背负重达一百多斤的煤块在井下行走几十米甚至几百米才能运出煤块，还需要爬过几十米长的斜坡。

煤窑工人付出着如此的艰苦劳动，工资却不高。按照《山西矿务志略》所载山西实业厅1916—1919年的统计，各县煤窑工人的日均工资都没有超过800文的，详见表8—1。

---

① 《地质汇报》第三号，1921年，第45页。
② 阳城县志编纂委员会：《阳城县志》，海潮出版社1994年版，第113页。

表 8—1　　　　　1919 年各地区煤窑工人报酬统计

地区	日报酬
汾阳	150 文
交城	200 文
翼城	250 文
平遥	260 文
浮山	270 文
榆次	200—300 文
清源	300 文
崞县	300 文
灵丘	300 文
繁峙	300 文
介休	400 文
兴县	400 文
保德	400 文
河曲	400 文
五台	500 文
广灵	600 文
陵川	1 角 3 分
长治	1 角 5 分
襄垣	1 角 5 分
长子	1 角 5 分
潞城	1 角 8 分
寿阳县	2 角 2 分
大同	2 角 5 分到 4 角

资料来源：耿步蟾、成元治《山西矿务志略》，山西省实业厅 1921 年版，第 95、92、228、251、236、384、263、282、290、292、257、267、273、277、288、285、412、403、416、430、423、311、320 页。

这其中，汾阳、崞县、兴县、保德、河曲、五台、广灵的统计结果是代表性的一两个煤窑。另外，还有一部分的县城是以银圆来计算工人的日均工资的。

对于矿工来说，工资微薄，加上铜钱贬值、物价飞涨，工资在一定程度上也有所缩水，因此，这样的工资用来养家糊口是很困难的。另外，煤窑主对于煤窑工人的福利待遇也是极差的，尤其是当矿工出现事故时，窑主往往不能提供优厚的抚恤金，甚至不闻不问。《阳泉煤矿简史》记载了一段老工人弓元堂的叙述："我的祖父、叔父、兄弟都是死在煤矿中。祖父只活了二十九岁，叔父只活了四十二岁，都是在坑下砸死的……我的兄弟是瓦斯爆炸死的，大儿子在日寇统治时期在煤窑内中风而死的。退休的老工人荆轲回忆说，土煤窑时代伤亡的工人仅仅能得到一副薄板棺材，至多也不过给一斗八升米而已。"①

在当时还存在一些"黑煤窑"，那是煤窑中最黑暗、最惨无人道的部分。太原地区有一些这样的煤窑，其中比较典型的有晋丰公窑、半角窑、和尚窑。这些"黑煤窑"在招工方面，要么是通过一些无业游民将外地破产的农民诱骗进煤窑，要么是通过人口贩卖获得工人。在管理方面，这些煤窑对其矿工进行奴役化管理：除本地矿工可以自由进出煤窑外，外地人一般被限制在煤窑里，而他们的管理也是简单而粗暴的，提供的饭食也是简单、稀少且缺乏营养的。阎锡山的省长公署曾制定《取缔苛待矿工办法四条》对这种现象进行约束。但很显然，这样的规定仅能平息民愤、缓解舆论方面的压力，而未起到什么实质上的作用。因为开办"黑煤窑"的窑主大多是官僚或者地方上有势力的人，其与官府有很深的联系，故让官方缉拿窑主是很难办到的事情。但应当肯定的是，这些规定体现着一定的进步意义。

"黑煤窑"是当时煤炭生产不规范所导致的一种煤炭开采模式。过去的煤炭开采在技术上不成熟，煤炭的开采主要依靠人力进行，清末民初时候，只有几个公司中才有机械化开采的设备，其他的地区依旧以人力开采为主。而在时局动荡、社会管理阶级更换时期，农民失去了土地，改行当了煤窑工人，他们基本上没有其他的维持生计的方式。在煤炭开采的巨大利润面前，必然会有一些人为了利益而对没有居所和依靠的人进行剥削。

---

① 阳泉矿务局矿史编辑委员会、山西师范学院历史系专科二年级合编：《阳泉煤矿简史》，山西人民出版社1960年版，第6页。

二 民国时期山西煤窑经营管理方式变化的一个例子——晋东南地区

从现有的史料来看，1863—1936 年晋东南地区在现在已经探明储量的地区都开始了煤炭的开采，如晋城县"五里铺，在山西晋城县，产煤。孙村，在山西晋城，产煤，已开"[①]，沁源县"煤炭，产额颇多，西北一带，遍地皆是，煤质亦佳，惟因交通不便，不能运输代县境耳"[②]，而其中以小型土窑居多。以 1915 年为例，耿步蟾的调查结果显示，当时晋东南存在各式煤窑 47 座，基本都为小土窑。而当时山西省内有煤窑 312 座，晋中地区有 49 座。图 8—1 统计了当时调查的煤矿数量及分布情况。从图 8—1 我们可以看出，采煤点的分布集中于晋城、阳城、高平区，而该地区"煤田面积甚广，颇利开采。其主要煤层在煤系上部，厚自五公尺至九公尺。煤系下部之臭煤，厚自一公尺至二公尺。上层煤质甚佳，与平定之无烟煤相似。……至土法开采之小窑，厥数甚多"。

晋东南地区的土窑长期使用镢、锹、锤等工具手工作业，产量长期得不到提升。晋城东乡北安杨村炭矿，使用土法开采，每两人一天出煤炭 10 驼，每驼一百三四十斤，工人平均日产量 650—700 斤；襄陵县东南乡盘道头黑沟子里沙坡头煤矿，工人四五名，每日取煤八九百斤，工人平均日产量为二三百斤；襄垣县北乡石楼坪煤矿，工人二三十名，每日采矿两万余斤；潞城东北乡漫流村煤矿，土法开采，工人 100 多名，每日出煤 5 万余斤，工人平均日产量将近 500 斤。从上述材料中可以发现，传统土窑中，既有日产量将近 5000 斤的煤矿，也有产量只能达到两三百斤的小型矿口。在相近的技术条件下，较为集约的生产，进行作业的分工无疑能促进产量的提高。以日产量二三百斤的小型矿口来说，工人仅有四五名，工人负责采掘、提升等的一切工作，这大大地限制了产量的增长。

从当时晋东南煤矿的经营状况来看，当时的小土窑有的并不能获利，

---

① （民国）《中国古今地名大辞典》，转引自祁守华、钟晓钟编《中国地方志煤炭史料选辑》，煤炭工业出版社 1990 年版，第 100 页。

② （民国）《沁源县志》卷 5，《物产表》，转引自祁守华、钟晓钟编《中国地方志煤炭史料选辑》，煤炭工业出版社 1990 年版，第 102 页。

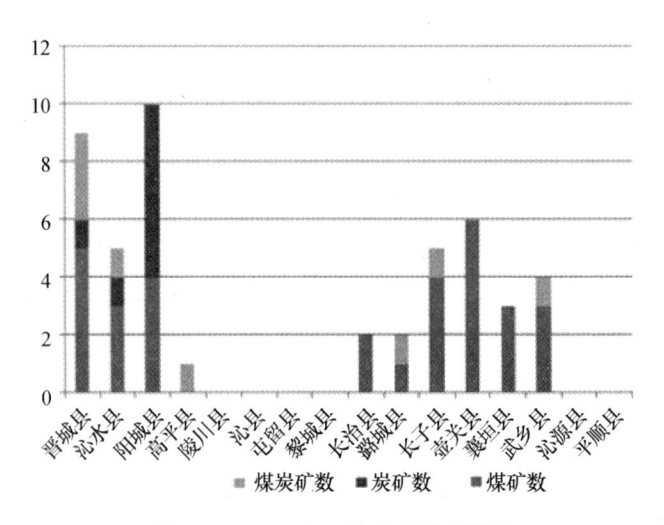

图 8—1　1915 年晋东南小煤窑数目

资料来源：根据耿步蟾《山西矿产调查化验成绩报告书》中《山西矿产测绘化分局第一期调查化验各县矿产目录》晋东南各县煤窑，山西大学图书馆藏 1916 年版统计得出。

有的获利不多。耿步蟾《山西矿产调查化验成绩报告书》中记载，民国元年至民国三年，晋城县（当时名称为"凤台县"）有小型煤、炭矿九座，皆用土法开采。南乡上松坡炭矿一座，每日产煤一万余斤，每百斤60 文，故窑主可得钱 6000 余文。该矿有工人 30 名，井上 10 人，每日可得钱 120 文，井下工人 20 名，每名工人工资 200 文，这样总共需要支付给工人的工资是 5200 文，工头工资 400 文，则该矿每日盈利 400 余文。南乡下松坡有一煤炭矿，情况与上同。[①] 从这则材料中我们可以看出，一个这样规模的小矿，以每月生产 25 天计算，月盈利可达 10000 余文，由于该段材料没有对其每年生产月数的记载，而许多土窑冬作夏停，产量随季节而变动，所以我们在此以一年生产五个月计算，则年盈利可达50000 余文。这种程度的利润固然可以使窑主有一定的积蓄，可以稍微比务农者富裕一点，但是无法为煤窑的扩大再生产注入资金，无法购入新式的机器，无法实现土窑向近代煤矿的转型。

就经营组织形态而言，晋东南的煤窑经历了与山西大部分煤窑同样

---

① 耿步蟾：《山西矿产调查化验成绩报告书》中凤台县第 38 号炭矿、第 39 号煤炭矿，山西大学图书馆藏 1916 年版。

的变化。从明清至近代,山西省的小型煤窑大部分是当地财主雇人开办的,或是窑主和地主订立合同共同开办的。煤窑产权属于地主或窑主所有,工人自带生产工具和照明用的油灯去窑上挖煤。开采出的煤炭全部归窑主、地主所有,工人赚得工资。也有一部分煤窑是当地农民合股开办的。农民三三两两结合起来进行生产,一起开采煤炭,收入平均分配,采出来的煤能卖则卖,如果销售不出去,则自己拿回家去,或者自己烧,或者去集市换取其他生活所需物品。下面将对晋东南的情况进行简略的分析。

自古以来,晋东南地区的传统土窑,多是由当地农民在农闲时节经营的。如"煤矿工业,我沁业煤者,多在县境北边与西域临煤矿附近处,北边如后沟、大山沟、西窑沟等村,业煤者居半,余则附近采煤之村于农隙时行之,亦属副业性质"。① 这种性质的土窑,资本多是由经营者筹集,或借贷,或互相融通,农村经济的凋敝使这些经营者不能够获得充足的资金,因而也就无法购入先进的生产设备。设备落后,产出的煤炭只能满足当地生活所需,或者最多为传统手工业,如冶铁、烧磁等提供燃料。晋东南各地的小型煤窑有两种,一种是农民自己经营的,即由左邻右舍搭伙开办的。另一种是地主、窑主经营的煤窑,这是传统小土窑发展的最后形式,也是普遍存在且存在时间较长的一种形式。晋东南这种类型的小型煤窑占了很大的比例,如襄垣县北乡正沟煤矿有"工价一百二十文,工头钱二百文"的记载,而其他地区"雇工经营"之类的记载也是极为多见的。在这种类型的小型煤窑内部,工人的生产有了较为明确、详细的分工,出现了"砍手""背手""绞手""走尺寸"等诸多工种。这种差异和分工,是社会发展中的一种进步,也是经济赖以发展的重要契机。

随着近代工业的发展,山西省迎来了投资煤炭生产的高峰,尤其是在赎回英国福公司的煤矿开采权后,官僚、绅商自筹资金,发展晋东南的煤炭生产,这种情况出现了一批"官办"和商办煤矿。这种类型的煤矿资本相对充裕,当时,一些小的非现代化的煤矿多由大型的煤矿公司

---

① (民国)《沁源县志》卷2,《工商略》,转引自祁守华、钟晓钟编《中国地方志煤炭史料选辑》,煤炭工业出版社1990年版,第102页。

经营，或者是由从公司获得权力的包工经营。光绪二十四年（1898）清政府《振兴工艺给奖章程》的颁布和光绪三十年（1904）矿务章程的制定让经营晋东南乃至整个山西省煤炭开采的不仅局限于本地人，省内其他地方和省外的人也开始招领地盘，投资建矿，这在一定程度上促进了山西省煤炭产业的发展。

民国时期延续了清末实业救国的风潮，煤窑发展尤其迅速。据太原经济建设委员会统计处统计，1933年山西省采煤家数为1954家，而《中国实业志》中调查1934年有1425家，其中尚有分散在各地的小型煤窑，时开时歇，未加统计。开采规模最大者，为保晋公司，在晋东南就采煤家数而言，当推阳城之127家为最多，惟均属零星小窑壶关37家，长治36家，武乡33家，襄垣26家，陵川21家，晋城13家（未列名的小窑200余家），长子沁水每县10家，沁源5家，高平4家（未列名的小窑65家），潞城3家。阳城煤产量20万吨，居全省第三位，其他各县产煤，每年均不足10万吨。

以晋城当时的情况而言，申领矿权者多为外籍人，有他省的，如河南工人王某在晋城创办了四义煤矿[①]，也有省内其他地区之人，他们或为商人，或为官僚，或为教员。这种办矿人员上的多样性，表明晋东南地区煤矿产业已经不再局限于小范围的煤炭生产与运销，而是已经与当时整个社会的经济社会发展产生了极大的关联。

图8—2列出了民国政府时期晋城申领矿权、开办煤矿人员的职业构成，从中可以看出，商界人士是其中一支重要的力量，占将近1/4的比例，而教育界人士占22%，这说明教育界人士积极投身于实业救国各项事业，积极奔走于各方，而一些技术人员也已经有能力申领矿权，比如说晋城县的四义煤矿，管理者本身系工人出身，对机器生产和坑道作业的技术都非常熟悉，加之坑下、井口、票房、煤厂等各个负责的员工，大多是经理的亲友或徒弟，有的本身即是股东，因而其内部关系协调一致，该煤矿从创建之初到1938年被日军占领前夕，基本能做到年年有盈余。所以我们认为，类似的民族、官僚资本和人才的注入，为煤炭产业的兴盛注入了活力。而晋东南地区煤炭产业的转型也有赖于此类煤炭生

---

① 刘建生等：《山西近代经济史》，山西经济出版社1995年版，第373页。

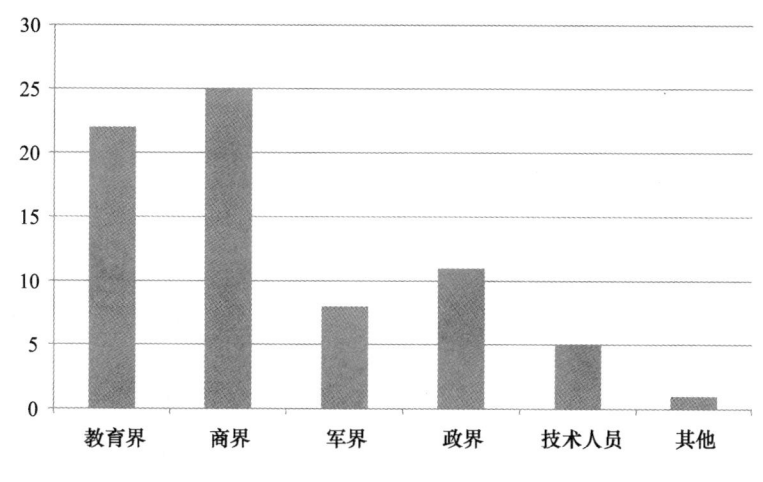

图8—2 民国时期晋东南煤矿主和合办人情况

资料来源：根据山西档案馆藏北京民国政府时期矿业类档案（缩微胶片），全宗1038统计得出。

产组织的建立与建设。这些人积极致力于进行现代化的生产技术，如民国时期《襄垣县志》卷2《物产略》中的记载："向以煤炭为大宗，旧日开采小煤窑不下五六十处，但纯用人力，起运艰难。近年来，欧风东渐，新知日启，若沟道坪、梁山沟、灰垴等处购置起重机，起运甚捷，煤炭亦复良好，销售临近各县，甚形畅旺。"[①]

第三节 民国时期山西煤炭近代化企业的经营管理特征与绩效分析——以保晋公司为例

民国时期，山西煤炭企业经营管理的近代化程度进一步深化。保晋公司作为山西省近代化程度较高、规模较大的民办煤炭企业，其经营管理模式的近代化过程具有一定的典型性。因此，我们将以保晋公司为例探讨民国时期山西省煤炭产业经营管理的近代化特征与绩效。

人力资源管理模式的近代化首先是基于机械化生产模式在近代企业

---

① （民国）《襄垣县志》卷2，《物产略》，转引自祁守华、钟晓钟编《中国地方志煤炭史料选辑》，煤炭工业出版社1990年版，第103页。

中的广泛使用。保晋公司的几家煤炭生产的大型矿厂，在进行矿建工作之前需要申请测量矿区的开采面积，制定出简略的设计施工方案，并制订出工程完成后的决算计划。矿建工作最重要的是在挖掘好矿井之后修筑泵窝、午场、水仓等井底设施，购买风机、井架、罐道、绞车、罐笼、水泵、道轨等生产运输设备，并相应地在地面进行配套的绞车房、锅炉房、机器修理厂房等基础设施建设。在机械设备和配套矿建工作完成后即进行投产。机器代替人工，一方面能提高劳动者的工作效率，另一方面会相对地减少一线工人的雇佣数量，而更需要组织经营的专门人才，所以上述生产程序在一定程度上代替了传统煤窑和个体生产者手工开采煤炭这一生产手段，不仅使生产能力大大提高，而且对山西省煤炭产业使用人力资源的量和质也具有重要影响。

保晋公司初建于1906年6月，由山西省著名票商渠本翘牵头，联合刘懋赏、冯济川等计划筹建正定公司（即后保晋公司的平定分公司），最初选址在太原海子边。渠本翘为第一任经理，副经理"又叫协理"，由王用霖担任。初设时资本投入20万两，大多是从租佃农民收取的亩捐银。保晋公司的成立标志着近代山西省开始以现代企业组织的模式经营煤炭产业，对于山西省其他民族工业具有强大的示范效应。1916年第二任经理刘笃敬申请辞职，崔廷献成为公司的第三任经理，为便于控制阳泉各煤矿厂的生产经营，他将总公司设立于阳泉火车站。保晋公司成立后不久，就在总公司之下，先后设立了多家分公司，将公司内部的多项任务进行分工，公司由此整体进入一个发展的黄金期：在平定、大同、晋城和寿阳相继建立分公司；在北京、天津、保定、石家庄建立煤炭分销处。除最早的平定分公司外，1907年2月建立泽州分公司，1911年改名为"晋城分公司"。1909年设立寿阳分公司，10月创办大同分公司。在1907年11月设立石家庄分销处，1908年设立保定和天津分销处，1910年7月在北京设立分销处，1915年11月于上海设立分销处。在民国初年，总计有9家煤炭分公司和分销处，这为保晋公司在全省开展大规模煤炭开采和全国范围内进行煤炭销售奠定了组织基础。1916年总公司乔迁阳泉后，撤销了平定分公司，原民平定分公司的6座大矿辖属总公司。1917年和1918年天津和上海煤炭分销处相继停办。在20年代，保晋公司拥有6家分公司。另外，公司还在平定建立了一座采用近代西方炼钢技术的炼铁炼钢厂。

表 8—2 为各分公司的相关信息。

表 8—2　　　　　　　　　保晋公司及分公司统计

机构名称	成立时间	地址	主营业务	职位	姓名	备注
保晋矿务总公司	—	阳泉车站	—	总理	崔廷献	—
平定分公司	1906年3月	阳泉车站	生产	经理	刘振采	1916年8月撤销
大同分公司	1909年10月	千金峪矿厂	生产	经理	王祥麟	
保定卖炭分公司	1908年9月	保定车站	销售	经理	袁英	
北京卖炭分公司	1910年7月	西河沿	销售	经理	宋启聪	
天津卖炭分公司	1908年9月	天津	销售	经理	王世忠	1917年停办
寿阳分公司	1909年7月	荣家沟	生产	经理	张钟河	—
泽州分公司	1907年2月	五面	生产	经理	崔秀峰	1911年改名为晋城分公司
石家庄卖炭分公司	—	石家庄车站	销售	经理	黄守渊	
上海卖炭分公司	1915年11月	虹口	销售	经理	郝本仁	1918年停办
塘沽卖炭分公司	—	塘沽	—	经理	韩崇礼	
保晋公司炼铁厂	—	阳泉车站	—	经理	赵净	—

资料来源：本表根据山西省地方志编撰委员会编《山西旧志二种》附录民国《山西省志》，中华书局 2006 年版，第 578 页整理。

公司在成立之初，就制定了《保晋矿务总公司简章》。而在民国八年（1919）十月，北洋政府农工商部批准的《山西保晋矿务公司章程》中，针对保晋公司运营的很多方面也做了规定。① 从这两个章程的内容中我们可以看出，保晋公司在企业经营管理方面较好地进行了近代化的探索。其在组织结构、公司宗旨、运营管理、财务制度、股权结构、社会责任、

---

① 曹慧明主编：《保晋档案》，山西人民出版社 2008 年版，第 35 页。

薪资福利、市场开拓等方面逐渐完善，很快走上了近代公司体制发展的正轨。

保晋公司的制定了较为先进的产权和管理制度，权责明确，边界清晰。此外，它还学习欧美股份公司通过入股吸纳分散的社会资本，建立现代股份制公司的管理模式，形成主权、领导和执行三个所有、决策和管理机构，明确划分各机构的权责利。

董事会领导下的经理负责制度是公司一切管理制度的核心和根本。股东大会是公司的主权机构，以常会和临时会的形式讨论公司的重要事务和重大人事变动。常会在公司年度结算后举行主要讨论上年度经营和结算成果的汇总报告，决定分红或者商量弥补亏损，商讨公司下一步的工作和发展规划、选举董事和监察人员。临时会则主要处理特别重大的事年。执行机关是股东大会、董事会选举的经理、协理以及相关职员，参照董事会的决定负责公司的日常经营、行政工作。另外，经理和协理下属有内事、外事、书记、洋矿师和杂务等人员。分公司的主要管理人员是正、副董事及所属的稽查、书记和司账等。两名司事负责生产第一线的矿厂管理。董事会是公司的领导机关，由股东大会选举相关人员组成。1910年设立由11名董事和4名查账职员组成的董事局，后董事局改为董事会，组成人员为7名董事和4名由查账员发展而来的监察人员。一般而言由董事会决定公司重大事宜，主任董事负责董事会日常工作。在晚清时期，保晋公司根据业务发展需要屡次修改章程，导致各组织机构和下属人员变动较为频繁。1916年崔廷献进行公司内部管理的第一次改革，主要解决了总公司统一核算下分公司之间相互推卸经营不善责任的问题，并集中核查了部分分公司尚保留不懂煤炭经营的传统商号的情况，改革经营绩效核算方式为各分公司独立核算，并整顿裁撤旧商号职员。

进入民国时期，特别是从1920年起，公司的组织机构变化进入了完善和稳定发展的时期。按规定，作为主权机关的股东大会，须保证每年一次的开会频次，购买公司的股票就是本公司的股东，可以参与股东大会；由股东大会选举的13人组成董事会，每月15日举行常会一次，处理公司的重大事务；另设监察人8名，主要负责每年一次的公司账目审计工作，为公司根据实际绩效调整事务安排提供依据。由总公司、分公司、各矿厂、各分销处组成公司执行部门。新增总稽核、副总稽核各 1 人加入总公司,由经理和副经理领导,负责公司的工程建设预算的统计和制定。另外,管辖股票、供给、文书、材料、测绘、庶务、修械和收发等事务的营业科、会计科,具体管控各分公司与各矿厂和分销机构的生产经营联系。各公司在设立分经理的基础上,根据需要增设副分经理。从事煤炭采掘兼销售经营的分公司,设立坑务、事务两科,下属庶务、营业、会计、机械和转运等股。各矿厂在厂长负责下,除没有营业股外,其余的组织机构和人员设置均参照各采煤炭分公司。由此,各管理层面均有章可循,责权分明,运作漏洞小,效率高。

后期保晋公司出于节省经营成本,提高层级管理运转效率的目的,逐步对组织机构进行由繁到简的重组,对人员进行相应的裁汰。比如,总公司精简具体事务办理机构为总务、营业、工程、会计四科。厂长以及下设的各课和各股在平定的各矿厂撤销,由总公司的工程科课下属的坑主任和相关坑务员以及事务员全权负责。各分公司仅各设一名经理,仅以一名厂长管理一个铁厂,按照总经理和副经理的安排管理本单位的各项事务。这种"精兵简政"的改革,使总公司加强了对各分司和矿区的集体、统一的领导和管理,在提高管理层运行效率的同时也减少了开支和冗员,这在一定程度上提高了效率。1932 年第二次公司内部管理改革,就是针对机构臃肿、人浮于事的现状,重点解决少数管理人员的官僚主义、把头作风,裁撤了大量不称职的厂长和对工人进行野蛮管理的工头。

保晋公司的人事任用制度,从初期的推荐制逐渐过渡到公司发展稳定期的考试录用制。公司于草创时在《山西保晋矿务公司章程》第 21 条中规定:"本公司既以商务为宗,则所用号友自宜多用商人,一依晋商向例,须取有确实铺保,如有侵挪款项及窃资逃走等事,惟原保是问,并无论何人,公司均按商人看待。"① 根据规定内容,再考虑到保晋公司在创立初期依赖于山西票商的支持,在聘用人员时往往优先考虑昔日票号的伙计,他们一旦被晋商中有身份、有地位的上流人物推荐,一般都会被公司录用甚至委以重任。仅少数的高级职员需要由经理和副经理考察

---

① 曹慧明主编:《保晋档案》,山西人民出版社 2008 年版,第 106 页。

后，由董事会决定再行委任。另外，一些矿师和测绘师等技术人员也需要考察后聘用。总之，在草创期推荐而来的旧票号经营人员往往缺乏经营实业，特别是新式煤矿重工业的实践经验，不懂矿业的相关理论知识，因此，工作效率低下甚至尸位素餐的情况比比皆是。

保晋公司用人制度的变革于1925年开始酝酿。当年白象锦担任公司协理，提出推荐制并不能有效地为公司提供其需要的专业技术和专业管理人才，任人唯亲的荐举制使公司对这样员工的实际业务能力和职业道德是缺乏足够认识的。因此从1930年起，保晋公司开始用考试录用制度对求职员工进行考核，合格后聘用。公司规定："凡有荐举职员者，必须用函件通知公司，先行登记。遇有急需人才时，由公司定期召集，分别考试，如能合格，再行录用。"[1] 人才选拔制度的变革，提高了公司人事管理的现代化水平。但实际上，人情请托、推荐熟人的情况在保晋公司并没有完全消失。尤其是山西军政要员为控制保晋公司煤炭经营的利益，向公司推荐员工参与经营，一般而言由于军事、政治的压力，保晋公司无法推脱这样的请托。

民国时期，山西煤炭企业的专业技术人才和管理人才增加，为煤炭企业经营管理近代化提供了人才储备。这从保晋公司就可以明显地看出来。由于保晋公司较为注重矿业专门人才的运用，一般要求具有大学本科及以上学历，由此矿业科班出身的人才逐年增多，逐步改变了保晋公司职员的知识层次和结构。由1936年公司各级管理层职员的名单（表8—3），我们发现经理、协理、稽核、工程师以及各矿厂的坑务主任等多数是从矿业专门学校毕业的，另外具有较强的矿业实操技术经验。具体从公司的高级管理层中可以看出，总公司经理常旭春、协理白象锦、总稽核杨仁显、总工程师兼工程科科长张景良等均是高等院校教授、外国知名大学的矿务专业毕业生。该年总公司各机关有75名员工，其中有17名大学毕业生，占总人数的23%左右。阳泉分公司矿厂有68名员工，其中有15名大学生，占总人数的22%左右。

---

[1] 曹慧明主编：《保晋档案》，山西人民出版社2008年版，第107页。

表8—3　　　　　　　　　　保晋公司部分职员名单

处别	职级	姓名	籍贯
总公司	正经理	常旭春	山西榆次
	副经理	白象锦	山西兴县
	总稽查	杨仁显	山西榆次
	副稽核兼营业课课长	罗钟瑞	山西祁县
	交际员	黄守渊	山西平定
	会计课课长	马绥青	山西汾阳
	文书股副股长	贸鹤春	山西祁县
	股票股股长	崔秀峰	山西汾城
	庶务股股长	乔登春	山西祁县
	材料股股长	乔荣春	山西太古
	测绘股股长	李光宝	山西平遥
	修械股股长	李迪康	山西平陆
第一矿厂	矿长	张景良	山西介休
	坑务课课长	张辅仁	山西忻县
第二矿厂	坑务课课长兼代厂长	谭金志	山东潍县
	事务课课长	杨万宝	山西文水
第三矿厂	厂长	史真修	山西平定
	坑务课课长	孙宝权	山西榆次
	事务课课长	兰桂芬	山西岚县
第四矿厂	坑务课课长兼代厂长	齐宪舜	山西定襄
第六矿厂	坑务课课长兼代厂长	张辅国	山西浑源
	事务课课长	赵铎	山西宁武
石家庄分公司	分经理	张继麟	山西临县
	分副经理	王若仁	山西襄垣
保定分公司	分经理	范元德	山西祁县
北平分公司	分经理	干建忠	山西汾阳
寿阳分公司	分经理	晋德俊	山西平定
晋城分公司	分经理	潘万钟	山西盂县
大同分公司	分副经理	象锦山	山西兴县
	矿师	梁上椿	山西崞县
	坑务课课长	侯德旺	山西文水

续表

处别	职级	姓名	籍贯
大同分公司	坑内股股长	王祸宪	山西广灵
	副股长	赵抡千	山西五台
	土木股股长	李启	山西崞县
	事务课兼营业股股长	葛向充	山西忻县
	机械股股长	李培澅	山西浑源
	运输股股长	王重山	山西文水
	副股长	朱树榕	山西五台
	营业股股长	李树兴	山西文水
	副股长	武锡龄	山西五台
	会计股股长	吴观瑛	河南西平
	副股长	王朝荣	河南开封
	庶务股股长	胡德亮	山西文水
	材料股股长	葛向充	山西忻县
太原分销处	分经理	张朝庆	山西汾阳
寿榆分销处	分经理	阴毓龙	山西沁源
铁厂	厂长	赵峥	山西宁武
	副厂长	张增	山西五台
	镕化科科长	刘显周	山西平鲁
	矿料科科长	郑元	山西神池
	化验科科长	许俊杰	山西介休
	工程科科长	孟延杰	山西蒲县
	测绘科科长	张映枢	山西平定
	文书科科长	郭刚	山西寿阳
	庶务科科长	赵欲仁	山西平鲁
	窑业科科长	宫古元	山西神池
	会计科科长	胡葵	山西太原
	营业科科长	王世安	山西祁县

资料来源：本表依据曹慧明主编《保晋档案》，山西人民出版社2008年版，第93—98页整理。

另外对于公司中存在的员工营私舞弊的现象，保晋公司采取了种种预防性的措施。《保晋公司章程》第 67 条就明文指出："总协理如侵蚀公司款项经众股东查有实据者，应立时辞退并着落赔缴。如抗不肯缴或缴不足数，众股东除禀官追究外，仍按律议罚，以次所用之人如有此项情弊，总协理亦照此办理。倘扶同隐饰应将徇庇者一并议罚。"①《保晋公司章程》第 68 条明文规定："总协理如将公司款项移作别用或潜营私利，一经觉察众股东可从重议罚，以次所用之人如有此项情事经总协理觉察者亦照此办理。"《保晋公司章程》第 69 条明文规定："总协理于月报年报报告不实意图隐骗及公司人等伪造股票息摺图记骗取利息，一经发觉众股东可送官严究，除罚办外仍治以应得之咎。各分号有此等情弊总协理亦照此办理。"② 由于保晋公司在成立之初，就针对员工的营私舞弊制定了明确的惩处办法，公司还派遣监察人员随时检查，因此，保晋公司员工的营私舞弊现象较少发生，但还没有从根本上予以杜绝。崔廷献在担任保晋公司总公司经理期间，就串通公司的总稽核王骧营私舞弊。他们在石家庄匿名私设售煤站，把卖得的煤款装入他们自己的腰包，给公司造成了一定的经济损失。

最后是保晋公司各矿工人。保晋公司的工人大多是破产农民和手工业者，人工种上大概可将之分为采煤、运输、司机、提水、杂工五种。而保晋公司在初创时期机械开采方式所占比例并不大，相当程度的煤炭生产工作需要人力手工完成。矿工一般用油灯照明，以尖嘴镬作为基本采掘工具，开采企业时或坐，或爬，或跪，很耗体力。特别是提煤出井这种工作需要人力和畜力共同完成。传统提升工具是辘轳：在竖井上安装辘轳，由数人或者牲畜绞动辘轳，以便提煤出井。在保晋公司后期，新式机器的数量增多，有的煤矿还铺设了轻便铁轨。但矿车仍需要工人或者牲畜推动。

1921 年 5 月虞和寅在《平定阳泉附近保晋煤矿报告》中调查统计了保晋公司 2208 名煤矿工人，其中山西籍工人几乎占 90%。在煤矿内工作的共有 1774 名工人，包括 1392 名采煤工、159 名提水工、107 名运煤工、55 名修路工、45 名通风工和 16 名挂钩工；坑外有 434 名工人，包括 118

---

① 本表依据曹慧明主编：《保晋档案》，山西人民出版社 2008 年版，第 108 页。

② 同上。

名推车工、97名推煤工、67名提煤工、54名泥工、37名机械工、18名摘钩工、17名锅炉工、10名木工、8名上油工和8名点灯夫。① 采煤工占全部煤矿工种的六成以上。因保晋公司初期依靠一定的人力开采，采煤工的人数和工作效率对于煤矿的生产水平提高意义重大。保晋公司将采煤工视为矿工中的中坚力量。阳泉的大小煤厂都激烈地争夺身强体壮、技术熟练的采煤工人，劳动力的稀缺性使矿工根据收益比较，有很强的流动意愿。为保证煤矿中有足够数量的工人以稳定生产，公司在招工工作上下了一番功夫："公司因规定招工办法，待遇尚优，择定适宜地点，在蒙村地方，租辟房屋，分期招工。"② 对未接受教育的工人，先进行讲习，接着进地培训，并于1919年3月1日起实施：以三个月为一期培训一班大约300个工人。在传授《矿工须知》《矿务大意》等讲义中关于煤矿开采、煤矿安全和职工管理的知识之外，还选择了30名有经验、资格深的工头，一方面向工人们讲解了煤炭开采基础技术，另一方面在煤矿采掘实践中为新招矿工起领头作用。相比较于传统的小型煤窑的招工方式，保晋公司的招工办法和培训政策保证了雇用工人的科学性以及生产效率和安全性。

保晋公司工人的"工作时间，不论坑内坑外，日分三班。由晨六时至下午二时为早班，由下午二时至夜十时为晚班，由夜十时至晨六时为夜班。至机器工厂各工，则每日工作十小时，如遇工程紧要时，复加夜班。凡工人上班下班，均由锅炉房鸣汽笛为号"。③ 早班从每天早上6点开始，工人向收发股领取竹制或者铁制的名笺，在入坑之后交给收笺者，他们再将名笺交给收发股。下午2点和夜里10点是换班时间，与第一班工人换班程序相同。在第二班入坑接工后，第一班工人陆续出工。由于特殊原因需要在工作时间内出坑的工人，要向工头报告情况并得到他的许可，经坑务股允诺出坑。

至于"各矿工人工资，向系比照当地生活程度及他矿同等工人之工资而定。惟采煤、运煤两种工人，为工人中之主要部分，且占工人总数

---

① 虞和寅：《平定阳泉附近保晋煤矿铁厂报告》，农商部矿政司印行1926年版，第55页。
② 同上书，第60页。
③ 同上。

44‰，其包工方法，按采煤数量及进行尺数，核给工价。"① 公司制定了奖惩工人的相关规定："各矿工人工作勤快者，在平日均以加增工资为奖励，在年度时，均以格外给金为奖励。至工作疏忽者，轻则罚扣工资，重则开除名额。又工人在各矿做工满二年以上者，如因事移动，各矿厂得按其成绩，给予证书。"② 保晋公司为规范煤炭工人生产行为而采取的惩罚措施，较好地杜绝了工人因玩忽职守违背生产安全性以及偷懒耍滑损害公司利益和造成生产效率降低等情况。通过奖励政策力图调动工人的生产积极性以提升其生产效率，达到个人收益与公司利润共同增长的"双赢"效益，充分体现了近代化新式企业在劳动工人管理方面的进步性以及科学性。

表8—4　1930年各种工人工作数目、工资统计及每工每日平均所得

工种	全年工资数（元）	全年工作数（日）	每日每工平均所得（元）
采煤工	243077.66	370008	0.657
运煤工	65300.34	163513	0.4
司机工	26817.33	65324	0.41
提水工	10809.08	33632	0.321
杂工	39986.68	126080	0.318
共计	385991.1	758557	0.508

资料来源：本表依据曹慧明主编《保晋档案》，山西人民出版社2008年版，第66页整理。

根据相关资料，1918—1922年保晋公司阳泉的6家矿厂支付给采煤工的日工资为0.275元到0.419元，平均而言为0.377元，每月下坑达23天，每人每月的工资大约是8.67元。在扣除由公司提供的米面和工具等费用后，大约剩下5元。根据这五年的基本必需品的价格统计，每斤小麦、食盐、麻油和白面价格分别为0.038元、0.043元、0.130元和0.058元。他们每月的工资收入，大约能维持一个家庭里三口人的生存。但民国时期物价变化频繁，就山西省而言，1929年的中原大战造成晋钞

---

① 曹慧明主编：《保晋档案》，山西人民出版社2008年版，第65页。
② 大同市地方志编纂委员会：《大同市志》，中华书局2000年版，第291页。

贬值严重，币值下跌将近200%。比如，1930年采煤工人平均日工资相较于20年代的物价，几乎缩水了186%。采煤工人工资比矿区一般工种高，也高于其他体力劳动者，由此我们也可间接判断出中国近代工业中工人的购买力还很低下。

总之，以保晋公司为代表的近代股份制煤炭企业，其经营管理的近代化主要体现在其设立了股东大会、董事会、监事会等机构，提高了其经营管理的民主化水平；员工的招聘制度从传统的荐举制转变为近代的考试制，注重考察企业员工的专业化水平，减少了外行领导内行情况的发生，管理效率有所提升；以近代工人雇佣制度代替传统的封建把头制，煤炭工人工资水平提高，生活水平有了质的飞跃。

结　语

近代山西煤炭产业对中国近代化的支撑

山西自古以来就有对煤炭开采和利用的记录，山西民众对煤炭的利用最早可以追溯到新石器时代。自汉代以后，煤炭的开采量、开采技术、运销方式以及使用范围日益广泛，从满足日常生活的基本能源需求到成为冶铁铸造重型工业的主要燃料，煤炭在中国古代传统社会始终是进行社会生产的主要能源。对晚清前后的山西而言，煤炭需求主要来自家庭、工业和出口。鸦片战争以前，山西地区开始逐渐以煤炭取代柴薪，煤炭成为当时人们日常生活的必需品，民用和手工业用煤大增。由于对煤炭的普遍使用，山西人民对煤炭的种类有了充分的认识，并对煤炭从出烟、气味、形状等方面进行了一定区别。煤炭凭借其可燃性好、耐燃性强的特点，成为人们取暖过冬的重要保障。晚清以前晋煤还被广泛应用于各类手工制造业以充当能源，如冶金、制药、酿酒、制瓷、制砂、烧砖、制石灰、制硫黄、铸钱等。

晚清前后省内居民自主获取煤炭的方式有二：一是通过城镇内煤店购买其从煤窑批购转卖的煤炭；二是通过本地小贩购买其从煤窑专门运送的煤炭。此外，政府还会赈给不同的社会阶层发放煤炭钱，以接济他们购买煤炭取暖过冬，包括鳏、寡、孤、独、私塾学子以及囚犯等或是将煤炭税用作救灾款项，以起到稳定社会的作用。

炭逐渐深入山西百姓的日常生活的同时，煤炭需求也逐步延展至其他领域。其一为节日耗用，山西地区民间出现节假日点燃炭火的风俗，依名称大致可分为两种：一种是据其外形类似宝塔或棒槌，称为"塔火"

"棒槌火";另一种则根据百姓点燃炭火,乞求兴旺的美好愿景,称为"兴旺火""旺火"。"添仓"等节日至今仍流传于山西各地,成为一种特色民俗被山西人所传承。其二为祭祀煤神的耗用,山西煤炭业祭祀的神明,因地而异,主要有女娲、窑神、太上老君、山神等。煤神崇拜反映了古代人们对大自然的非理性的认识,祭祀过程充满了迷信色彩,但是也形象地折射出煤炭业者的社会心态。窑工祈求平安,煤窑生产者和官僚们渴望趋利致富、这种祈福消灾的祭祀正是特定历史阶段下特定社会阶层的心理写照。

在晚清以前,山西地区对煤炭资源仍基本停留在依靠土法开采的阶段,传统手工采煤的方式作为当时的主流生产方式,本少利微。加之交通和商贸条件有限,难有市场,因而未成规模,基本依靠就近出售和自产自销等方式来消化产量。

晚清时期煤炭被广泛应用于冶铁业,清前期由于受交通条件的限制,在靠近煤窑处冶铁,可以大量节省运费和开采成本,便于获利,故而往往冶铁业会比较靠近煤炭产地。同时,煤炭作为高效能燃料的使用还能促进冶铁技术的改进,根据火候的不同,可以冶炼出生铁和熟铁,并根据其特性分别打制不同的工具,这些铁制工具对提高农业和手工业的生产效率起到了显著的作用。我国古代煤炭加工利用的一个重大成果是用煤炼焦,清代冶铁普遍采用的"熔铸之法",也就是焦炭冶铁。当时的炼焦工人已经能够从煤炭之中提炼获取黑矾、硫黄这类副产品,并且炼焦的用煤标准已经相当接近现代,而这种先进的冶铁技术甚至还传到了省外。对省内冶铁业而言,大部分的煤炭需求都依赖省内煤炭开采。但晚清前的冶铁业和煤炭开采业还停留在手工作业阶段,虽然在空间上有一定的集聚趋势,但因资源分布和地形地貌的限制,布局仍然相对分散。鸦片战争之后,外国资本开始逐步侵入山西冶铁业和煤矿开采业。列强一方面依靠海关特权增加其进口铁制品的数目,另一方面则直接在境内开办冶铁企业或是以货币优势垄断并控制冶铁行业。特别是甲午战争之后,煤炭资源开采方面的竞争十分激烈。直至收回矿权"保矿运动",采用机械化生产方式保晋公司的成立使山西省煤炭产业发展迅速,当地煤窑的生产规模也不断扩大,煤炭课税甚至已经成为当时最重要的地方税收来源之一。并且,煤炭产量的增长和民用需求的增加打开了晋煤的销路，当然，晚清以前晋煤外运受交通条件限制，运销数额相对有限。随着近代工业的兴起，新型煤炭开采技术的引进，以及铁路的兴建，晋煤的外销市场扩大不少，交通条件随着铁路的修建得到了巨大改善，冶炼工业的煤炭需求进一步上涨。

煤炭在山西民众的日常生活中逐渐普及，并且逐渐形成一个独立的产业——采炭业。明清时期，采炭业在前代的基础上继续发展。清朝初年，朝廷采取"重农抑商"政策，采炭业发展较慢。康雍乾时期，随着农业和手工业生产的发展的煤炭的需求量增加，朝廷对煤炭的管理逐渐放宽，煤炭产业有了较快的恢复和发展。明清时期，山西煤炭的分布和品种分类在史书上已记载不少。山西省煤炭分布之地，虽仅指出太原、大同、平定、泽州、平阳、宁武等30多个州府及县，都有石炭或生产石炭，但其面亦可谓广，自北到南均有煤炭分布，并且煤产地数量较明代有所上升。在明清时期，人们已经对煤炭有了一个大致的分类，具体的分类标准主要有三种：一是根据煤的硬度来划分；二是根据煤的来划分；三是根据煤的颜色来分。

我国古代煤炭的开采技术到明清时期趋于完善，很多技术在这一时期走在世界前列，其中有很多独创性的技术，至今在煤炭生产中依然有借鉴之处。当然，由于历史的局限性，这些方法主要还是以原始落后的手工业生产方式为主。清代煤窑大多是露天开采，也有的是沿煤层裸露处向地下打平硐或斜井取煤，往往以掘为采，工作面不大，巷道较长，有的可长达数里。直到19世纪末，山西的煤矿在勘探、凿井、采掘、排水、通风、井下和井上运输各个生产环节中，几乎全靠人力，其生产规模很小，煤窑生产时间多集中在农闲时节，开工时间通常不足半年，通常只能开采最顶层的煤，所产煤炭水分高、灰分大，不适合工业使用，并且在排水和通风方面存在严重的安全隐患，加之运输成本高、投资风险大、资金短缺、劳动力不足、市场需求少等问题，致使小型煤窑发展潜力受限。因此，清朝后期，以新法开采煤窑的呼声越发强烈了。

与宋元时期相比，明清时期中国城市手工业日趋繁荣，市镇经济日益发展，城市人口逐渐增加，商业资本呈现扩张的态势。这种趋势的延展在客观上为封建经济的进一步解体和资本主义生产关系萌芽的发展提供了条件，也有力地促进了煤炭产业的发展。清代以后，山西煤窑数量与开采规模均有所增加，开采技术不断进步，煤矿工人的分工进一步细化。管理也不断地完善，在"人伙柜"之下，还可以进一步划分为"卖店掌柜""管账先生""看炭先生"和"跑窑先生"。"把总"主要负责煤窑井下的安全设施与采煤的技术和装备，但当时山西省境内煤窑的安全设施几近于无，一旦发生水、火、瓦斯事故，即井毁人亡。煤炭的广泛开采也给山西省的经济带来了重要的影响，明清时期，吕梁地区的煤炭开采业发展较快，煤炭的开采技术不断地提高，行业内的分工越来越呈现出专业化的趋势。晋南地区的煤炭产业发展较晚，但是发展速度较快。

  古代由于技术水平的限制，煤炭的商品化程度较低。明清时期煤炭在运输和销售方面有所发展，但仍旧是小农经济社会下的原始生产模式，与西方工业化生产方式相比还有巨大的差距，这不仅制约着我国煤炭产业的发展，而且对我国近代化工业进程也形成了巨大的阻碍。民国以前，山西煤炭主要依靠马、牛等畜力运输，同时，由于煤炭的产地主要是在交通不便的山区，因此，人力运输也占有很大一部分比重。特别是晚清时期，山西的交通状况较为落后，运输效率较低。随着市场经济的发展和商品运输业务量的上升，明清时期已经出现了专门承揽各种货物运输的车行、骡马行、驼帮等运输组织，运输业已经成为一个专门的行业，从传统的运销一体的商业模式中脱离出来了。但是，运输业作为一个专门的行业还不够成熟，存在很多风险和隐患，因而并没有普遍流行起来。随着煤炭产业的发展，从顺治年间开始，政府在一定程度上开始重视煤炭的运输问题，并出台了相应的运输政策，但是环境的约束导致运输条件和运输工具无法实现彻底的革新和改善，这在很大程度上阻碍着煤炭的外运及其大规模使用。到了清中后期，在西方工业化的影响下，清政府也开始为解决煤炭运输问题实行一些建设性的方案，开始修筑铁路来解决运输问题。民国以前，山西境内没有公路，煤炭的中短途运输主要通过驿路。与之相比，民国时期山西煤炭运输的近代化主要体现在改变了之前主要依靠畜力以及人力托运为主的运输方式，转而以铁路、新式公路和轻便铁轨为主要的运输方式。这些近代交通工具的广泛使用，大大提高了山西煤炭外运的能力和效率，极大地提升了山西煤炭开采的产量，晋煤外运从此真正开始。但由于当时种种政治、经济和社会原因，新式运输工具产生的运输成本也起伏不定，这在很大程度上影响了山西省煤炭产业运输的近代化水平。

在煤炭销售方面，明清时期，规模较小的煤窑，一般会直接出售煤炭，或由买主到窑购买，或派人挑运到市场销售。随着销售的发展，出现了牙侩、牙行，以及大批的店铺。但由于交通不畅，山西煤炭的销售主要是以本地销售为主，在交通相对便利，尤其是水运交通畅通的地方，煤炭的行销范围相对较广，批发和零售两种销售形式均存在。资本与实力较为雄厚的商人，会选择在市镇或者交通枢纽开设专营的煤店，从煤窑直接批发煤炭进行销售；而资本与实力较为薄弱的小商人则会直接到煤窑从事小本贩运，还有的采煤户将其开采的煤炭用肩挑或车拉的方式运到市镇销售或者批发给煤店，并且由于后一种方式所需要的资本较少，故较为普遍。在煤炭交易的过程中，还出现了许多活跃在煤炭交易市场中参与煤炭交易的炭牙。另外，虽然清代煤炭产业取得了一定的进展，然而仍然有很多因素对其发展产生了严重的阻碍，比如落后的煤炭生产技术、交通运输方式的阻碍，以及生产经营方式的守旧，还有古代社会思想观念的制约。

明清时期，矿冶业主要分为官营和民营两种，而总的发展趋势是官营手工业不断衰落，民营手工业发展迅速。当时统治者的矿业政策大体来说主要有两种倾向，即鼓励开采与封禁。康熙中叶以后，清政府逐渐放松矿禁政策，这大大鼓励了招商采煤，促使山西省开办煤窑的数量增加。为了保证矿业税收掌握在政府手里，清朝在对煤炭产业的管理上，建立了采煤执照制度，配套以相关的立法、税收管理，这既方便了封建官府对煤窑的控制与管理，也减少了因乱开乱挖所发生的争讼斗殴事件，这是我国矿业法规的雏形，也是我国在矿业管理上的一大进步。在开矿方面则继续推行"招商承办"制度，以调动煤商的积极性，掀起了开办煤矿的高潮，商办煤窑数量增加，煤炭成为商品经济的重要组成部分。山西地区煤窑出现了资本主义生产关系萌芽，商人和地主开始兴办煤窑，煤窑生产关系中出现了雇佣关系，但是这种微弱的资本主义萌芽在技术、设备、资金及封建主义的压迫和摧残等限制因素下并没有发展壮大起来。随着山西省煤炭资源开采范围的扩大，社会的需求量也越发庞大，煤炭的交易活动越来越频繁，销售市场也不断扩大，专门进行煤炭交易的炭市出现。

民国以前，山西煤炭的经营管理类型有三种："一字号""堂主制"和"人伙柜"，清朝中期以后，以第三种经营管理方式在山西地区最为普遍。而煤窑的经营方式依其资金来源同样可分为三种：官窑、军窑、民窑。但这种传统体制下的企业，仍然存在许多先天性的缺陷。相比之下，同一时期的西欧已经发展出成熟的公司制度和股票市场，企业经营与资本运营分道扬镳。清末洋务运动兴起之后，随着西风东渐，以及山西省炭需求的变化所引起的煤炭开采技术、运输方式、运销范围及用途等方面的明显进步，山西省境内的传统采炭业完成了向煤炭产业的转化。以保晋公司为代表的近代煤炭企业在煤炭产业的企业资本运作方面，受西方股份制思想传播的影响，广泛采取股份制的融资方式，投资者从传统的以商人为主，逐渐转变为政府、官僚、商人、地主均投身于煤炭产业的趋势发展。

民国时期山西省的煤炭销售市场主要分为省内市场、省外市场和世界市场，山西省煤炭产业由于种种原因不得已较多地局限于省内狭小的市场空间，在省外形成了与其他煤矿重在成本和价格方面的竞争，在世界煤炭市场上的出口量更是占据很小的份额。我们通过这三个市场具体分析了民国时期煤炭需求的进一步变化以及对山西省输出煤炭的可能影响和山西煤炭销售对需求变化的实际支持力度。其中，省内需求具有稳定性、分散性和主导性。当时山西省内用煤，仍以生活用煤为主，尤其表现在传统农村家庭生活和农业、手工业生产过程中的煤炭需求方面，这种市场没有更大的发展希望。一家一户为一个生产单位的组织形式导致传统农村家庭都市化程度不高，人口比较稳定，而且煤的使用已经达到了相当高的水平，这使山西省的家庭用煤市场的扩展潜力相当有限。而各县一些炼焦炭、烧石灰、烧磺、炼铁、造酒和制造面粉等工业，都产生了对煤炭较为稳定的需求。加之现代工业又非常微弱，这些情形大大限制了晋煤的省内需求。

购买力不足是山西煤炭省内需求不大的一个直接原因。清代山西就有用票号的票据兑换制钱、充当一部分货币角色的现象。民国初年，山西票号损失严重，人们日常使用的制钱的信用受到了打击，再加上时局不稳，制钱贬值很快，山西省的一般商业受到了严重的打击，这让许多山西人收入减少，影响了人们的购买力。而频繁的战乱，以及烟土、金丹等毒品的长期泛滥，致使大量农家破产，这进一步导致了农村市场的萧条，民国时期山西农村工业用煤的潜力已经不复存在了。货币贬值以后，物价上涨，人们购买商品就越来越困难，同时煤窑主获取的利润也会相应地贬值，这对于煤炭市场和煤窑投资都是不小的打击。

除此之外，当时山西省的工业用煤虽然随着新型工业、交通运输业的出现，省政府对工业建设的规划和引导，以及其自身资本的不断积累而在一定程度上扩大了需求，但也并不理想。阎锡山执政的1914年到1930年这十余年是近代机械工业发展的黄金时期，机械工业为军事服务的目的更为强烈，工厂不断积累资金、变更组织、改革制度、增添设备，经济效益大大增强。除阎锡山官办的机械工业外，当时山西省内还有不少独资或合资的私人机械工厂，但是民族资本创办的机械工业在规模上和资金上与官营相比都较小。在这些近代企业中，电力在山西省的使用使山西省近代工业明显区别于传统工业，随后面粉、制铁等其他类型的近代工业也有所发展。

铁路通行后，煤炭的销售对象也有所改变。铁路通行前，煤炭主要是供家庭及炼铁业做燃料。随着铁路的铺设运营，铁路、机器工业用煤为煤炭产业开辟了新的市场。铁路与沿线煤炭产业的发展是互相促进的，铁路本身所需的是耗煤大户。铁路机车和铁路后勤所需的大量煤炭都是由沿线各大煤矿提供的。另外，近代煤矿大量使用新兴机器进行生产，本身用煤量也颇大。但山西省内的近代工业煤炭需求只是在20世纪30年代中期得到发展，并且在与本省雄厚的煤炭资源禀赋相较之下显得不值一提。

正因为山西省内的煤炭市场较小，所以山西省煤炭产业非常需要扩展省外市场。省外需求具有相对的竞争性，客观上讲，得益于工矿、交通业的发展，民国形成了广阔的全国煤炭消费市场，这一时期全国工业发达地区对煤炭需求量出现了较大幅度的增长。从全国的煤炭需求结构分析，虽然家庭生活消费仍然占据绝对比重，但是工矿及交通运输业的用煤比例从民国初年到30年代逐渐上升，这反映出现代工业（包括运输业）作为最重要的国内需求的确促进了煤炭行业的销售。从全国范围的地区煤炭需求结构来分析，沿海地区工业分布较为集中但煤炭储量少，现代工业对外省煤炭需求的增长主要来自沿海地区。工业较为发达的华北和以重型工业为主的东北，属于富煤地区，甚至有充足的余煤用于销售。基于以上分析，煤炭的省外需求旺盛，具有广阔的市场空间。但是山西省煤炭产业的发展与此很不相称，抗战前其年产量不及全国总产量的1/10。除阳泉煤炭销售外省外，全省出产的大部分煤炭都是本省自用。

出口需求往往易受世界政治经济、环境的影响，特别是在近代中国长期作为西方资本主义国家的原料掠夺和商品倾销市场的这一背景下。民国时期的煤炭出口需求变化大致可以分为两段：一是从第一次世界大战后到20世纪30年代，世界主要资本主义国家进入经济恢复和建设期，在国际煤炭市场上对煤炭需求旺盛，中国煤炭需求处于出超状态，而山西煤炭在这一时期，这时不仅第一次走出国门，而且由于其优良的品质得到国外煤炭市场的认可而出现了出口增长的趋势。在进入40年代后，由于抗战爆发，日本人逐渐控制了中国内陆的重要煤矿来发展其战时军事经济，煤炭出口量激增，主要被出口到日本。山西阳泉、西山、大同地区的矿藏也被大量开采运往日本和东北地区，只有少量销售于平津一带和山西境内。然而，除抗战时期山西煤矿因日本人的掠夺式开发而出现出口激增外，第一次世界大战后正常的煤炭出口需求并没有使山西省优质煤炭在全国煤炭出口比例中占据优势地位，这是由内外因共同作用导致的。由于中国北方连年战乱，导致铁路运输受阻，另外山西煤炭还遭受着高昂的运费、沉重的捐税负担，这严重限制了山西煤炭的出口和外销，这是内因；由于当时中国的关税服务于政治的需要，使法国控制下的越南煤和日本生产的煤炭大肆在中国倾销，占领了中国国内的大量市场，晋煤出口需求始终受国际政治、经济环境影响的变化与挑战，这是外因。

民国时期山西煤炭运输改以铁路、新式公路和轻便铁轨为主，山西省的道路交通在政府的统一规划和集中建设下取得了长足的发展，华北地区出现的相对完整的铁路运输系统，更是大大便利了煤炭的外运。正太铁路的全线通车对沿线物资的外运和销售发挥了重要作用，修筑至阳泉之后，山西省煤业界即积极准备晋煤的外销活动，晋煤外运也从此真正开始了。但当时山西省的公路状况和运输工具却较为落后，省内的主要道路仍然处于清末驿道的水平，时常发生事故，这也给山西省造成了不小的经济损失。直至20世纪20年代山西兴起了修筑公路的高潮，才有力地促进了山西省内外的煤炭运输。民国时期山西省的公路干线在布局上，均以省会太原为中心，向周边辐射至全省的各个交通隘口。

近代化的交通运输方式为交通线沿路的煤矿输出煤炭提供了便利，各矿内部也相继建立了运煤的轻便铁轨，刺激了煤炭运输量的增长，为规模化经营煤炭产业提供了可能性。但是汽车与铁路的出现及其广泛应用，只是从表面上宣告了近代交通工具的诞生，要完全取代传统的运输工具，需要一个漫长的过程。实际上，山西省内传统的运输工具直到20世纪80年代才逐渐消亡。民国时期，汽车与铁路相对于传统的运输工具，并不占优势。加之煤炭运价过高、山西省道路交通布局不合理以及战争期间对交通线的占领和破坏直接或者间接地提高了煤炭运输成本，这在当时山西省煤炭产业近代化程度不断提高，煤炭产量节节攀升的情况下，已经成为近代化程度不断提高的山西省煤炭产业发展的最大"瓶颈"之一，并且直接削弱了山西煤炭在国内外煤炭市场上的竞争力，直接导致煤炭销售困难，使丰富的山西煤炭资源不能有效地满足近代工业生产对煤炭日益增长的需求。对外输出量与山西省作为煤炭资源大省的客观实际不相符合，对外输出量不足直接影响到煤炭企业的盈利水平和扩大再生产能力，这不利于企业积累生产性资金扩大再生产，影响了技术改造和规模化经营，间接地导致山西省煤炭生产以规模化经营方式的供给能力相对不足，分散的、小规模的土法生产足以在市场竞争中抵抗机械化生产技术的冲击。此外，运输条件的落后和运输成本过高也是导致山西省煤炭产业近代化发展二元特征的基本原因之一。

民国时期，山西煤炭在销售市场和销售方式方面也出现了若干近代化的特征，突出表现在山西煤炭借助铁路和轮船将销售范围扩大到海内外各市场上。与以往主要以本地民用和解决部分就近工矿业煤炭需求的格局不同，这一时期随着开采技术的提升和交通运输业的发展，煤炭的行销范围大大拓宽，同时通过博览会等展销方式，大大提升了山西煤炭的业内知名度。煤炭大量开采和运销也使在铁路沿线城市形成了一个备受瞩目的煤炭产业。为了应对日益激烈的竞争和减少晋煤外运的成本，大型煤炭企业采用了新型的销售方式。它们往往凭借雄厚的资本实力和对运输销售环节的垄断，强行制定的各煤炭企业销售配额甚至是土法小煤窑的销售份额。这就是山西省当局和省内煤炭企业制定的联合销售、分产合销的销售策略。一方面分产合销的销售方式表明煤炭产量的增加导致竞争日趋激烈，另一方面股份制专业销售公司的成立便利了煤炭的销售，提高了山西省煤炭产业的竞争力，在中国内地甚至远达海外的销售也进一步刺激了山西省煤炭开采的产量。但由于当时种种政治、经济和社会原因，新式运输工具产生的运输成本也起伏不定，这在很大程度上影响了山西省煤炭产业运输的近代化水平。

山西煤炭开采技术的近代化主要是在洋务运动之后由西方引进中国的。煤炭产业的近代化采掘技术在民国时期得到了进一步的应用和发展，这主要表现在大型煤炭企业中，文章以保晋公司为例具体介绍的企业内部应用机械化采掘技术的情况，涉及保晋各矿在选择近代化采掘技术的历程，以及相关的耗材、机器和其他成本。与之前的山西煤炭开采相比，民国时期随着机械化采掘方式的发展，山西省煤炭产业在地质勘探、坑道采掘、排水通风、电力照明、坑道运煤、采煤方式以及安全保障等方面均取得极大的进展。在发展的过程中不同程度地采用新式生产方式，尤其是各类机床的使用以及电力的广泛运用，极大地提高了山西省煤炭产业的发展水平，大大提升了煤炭开采的效率。同时，伴随着开采近代化程度的不断深入，煤炭企业在勘探开采的过程中培养了大量技术工人。以上因素通过积极的示范效应，发挥了较大的正外部性，促进了山西省工业的近代化。

但是，传统的土法采煤并没有销声匿迹，反而在市场需求的影响下持续表现出活力。我们以临汾地区、大同地区、晋东南地区以及晋西北地区为例介绍了土法采掘技术的概况。

土法生产其实是有其深厚的社会经济基础的，传统的农村煤炭消费在较为落后的地区占据了能源消费的主导地位，从根本上来说，这反映出中国传统小农经济模式的特色，交通运输方面的落后状况在一定程度上也是其衍生的问题。因此，民国时期山西省煤炭产业的工业化呈现明显的二元结构特征并延续了下来，即使是在近代化的煤炭采掘方式——大机器化生产出现的情况下，传统的中小型土窑仍大量存在。这种二元结构具有长期的延续性、竞争性和互补性三大特征。而这种二元结构的延续主要是指未能从二元转向一元，即全部机械化生产，煤炭产业从传统土窑向大机器生产转化艰难。而山西地区小农经济背景下的消费结构、交通运输水平和煤炭开采技术近代化水平的相互交织对此有深远影响，这从根本上反映的是中国传统农业经济生产方式对近代化的阻碍和抵抗。

更深一步来看，山西省煤炭产业化的二元性质实质是中国近代以来农业、农村文明向工业、城市文明曲折转型的缩影，根深蒂固的小农经济模式成为山西煤炭产业走向近代化乃至整个中国经济迈向现代化的最大障碍。中小型煤窑模式的延续实质上是传统小农生产模式的延续，尤其适应经济相对落后的地区。资源的丰富使运输成本、不利的开采条件不足以成为土法煤窑遍地开花的障碍，收入增长的追求使以（农村）家庭为单位开矿采煤并选择传统运输手段，成为理性选择。而无论商业还是手工业的繁荣，都是传统农村家庭的理性选择，在世界市场、国内市场扩展，外国工厂、机器、技术不断被引进的近代社会中，所有变革的获利因素都被传统家庭生产方式与劳动力利用模式所包围、运用以至异化，具体到煤炭生产，就是造成了中小型煤窑的延续及其与大机器采掘相对峙的煤炭产业的二元性质。

近代中国企业主要是效仿西方企业的组织管理模式。民国时期出现的新兴煤炭企业就是按照近代企业的模式运行的，采用机器化生产更是区别于传统煤窑，而股份制作为一种资本的组织和管理方式，其资金的运转和变化时刻反映着企业的发展。山西煤炭企业股权结构的变化与资本运作，主要是煤炭企业用近代新式生产方式代替传统的生产方式，用近代新式制度代替传统落后的旧制度的过程，以及这一过程中所体现出的人的意识形态发生的相关变化。

尽管民国时期山西的煤炭企业呈现出许多近代化的特征，但民国以前，几乎没有资本运作和股份公司。此时矿冶业主要有官营和民营两种类型，总的发展趋势是官营逐渐衰落，民营发展迅速。产生这种趋势的原因主要是统治者逐渐认识到诸如煤炭一类的矿产资源与小民的日常生活密切相关，同时官窑的效率低下和滋生的贪污腐败也不利于矿业的发展。其中，民营煤窑多是作为农业的一种副业而为之，从生产的组织形式来讲，只是简单的合作关系，不存在雇佣、被雇佣的经济强制关系，与商业无关。相应地，不同组织形式的煤窑筹措资本的方式也有不同，总的来说有两种：多人出资形式和个人出资形式，资金主要来源于财力雄厚的大商人以及少量的官办资本，而民间筹资特别是农村筹集资金，几乎可以忽略不计。

由于煤窑的开凿周期长，且需要投入大量的资金，同时还具有一定的风险性。在传统技术条件下，会有许多不可知、难以解决的意外情况发生。再加上资源型重工业对资金的依赖程度是相当高的，源源不断的资金供给对资源型重工业的长期发展是不可或缺的。直至晚清前后，资金困难的问题，仍然是阻碍山西煤炭企业发展的重要因素。为了筹措到大量资金，规避风险，煤炭业采用股票融资的形式是大势所趋，也是煤炭业进一步发展的必要条件。而煤炭业作为资源性行业，其对资金的高要求，普通的资金借贷难以满足，势必会要求于金融机构和新的融资方式。但是近代中国金融的发展与渗透进程是不平衡的，新式金融机构和各种金融工具主要集中在通商口岸与大型城市。煤矿矿区主要位于中国的广大乡村。当时，乡村主要是实物借贷，私人尤其是有血缘关系的亲人之间的融资状况较为广泛，金融工具的不发达，导致高利贷在广大农村较为普遍，煤炭业资金来源也以民间借贷为主。

另外，清末民国时期山西农村金融发展的基本特点为：农村借贷的机构化程度偏低，且分布不平衡，各县甚至一县一村中的金融发展状况都是非常不同的；近代化的新式金融机构在广大乡村没有得到推广；农民的借贷利率总体而言是较高的，同时由于借贷的期限较短，无法满足农民为了开发煤矿而需要的贷款；山西农村地区各种各样的高利贷较为普遍。这些情况说明，晚清民国时期山西乡村的金融环境还不能支撑广大乡村正常的资本积累和技术进步，还不能满足山西广大乡村经济的近代化所需的资金需求。直至晚清民国时期，乡村地区借贷的机构化程度依旧较低。故而山西近代煤炭企业通过这种方式能贷得的金额小，风险大，机构化程度低，直接影响了煤炭企业的投资，是制约煤炭业近代化进程的一个重要因素。

基于煤炭企业的资源性特征以及西方股份制思想在中国的广泛传播，近代山西的煤炭企业广泛采取了股份制的融资方式。其投资者从以传统商人为主，逐渐转变为政府、官僚、普通民众合股创立。具体来说，民国时期山西煤炭企业股权结构主要有四部分内容：工人工资折作股份、民间募股、官方资本和民间多人合资。事实证明，股票融资相比其他筹资方式，优势明显，尽管在当时股票融资遇到了一些困难。但从股份合作的角度分析可以发现,这一时期所产生的契约并没有明确合同双方管理权利的边界,并且在当时的股权合作模式之中,出包人有更大的主动权,对整个煤窑的发展有较为明显的掌控力度。因此,民国时期近代化煤炭企业虽然在生产规模、生产手段、管理经营上都有了长足的发展,但很多地方仍然保留着中国传统的管理经营模式,而这些落后的经营管理模式,都不利于资本的集聚和煤矿的科学合理的生产,更不利于煤窑扩大规模和生产设备的更新。

民国时期,山西煤炭企业资本运作方式的近代化进程明显加速,其绩效也相对良好。山西"保矿运动"的发生也能够从侧面反映出这一时期,山西煤炭企业已经出现了股权投资的近代企业资本运作方式,在一定程度上也映射出了山西经济近代化的逐步转型。一些新式的煤炭企业不仅发行股票,成立了股东大会,还有董事会用来负责公司的经营管理,监事会用来监督公司的各级管理人员是否营私舞弊。

这一时期煤炭的昂贵的运输价格是制约其销售的重要因素。民国初年出台了一系列关于矿业的相关法律来征收煤炭税,政府为了实现煤炭企业的整合,减少小煤窑数量,实现煤矿企业的统一管理。大多数情况下矿产税的征收主要是按照煤窑的产量采取一种"包税"的方式,煤窑产量则是根据运煤工具来估算和征收。煤炭产量主要通过煤窑运输工具来进行征收,一般依靠车辆、牲畜和人力运送,根据地形的特点选择不同的运输方式,因此煤炭税的征收也多根据运输工具所能承载的重量不同来进行估算。根据煤炭运输来进行收税的方式,对于煤矿企业来讲一定程度上减小了其资本运营的压力,对于囤积滞留的煤炭无须缴纳煤税,减少了企业资金投入成本,同时降低了企业运营风险。也有部分地区的煤税征收是按照煤炭的产量来进行的,收税对象也主要是运销的煤炭,还有部分地区是不征收煤炭税的。民国时期煤炭的税收虽然已经有了明确的规定,但由于客观条件的限制,在征收过程中无法与规定完全一致,而且煤炭税征收的具体情况各地不一致,因此尚未实现规范化、制度化。煤炭企业的税收负担与其资本循环有密切关联,不同性质的企业税收征收方式和征收金额不同,民族资本企业这一时期的税收负担与官僚资本企业和外国资本企业并不一致。保晋公司、中兴公司、开滦公司分别是民国时期民族资本、官僚资本和外国资本控股经营的企业,通过对其进行比较可以发现，民族资本企业所担负的运费成本和税捐成本高昂，导致其竞争力极低，而且严重影响到其正常的生产经营和资本运作。

进入近代社会，企业是市场活动的重要主体之一，人力资源则是企业的核心，近代化的人力资源管理模式要达到的是企业利益和员工权益的"双赢"效果。清代的煤窑组织形式是研究前近代山西煤炭产业人力资源管理模式的主要对象，在清末发生的变化一方面是民族资本投入成本小见效快的煤窑，使煤窑的资本主义经营管理特征更加明显；另一方面就是出现像保晋公司这样的近代股份制公司，成为山西省境内人力资源管理模式近代化水平最高的代表之一。特别是就煤炭工人而言，明清时期，山西煤炭资源丰富，随着煤窑数量越来越多，很多贫民无力购置牲畜驼煤贩卖，而充工役以谋生。因此山西煤窑均系雇工经营，煤窑工人绝大部分是煤窑附近地区无地或者少地的贫苦农民，因而当时煤窑工人的招募呈现一定的资本主义雇佣关系。煤窑工人基本没接受过职业教育，是在劳动过程中向老工人学习相关技能。在这样"传帮带"的教育中，包含着一代代煤窑工人的创新，这也是煤窑技术进步的一种途径。并且由于开采技术不断进步，因此煤矿工人的管理也不断地完善。

山西煤窑的经营管理绩效从人力资源管理水平上说，就是各主体之间的利益分配关系和与之相关的煤窑整体经营状况，因为人力资源管理的最优状态是人力资源配置合理情况下的企业利润最大化和个体利益分配最优化。从管理规范上分析，民国以前的煤窑中已经形成了从窑主到工人中间包括窑头、把头等中间管理层的这一层级明确管理的机制。但这种机制也存在很多问题，由于缺乏科学管理模式，导致工人劳动效率很低，安全保障很差，煤矿事故频发，这样的生产状态极不利于改进生产工具和新技术的引进。虽然政府也进行了一些有意识的整顿，但收效甚微。

清末，山西煤矿业的发展衍生出了一个新的阶层，即新兴矿主阶层，他们与之前的矿主不同，大多具有雄厚的经济实力或是强有力的政治话语权，开采规模更大，设备更加先进，且大多出身于官僚、军人、士绅以及著名的晋商等，煤窑其内部的组织管理也渐趋规范化，以追求利润为目的，商业性很强。另外，清末山西人民对于开矿的态度变化和矿主社会地位的提高也能反映出清末政府政策和民族资本实力增强对煤炭企业实现近代化的合力作用。因而新兴的矿主集团逐渐发展壮大，对近代山西煤炭产业经营管理模式产生重大的影响。通过统计研究，民国时期山西省仍以中小煤窑作为主导的组织经营模式长期存在，但与民国以前又有所不同，主要表现在两方面：各主体之间的利益分配更加合理明确以及管理层的管理水平和煤炭工人生存状态改进。

近代中国煤矿的诞生，是以引进西方先进的采煤技术设备为主要标志的。山西的近代煤矿业是从近代煤矿发展的第二阶段（1895—1936）才起步的。山西省真正意义上的近代企业建立时间要比东南沿海地区晚，但呈现出自己独特的二元化特征发展模式：传统的家庭手工业和手工作坊式的工业占据较大比重，而资源禀赋优势和强大的政府干预使得重工业领域近代化程度较为明显且发展较快，煤炭行业作为山西省的重要产业也不例外。伴随着清末振兴实业的运动和山西、四川发生的保矿保路运动，一个民办的保晋公司成立，成为民国前期山西省工业近代化的代表，而以保晋公司为例，其经营管理的近代化主要体现在设立了股东大会、董事会、监事会等机构，用来规范企业的经营管理。

保晋公司的制度设计较为先进，权利与责任的边界较为清晰。学习西方的股份有限公司广泛筹集社会资本创办企业的经验，在公司内部设立了主权机构、领导机构、执行机构，区分了各个机构的权利、责任、义务，以董事会领导下的经理负责制作为管理制度。在企业员工的招聘方面，山西新式的煤炭企业逐渐从传统的荐举制转变为近代的考试制，这有效地提高了企业员工的专业化水平，减少了"外行领导内行"的发生，提高了经营管理的效率。由推荐制到考试录用制，是保晋公司在人事制度方面的一大进步。当然，这并不意味着保晋公司从根本上杜绝了请托的现象。此外，民国时期，山西煤炭企业的专门人才逐渐增加，管理方式逐渐向近代化的方向进行。保晋公司较为注重矿业专门人才的运用，故此，保晋公司员工的知识结构不断发生变化，矿业专门人才逐渐增加，具有大学本科及以上学历的员工数量也在逐渐增加。

保晋公司的工人大多是破产农民和手工业者，大概可分为采煤、运输、司机、提水、杂工五种。在对煤矿工人的管理方面，由传统的封建把头制转变为近代的工人制度，减轻了煤矿工人的负担，提高了煤矿工人的生活水平等。另外，以简单分工、手工劳作为开采方式，在工人组织管理上具有一定的传统人身依附的雇佣关系的中小煤窑从清代时期延续到了民国时期，生产生活环境均较为恶劣，而且由于窑主、把头的粗暴管理和压榨，雇佣工人生活水平极为低下，种种不公平的待遇更使他们被迫奋起反抗，在清代各种争讼案件频发，在一定程度上不利于煤炭的生产活动。由于开采成本和劳动力成本低廉，煤窑往往获利颇厚但效率较为低下。与土法煤矿的生产招工方式不同，保晋公司的新式招工管理方法，满足了对劳动力的需求和劳动价值的充分发挥，还有助于生产安全、顺利地进行。进入民国，煤窑这种经营形式的数量和规模扩大，而且内部分工也更为明确细化，资本主义式的雇佣关系尤其在中型煤窑得到进一步发展。

总而言之，中国传统社会自19世纪后期开始了由传统农业文明向近代工业文明转型的近代化进程。煤炭作为山西地区主要的能源禀赋，在中国近代化进程开始之初，近代生产方式就已经在煤炭产业开始普及。洋务运动时期，中国出现的以保晋公司为代表的新式煤炭企业无论是在煤炭生产，还是在煤炭企业管理等方面，其近代化的程度均已大幅度提高。但由于交通不便等原因，此时山西省包括煤炭在内的众多行业的近代化程度并没有明显的提高。

至民国时期，山西省煤炭产业近代化进程大大加速，很多地区出现能够使用机器生产和蒸汽动力的近代工业企业，各类机床的使用以及电力的广泛运用，极大地提高了山西省煤炭产业的发展水平。特别是在煤炭运销等方面，这一时期以大量现代化交通手段（铁路、新式公路和轻便铁轨等）取代了传统的运输方式（畜力以及人员手工托运），这从根本上提高了山西煤炭外运的能力和效率，晋煤外运从此真正开始。但受制于当时社会背景，新式运输工具产生的运输成本起伏不定，导致了山西省煤炭产业运输的近代化的不彻底性。这种情况直接导致战争对山西省煤炭产业发展产生了前所未有的巨大打击，市场的急剧缩小和过高的税收使中原大战之后，山西省煤炭产业再也不能恢复原有的发展态势。

股份制这一组织形式的出现是山西省煤炭产业近代化的另一个突出表现。集股使山西省的煤炭企业能够在较短的时间内以较低的投资风险积累较多的资金，在企业的融资、经营、监管等方面也取得了良好的效果。并且以政府、官僚、商人、地主为主要群体的投资者更有利于企业的生存，这也是一种对近代资本运作的有益探索。值得一提的是，当时山西新式的煤炭企业已经采用了西方的新式招工方法，员工选聘也逐渐从传统的荐举制转变为近代的考试制。

山西省煤炭产业的近代化是中国煤炭产业近代化的重要一环，煤炭产业作为一种能源产业，对近代中国经济的发展能够产生巨大的带动作用，能够有力支撑其他产业的发展，为之后的能源革命和动力革命奠定了坚实的基础。与之前的山西煤炭开采相比，近代，特别是民国时期山西省煤炭产业在发展的过程中采用的新式生产方式、培养的大量技术工人，不仅大大提升了煤炭开采的效率，同时这种积极的示范效应也发挥出一定的正外部性，客观上促进了山西工业的近代化。另外，山西省煤炭产业的二元性实质是中国近代以来农业、农村文明向工业、城市文明曲折转型的缩影，根深蒂固的小农经济模式成为山西省煤炭产业走向近代化，甚至整个中国经济迈向现代化的最大障碍。这种在中国煤炭产业近代化过程中反映出的生产力和生产关系的转变可能在对中国近代化过程的研究中同样适用。

参考文献

一 史料类

曹慧明主编:《保晋档案》,山西人民出版社2008年版。

(明)李东阳等著,申时行等重修:《大明会典》,广陵书社2007年版。

(明)王折:《续文献通考》,商务印书馆1936年版。

南京中国第二历史档案馆藏民国政府资源委员会档案,全宗号二八,案卷号417。

(清)顾炎武著,黄坤点校:《天下郡国利病书》,上海古籍出版社2012年版。

(清)光绪:《大清会典事例》,清光绪二十五年(1899)石印本。

《清实录》,中华书局1986年版。

山西同乡会务所编辑:《山西矿务档案》,山西晋新书社1907年版。

(宋)李焘著,上海师范大学古籍整理研究所、华东师范大学古籍整理研究所点校:《续资治通鉴长编》,中华书局1993年版。

(元)脱脱撰:《宋史》,中华书局2000年版。

1. 正史、政书、档案

"中研院"历史语言研究所校印:《明实录》,上海书店出版社1984年版。

资源委员会档案,全宗号二八(2),案卷号90。

2. 方志

樊宝珠总纂,宋培贤主编,山西省史志研究院编:《山西通志·科学技术志》,中华书局1994年版。

李志斌:《山阴县志》,中国华侨出版社1988年版。

梁志祥、侯文正总纂,张晓瑜主编:《山西通志》,中华书局1999年版。

(民国)吉延彦编纂:《翼城县志》,民国十八年(1929)铅印本。

（民国）孔兆熊修，阴国垣纂：《沁源县志》，民国二十二年（1922）刊本。

（民国）廖飞鹏：《房山县志》，民国十七年（1928）铅印本。

（民国）刘玉玑：《临汾县志》，民国二十二年（1933）铅印本。

（民国）马继桢：《翼城县志》，民国十八年（1929）铅印本。

（民国）徐昭俭：《新绛县志》，民国十八年（1929）刊本。

（民国）张敬颢修，常麟书纂：《榆次县志》，民国三十一年（1912）铅印本。

（民国）赵祖抃：《乡宁县志》，民国六年（1917）刻本。

（民国）赵祖抃修，吴庚纂：《乡宁县志》，民国六年（1912）刻本。

（明）胡谧、李侃等：成化《山西通志》，山西省史志研究院1998年版。

平定县志编纂委员会编：《平定县志》，社会科学文献出版社1992年版。

（清）曹宪修，周桐轩纂：光绪《汾西县志》，（清）光绪八年（1882）刻本。

（清）崔允昭修，李培谦纂：道光《直隶霍州志》，（清）道光六年（1826）刻本。

（清）戴梦熊修，李方荽纂：康熙《阳曲县志》，（清）康熙二十一年（1682）刻本。

（清）邓必安修，邓常纂：乾隆《孝义县志》，（清）乾隆三十五年（1770）刻本。

（清）傅德宜修，戴纯纂：乾隆《高平县志》，（清）乾隆三十九年（1774）刻本。

（清）富申修，田士麟纂：乾隆《博山县志》，（清）乾隆十八年（1753）刻本。

（清）葛清纂修：乾隆《乡宁县志》，（清）乾隆四十九年（1735）刻本。

（清）葛士达纂：光绪《平定县志补》，（清）光绪十八年（1891）刻本。

（清）何才价修，杨笃纂：光绪《繁峙县志》，（清）光绪七年（1881）刻本。

（清）金明源等：光绪《平定州志》，（清）光绪八年（1882）刻本。

（清）金明源修，窦忻、张佩方纂：乾隆《平定州志》，（清）乾隆五十五年（1790）刻本。

（清）觉罗石麟修，储大文纂：雍正《山西通志》，（清）光绪八年（1881）刻本。

（清）赖昌期修，潭沄纂：同治《阳城县志》，（清）同治十三年（1874）刻本。

（清）黎中辅纂修：道光《大同县志》，（清）道光十年（1830）刻本。

（清）李炳彦修，梁棲鸾纂：道光《太平县志》，（清）道光五年（1825）刻本。

（清）李长华修，姜利仁纂：光绪《怀仁县新志》，（清）光绪三十一年（1905）增修续刻本。

（清）李培谦：道光《阳曲县志》，（清）道光二十三年（1843）修民国二十一年重印本。

（清）李培谦、华典修，阎土骧、郑起昌纂：道光《阳曲县志》，（清）道光二十三年（1843）刻本。

（清）李翼圣原本，余卜颐增修：光绪《左云县志》，民国间石印本，左云县县志编纂办公室翻印1992年版。

（清）刘大鹏纂：《晋祠志》，山西人民出版社2003年版。

（清）马家鼎修，张嘉言纂：光绪《寿阳县志》，（清）光绪八年（1882）刻本。

（清）梅延谟修，俎夏鼎纂：雍正《续静乐县志》，民国三十四年（1945）抄本。

（清）茹金修，申瑶纂：道光《壶关县志》，（清）道光十四年（1834）刻本。

（清）王克昌修，段梦高、王秉韬纂：乾隆《保德州志》，（清）乾隆五十年（1785）据清康熙四十九年刻本增刻本。

（清）王时炯修，牛翰垣、王会隆纂：雍正《定襄县志》，（清）雍正五年（1727）据清康熙五十一年刻本增刻本。

（清）王志灏修，黄尊臣纂：嘉庆《灵石县志》，（清）嘉庆二十二年（1817）刻本。

（清）吴辅宏修，文光纂：乾隆《大同府志》（清）乾隆四十七年（1782）刻本。

（清）徐品山修，陆元鏸纂：嘉庆《介休县志》，（清）嘉庆二十四年

（1819）刻本。

（清）徐三俊修，葛附凤纂：雍正《辽州志》，（清）雍正十一年（1733）刻本。

（清）杨笃纂修：《长治县志》，（清）光绪二十年（1894）刻本。

（清）杨廷亮纂修：道光《赵城县志》，（清）道光七年（1827）刻本。

（清）叶士宽修，姚学瑛续修：乾隆《沁州志》，（清）乾隆三十六年（1771）增补雍正九年刻本。

（清）曾国荃、张基修：光绪《山西通志》，中华书局1990年版。

（清）张淑渠修，姚学甲纂：乾隆《潞安府志》，（清）乾隆三十五年（1770）刻本。

（清）赵冠卿修，龙朝言、潘肯堂纂：光绪《续修崞县志》，（清）光绪八年（1881）刻本。

（清）郑立功等纂修：《文水县志》，（清）康熙十二年（1673）刻本。

（清）朱樟修，田嘉榖纂：雍正《泽州府志》，（清）雍正十三年（1735）刻本。

（清）朱樟纂修：《泽州府志》，山西古籍出版社2001年版。

山西省史志研究院编：《山西旧志二种》，中华书局2006年版。

山西省史志研究院编：《山西通志》，中华书局2001年版。

阳城县志编纂委员会：《阳城县志》，海潮出版社1994年版。

阳泉市地方志编纂委员会编：《阳泉市志》，当代中国出版社1998年版。

3. 文集、笔记小说、调查报告

《地质汇报》第三号，1921年。

耿步蟾：《山西矿产调查化验成绩报告书》，山西大学图书馆藏1916年版。

国民政府实业部档案，全宗号：四二二（5），案卷号：63。

何汉威：《京汉铁路初期史略》，香港中文大学出版社1979年版。

侯德封：《中国矿业纪要》第三次，国立北平研究院地质学研究所出版社1935年版。

侯德封：《中国矿业纪要》第四次，国立北平研究院地质学研究所出版社1935年版。

侯德封：《中国矿业纪要》第五次，国立北平研究院地质学研究所出版社

1935年版。

黄彦：《孙文选集》，广东人民出版社2006年版。

交通部平津区张家口分区接受委员会办事处：《平绥铁路概况》，1946年9月。

梁上椿：《晋北矿务局第二次报告书》，晋北矿务局出版，民国二十年一月起至二十一年十二月。

梁上椿：《晋北矿务局第三次报告书》，晋北矿务局出版，民国二十二年一月起至二十三年十二月。

梁上椿：《晋北矿务局第一次报告书》，晋北矿务局出版，民国十八年五月起至十九年十二月。

刘大鹏著，乔志强标注：《退想斋日记》，山西人民出版社1990年版。

满铁天津事务所调查课：《山西省的产业与贸易概况》，中国第二历史档案馆藏，1936年，全宗号：2024，目录号：2，案卷号：22。

（民国）陆世益：《山西修路记》，山西省图书馆馆藏，1921年。

（民国）钟广生：《新疆志稿》，成文出版社1968年版。

（明）顾炎武著，张京华校释：《日知录校释》（下），岳麓书社2011年版。

（明）马文升：《马端肃公奏议》，广陵书社2009年版。

（明）邱浚：《大学衍义补》，丘文庄公丛书辑印委员会1972年版。

（明）文秉纂：《定陵注略》，北京大学图书馆1985年版。

平绥铁路管理局：《平绥》（第2册），1934年7月1日至1935年6月30日。

（清）顾炎武撰，黄珅、严佐之、刘永翔主编：《顾炎武全集·天下郡国利病书·山西备录》，上海古籍出版社2011年版。

（清）李光庭纂：《乡言解颐》，中华书局1982年版。

（清）朱采著：光绪《清芬阁集》，文海出版社1966年版。

《山西省统计年鉴》，山西省图书馆藏，1933年。

（宋）庄绰：《鸡肋编》，上海书店出版社1990年版。

王烈：《山西煤田总论》，全国地质资料馆，档号：411，1920年1月。

王竹泉：《山西地质构造纲要》，中国地质学会会志1925年版。

王竹泉：《中国地质图（太原—榆林幅）说明书》，商务印书馆1926

年版。

翁文灏：《中国矿业纪要》第三次，地质调查所 1929 年版。

谢家荣：《中国矿业纪要》第二次，地质调查所 1926 年版。

虞和寅：《平定阳泉附近保晋煤矿报告》，农商部矿政司 1926 年版。

虞和寅：《平定阳泉附近保晋煤矿铁厂报告》，农商部矿政司 1926 年版。

张士林：《石艾乙巳御英保矿纪闻》，（清）宣统二年（1910），武铭勋手抄本。

章鸿剑：《古矿录》，地质出版社 1954 年版。

《正太铁路沿线暨山西中部煤矿调查报告》，中国第二历史档案馆藏，档号：28-10652，1936 年。

4. 史料汇编

曹焕文：《太原工业史料》，山西人民出版社 1955 年版。

陈真、姚洛：《中国近代工业史资料》，三联书店 1957 年版。

陈真：《中国近代工业史资料》，三联书店 1958 年版。

大同文史资料研究委员会编：《大同文史资料》，1988 年。

丁世良、赵放主编：《中国地方志民俗资料汇编》，国家图书馆出版社 2014 年版。

杜家骥：《清嘉庆朝刑科题本社会史料辑刊》，天津古籍出版社 2008 年版。

范和平：《平鲁石刻图志》，三晋出版社 2009 年版。

耿步蟾编辑，赵炳麟核定：《山西矿务志略》，山西省实业厅 1920 年版。

郭廷以：《中国近代史资料汇编：矿务档》（山西省），"中央研究院"近代史研究所 1978 年版。

侯振彤编译：《山西历史辑览：1909—1943》，山西省地方志编纂委员会办公室 1987 年版。

交通部、铁道部交通史编纂委员会编：《交通史路政篇》，1935 年。

山西省政协《晋商史料全览》编辑委员会编：《晋商史料全览》。

李华编：《明清以来北京工商会馆碑刻选编》，文物出版社 1980 年版。

宓汝成：《中国近代铁路史资料（1863—1911）》，中华书局 1963 年版。

彭泽益：《中国近代手工业史资料》，三联书店 1957 年版。

彭泽益：《中国近代手工业史资料》，中华书局 1962 年版。

祁守华、钟晓钟：《中国地方志煤炭史料选辑》，煤炭工业出版社 1990

年版。

（清）陈梦雷：《古今图书集成经济汇编食货典》，中华书局 1985 年版。

（清）刘大鹏：《晋祠志》，山西人民出版社 2003 年版。

山西省地方志编纂委员会办公室：《山西地方史志资料丛书之八——山西工业基本建设简况》，1987 年版。

山西省地方志编纂委员会：《山西通志：煤炭工业志》，中华书局 1993 年版。

山西省煤炭志编纂办公室：《山西煤炭史志资料汇编：建国前部分》，1987 年版。

山西省委调研室编：《山西省经济资料》，山西人民出版社 1959 年版。

山西省政协《晋商史料全览》编辑委员会：《晋商史料全览·大同卷》，山西人民出版社 2006 年版。

沈云龙：《近代中国史料丛刊三编》，文海出版社 1989 年版。

实业部国际贸易局编：《中国实业志——山西省》，国际贸易局 1937 年版。

汪敬虞、孙毓棠：《中国近代工业经济史资料》，科学出版社 1957 年版。

吴晓煜：《中国古代咏煤集》，中国戏剧出版社 2005 年版。

严中平：《中国近代经济史统计资料选辑》，科学出版社 1955 年版。

张研、孙燕京主编：《民国史料丛刊》，大象出版社 2009 年版。

中国第二历史档案馆编：《中华民国史档案资料汇编》，江苏古籍出版社 1994 年版。

《中国煤炭志》编纂委员会：《中国煤炭志·北京卷》，煤炭工业出版社 1999 年版。

《中国煤炭志》编纂委员会：《中国煤炭志：山西卷》，煤炭工业出版社 1995 年版。

中国人民政治协商会议河北省石家庄市委员会文史资料研究委员会编：《石家庄文史资料》，1991 年版。

中国人民政治协商会议山西省委员会文史资料研究委员会编：《山西文史资料》，1982 年版。

周振甫：《唐诗宋词元曲全集》，黄山书社 1999 年版。

5. 外文史料

［德］费迪南德·冯·李希霍芬：《旅华日记》，商务印书馆1907年版。

［德］费迪南德·冯·李希霍芬：《中国旅行报告书》，商务印书馆1907年版。

［日］北支那开发株式会社调查局：《宁武炭田轩岗镇近旁地址调查报告》，1942年。

［日］北支那开发株式会社调查局：《山西省汾河流域及沁河流域煤田调查报告》，1949年，全国地质资料馆。

［日］《北支那矿业纪要》，《北支经济资料》第21辑，南满洲铁道株式会社天津事务所调查课编1936年版。

［日］门仓三能：《山西省大同煤田调查报告》，《海外矿物调查报告》第12号，1918年10月。

［日］南满铁道株式会社地质研究所编印：《支那矿业时报》第73号，1935年。

［日］南满铁道株式会社地质研究所编印：《支那矿业时报》第79号，1931年12月15日。

［日］南满洲铁道天津事务所调查课：《北支经济资料》第21辑，《北支那矿业纪要》，1935年版。

［日］森田行雄：《蒙疆浑源炭田采矿条件调查报告》，1941年，全国地质资料馆。

［日］外国矿山及矿业关系杂件/中国ノ部/山西省ノ部/大同炭坑B06050545100，研-0701，《大同炭矿概要》，1938年版。

［日］外国矿山及矿业关系杂件/中国ノ部/山西省ノ部/阳泉炭坑B06050546800，研-0702，1939年版。

二 近人研究

1. 文章、论文

陈慈玉：《日本对山西的煤矿投资》，《中央研究院近代史研究所集刊》1994年第23期（下）。

陈旭清：《民国时期山西公路建设述论》，《晋阳学刊》2004年第6期。

崔锁龙：《胡聘之与山西近代工业的兴起》，《太原大学学报》2006年第2期。

《地质专报丙种：中国矿业纪要》，《大同矿业公司》1934年第2期。

《帝国主义控制下的中国煤矿业》，《中国经济论文集》第一集，1934年12月。

方行：《清代北京地区采煤业中的资本主义萌芽》，《中国社会科学院经济研究所集刊》1981年第2期。

冯惠：《阳泉煤业问题之检讨》，《山西建设》1935年第1期。

《公牍批：铁道部批字第九六号：批大同矿业公司》，《铁道公报》1936年第1392期。

黄伯鲁：《铁路煤运之研究》，《铁道》1933年第4卷第5期。

《晋煤产销合作》，《大公报》1935年4月23日。

《晋煤无法推销》，《中行月刊》1933年第7卷第5期。

《矿业周报》1934年5月28日。

雷承锋、刘建生：《重评胡聘之与晚清山西"保矿运动"》，《甘肃社会科学》2013年第6期。

李存华、王智庆：《山西争矿运动的首发地与发起人》，《山西高等学校社会科学学报》2008年第4期。

李丽娜：《铁路与山西近代交通体系的形成（1907—1937）》，《太原师范学院学报》（社会科学版）2008年第5期。

李韶琳：《"保矿运动"述略》，《科教文汇》（下旬刊）2009年第1期。

李细珠：《张之洞与清末新政研究》，上海书店出版社2003年版。

李扬：《明清山西煤炭业研究》，陕西师范大学出版社2011年版。

梁四宝、张宏：《阎锡山与山西公路建设》，《山西大学学报》（哲学社会科学版）2004年第2期。

林伯强：《结构变化、效率改进与能源需求预测——以中国电力行业为例》，《经济研究》2003年第5期。

刘存善：《从争矿运动到保晋矿务公司》，《文史月刊》2000年第7期。

刘建生、任强、郭娟娟：《〈石艾乙巳御英保矿纪闻〉中"崇儒公"的史料辨析》，《山西大学学报》（哲学社会科学版）2011年第1期。

刘建生：《试析同蒲窄轨铁路修筑成因》，《中国经济史研究》1996年第

1 期。

卢征良：《近代日本煤在中国市场倾销及其对国煤生产的影响》，《中国矿业大学学报》（社会科学版）2010 年第 2 期。

陆定一：《两个政权——两个组成》，《斗争》1934 年第 72 期。

马伟：《煤矿业与近代山西社会（1895—1936）》，山西大学出版社 2007 年版。

山西平定煤矿事务所调查：《运费桎梏下之晋煤》，《天津大公报》1934 年 1 月 5 日。

《山西阳泉煤矿请减晋煤运费》，《矿业周报》第 269 号，1934 年 1 月 7 日。

石涛、魏晋：《清末民初晋东南煤炭业的近代化转型》，《山西大学学报》2009 年第 6 期。

《铁路与矿业之关系——前实业部矿政司长胡博渊在铁展演讲》，《大公报》1934 年 5 月 31 日第 4 版。

汪胡桢：《民船之运输成本》，《交通杂志》1935 年第 3 卷第 3 期。

王竹泉：《山西煤矿志》，《农矿公报》1928 年第 9 期。

闫晓婷：《清末至民国中期晋西北地区煤炭业探究》，西华师范大学出版社 2015 年版。

阎爱武：《山西近代公路建设探略》，《运城高等专科学校学报》2001 年第 6 期。

姚丽芳：《仁义仕绅与 1905—1908 年的平定州"保矿运动"》，《沧桑》2010 年第 8 期。

《邮传部奏议复晋抚等奏运煤减价办法折》，《政治官报》1909 年第 565 期。

造产救国社编：《造产救国》1933 年第 1 期。

《怎样发展晋煤》，《中华实业月刊》，民国二十四年（1935）八月第 2 卷第 4 期。

曾谦：《近代山西的道路修筑与交通网络》，《山西农业大学学报》（社会科学版）2009 年第 2 期。

曾谦：《近代山西煤炭的开发与运销》，《沧桑》2009 年第 3 期。

张健民：《阎锡山与同蒲路的资源配置》，《沧桑》2002 年第 4 期。

张敏、高生记:《胡聘之与近代山西》,《沧桑》1994年第3期。

张正明:《略论晚清和民国时期的晋煤外销》,《经济问题》1984年第4期。

赵超、燕红忠:《20世纪上叶中国农村金融发展特点》,《河北学刊》2015年第3期。

赵超、周溯源:《民国时期煤炭产业近代化特征及其绩效分析——以煤炭资源大省山西为例的考察》,《贵州社会科学》2016年第11期。

《中华工程师学会学报》第10卷第11期《矿治》1923年。

2. 专著

陈慈玉:《日本在华煤业投资四十年》,稻乡出版社2004年版。

大同矿务局矿史、党史征编办公室:《大同煤矿史》,人民出版社1989年版。

大同矿务局志编纂委员会:《大同矿务局志》,山西人民出版社1996年版。

丁钟晓:《山西煤炭简史》,煤炭工业出版社2011年版。

汾西矿务局矿史编写委员会编:《汾西煤矿史》,1962年铅印本。

何道清:《陕西煤炭技术》,中国矿业大学出版社1996年版。

胡荣铨:《中国煤矿》,商务印书馆1935年版。

胡中贵:《山西煤炭工业简史》,山西科学教育出版社1988年版。

黄逸平、虞宝棠主编:《北洋政府时期经济》,上海社会科学院出版社1995年版。

贾忠贵:《山西煤炭工业史》,山西科学教育出版社1988年版。

姜涛:《中国近代人口史》,浙江人民出版社1993年版。

景占魁:《阎锡山与西北实业公司》,山西经济出版社1991年版。

景占魁:《阎锡山与西北实业公司》,山西经济出版社2002年版。

李伯重:《江南的早期工业化(1550—1850)》(修订版),中国人民大学出版社2010年版。

李沟:《明清史》,人民出版社1956年版。

李浩:《晋矿魂——李培仁与山西争矿运动》,山西人民出版社2001年版。

李洛之、聂汤谷:《天津的经济地位》,南开大学出版社1994年影印本。

梁晋春:《山西的近代工业》,山西人民出版社1988年版。

刘建生、刘鹏生：《山西近代经济史》，山西经济出版社1997年版。

刘徐方：《物流经济学》，清华大学出版社2016年版。

刘泽民等主编：《山西通志·明清卷》，山西人民出版社2001年版。

吕荣民主编：《山西公路交通史》，人民交通出版社1988年版。

吕荣民主编，石凌虚编著：《山西航运史》，人民交通出版社1998年版。

马敏：《官商之间》，华中师范大学出版社2003年版。

（明）方以智录：《物理小识》，商务印书馆1937年版。

（明）李时珍著：《本草纲目类编·中药学》，辽宁科学技术出版社2015年版。

（明）李时珍著，陈贵廷等点校：《本草纲目》，中医古籍出版社1994年版。

（明）宋应星：《天工开物》，商务印书馆1933年版。

祁守华、钟晓钟：《中国地方志煤炭史料选辑》，煤炭工业出版社1990年版。

乔志强：《山西制铁史》，山西人民出版社1978年版。

全汉昇：《中国经济史论丛》，中华书局2012年版。

山西煤炭工业志编委会编：《山西煤炭工业志》，煤炭工业出版社1991年版。

《山西煤炭工业志》编委会编：《山西煤炭工业志》，煤炭工业出版社1991年版。

山西省交通厅公路交通史志编审委员会编：《山西公路交通史》，人民交通出版社1988年版。

山西省史志研究院编（乔志强主编）：《山西通史》，中华书局1997年版。

山西省政协文史资料研究委员会编：《阎锡山统治山西史实》，山西人民出版社1984年版。

剡建华：《山西交通史话》，山西人民出版社2003年版。

师国梁主编：《山西公路交通史》，山西人民出版社2012年版。

孙敬之：《华北经济地理》，科学出版社1957年版。

孙文盛主编：《山西交通经济》，山西经济出版社1998年版。

魏德卿、苏高文、史英豪主编：《山西"保矿运动"历史研究》，中国时代经济出版社2010年版。

吴晓煜：《中国煤炭史志资料钩沉》，煤炭工业出版社2002年版。

西山矿务局矿史编写小组：《西山煤矿史》，西山矿务局矿史编写小组1961年版。

萧清：《中国近代货币金融史简编》，陕西人民出版社1987年版。

谢家荣：《煤》，商务印书馆1947年版。

阎文彬：《山西工业发展概述》，山西省地方志编纂委员会1983年版。

阳泉矿务局矿史编辑委员会、山西师范学院历史系专科二年级：《阳泉煤矿简史》，山西人民出版社1960年版。

阳泉矿务局矿史编写组：《阳泉煤矿史》，山西人民出版社1985年版。

杨纯渊：《晋煤开发史》，山西高校联合出版社1996年版。

杨大金：《现代中国实业志》，商务印书馆1940年版。

杨洪年：《交通经济》，人民出版社1994年版。

张风波：《中国交通经济分析》，人民出版社1987年版。

张研：《1908年帝国往事》，重庆出版社2007年版。

张正明：《山西工商业史拾掇》，山西人民出版社1987年版。

郑宪春：《中国笔记文史》，湖南大学出版社2004年版。

中共石讫节煤矿委员会：《石讫节煤矿史》，中共石讫节委员会1985年版。

《中国古代煤炭开发史》编写组：《中国古代煤炭开发史》，煤炭工业出版社1986年版。

《中国近代煤矿史》编写组：《中国近代煤矿史》，煤炭工业出版社1990年版。

朱荫贵、戴鞍钢：《近代中国：经济与社会研究》，复旦大学出版社2006年版。

朱荫贵：《中近代股份制企业研究》，上海财经大学出版社2008年版。

3. 外文论文专著

［澳］蒂姆·赖特：《中国经济和社会中的煤矿业（1895—1937）》，丁长清译，东方出版社1991年版。

［美］黄宗智：《华北的小农经济与社会变迁》，中华书局2009年版。

［美］彭慕兰：《大分流：欧洲、中国及现代世界经济的发展》，史建云译，江苏人民出版社2003年版。